XINSHIDAI GAOXIAO MINZUYUYANWENXUEZHUANYE
RENCAIPEIYANGMOSHI YANJIU

中央民族大学 2018—2019 年度科研创新团队计划项目“全国高校民族语文专业人才培养模式研究”
（项目编号：2018CXTD02）资助

新时代高校民族语言文学专业人才培养模式研究

曲木铁西　白　华 / 著

民族出版社

前　言

习近平总书记指出，我国高等教育的发展方向就是要为人民服务，为中国共产党治国理政服务，为巩固和发展中国特色社会主义制度服务，为改革开放和社会主义现代化建设服务。这“四个服务”是习近平教育思想的重要内容，是新时代中国高等教育的新使命。高校如何做好这“四个服务”，核心在于培养人才。高校的民族语文专业就是专门为服务民族地区各项事业的发展而设置的。民族语言文学专业为我国少数民族地区的解放、民主改革、社会主义建设、改革开放、维护国家的统一和稳定做出了重要贡献。随着时代的发展，民族语文专业建设和人才培养需要不断丰富。不仅仅包括少数民族语言和汉语言的学习，还包括培养学生某个方向的专业能力和研究能力，由培养民族语和汉语兼通的政治人才到培养具备一定研究能力和各种专业素养的民族语文专业人才。

高校民族语言文学专业是我国高校中国语言文学学科的重要组成部分，它与汉语言文学专业一起共同担负着彰显中华民族精神，传承中华民族优秀传统文化，引领我国各民族人民的思想及其行为规范的任务。从 70 多年的发展历程来看，高校民族语言文学专业具有较强的竞争力，且有较为稳定的社会需求。但从社会转型发展、新时代民族地区社会发展需求以及未来的长远发展来看，在促进“双一流”建设的宏观背景下，我国高校民族语言文学专业发展面临诸多问题，这些问题既有与其他专业相似的普遍性问题，也有与其他专业完全不同的特殊问题。

为此，新时代高校民族语文专业建设发展是高校在新时代深化教育改革、提高为民族地区社会发展服务能力的重要组成部分，是关系民族地区双语人才队伍建设供给侧改革和有关专业毕业生就业发展的重要方面。有必要应形势发展和任务需要，坚持以习近平新时代中国特色社会主义思想为指导，深入贯彻党的二十大精神，聚焦当前高校民族语文专业建设和人才培养工作中存在的突出问题，开展调查研究，提出对策建议，为服务有关高校发展、民族地区双语人才队伍建设发挥积极作用。这对不断促进各民族的交往交流交融，推进民族地区的发展，铸牢中华民族共同体意识，实现各民族共同团结奋斗、共同繁荣发展具有重要而深远的意义。

目　录

绪 论

一、研究缘起

新中国成立 70 多年来，我国制定了一系列民族教育政策，其中包括在民族院校以及其他高校中广泛设置民族语文类专业以培养民族语文专门人才，这类专业涵盖蒙古、藏、维吾尔、壮、朝鲜、彝、哈萨克等数十种语言，培养了数以万计的既懂民族语又懂汉语的民族语文专业人才。进入新时代以来，以习近平总书记为核心的党中央对民族语文工作提出了一系列新理念、新思想和新战略，对少数民族语文工作给予高度的重视。要求民族地区生活的汉族群众学习少数民族语言，少数民族群众学好国家通用语言，对学习先进科学文化知识以及融入社会都会产生有利作用。① 但随着国家招生制度的改革和高等教育体制的变化，以及社会对民族语人才需求数量下降等诸多因素的影响，民族语文教育出现一系列问题，具体包括专业发展不够、生源萎缩以及质量不佳、毕业生就业困难、人才培养状况不能很好地适应新时代形势发展和任务要求等。有必要从人才培养的角度对当前高校民族语文专业的发展状况进行实地调查。根据有关部门的安排，从 2018 至 2019 年上半年，我们对 7 个省、自治区的 13 所高校进行了实地调研，对 17 个省市、自治区的 42 所高校进行了书面调研，召开了 13 场座谈会，与 280 名高校领导、高校相关部门负责人、相关院系领导和专业负责人、一线教师、在校学生进行了访谈、调查。通过调查研究，较为全面地了解全国高校民族语文专业的发展状况以及民族语文专业人才培养质量中存在的问题，在研究数据分析的基础上，进一步提出针对性的对策建议，有助于推动高校民族语文专业的科学发展，具有重要的理论和现实意义。

① 中华人民共和国国家民族事务委员会:《关于开展全国双语和谐乡村（社区）示范点建设工作的意见》，[2018-01-17]，[2019-07-02]，http://zfxxgk.seac.gov.cn/seac/xxgk/201801/1073364.shtml。

（一）新时代关于民族语文工作的新指导思想体系

为深入贯彻习近平新时代中国特色社会主义思想和党的二十大精神，认真落实国务院《“十三五”促进民族地区和人口较少民族发展规划》和中共中央办公厅、国务院办公厅《关于深化教育体制机制改革的意见》相关工作任务，统筹推进“五位一体”总体布局和“四个全面”战略布局，坚持以人民为中心的发展理念，认真落实习近平总书记关于民族工作的新理念新思想新战略，聚焦全国高等院校民族语文专业建设和人才培养，深入开展调查研究，以改革创新精神研究解决存在的突出困难和问题，助力民族语文高等教育健康发展和民族地区双语人才队伍建设，为夺取新时代中国特色社会主义伟大胜利、实现中华民族伟大复兴的中国梦、实现各族人民对美好生活的向往提供重要支撑。

（二）高等教育作为民族语文人才培养的重要供给侧

十九大报告指出：“建设教育强国是中华民族伟大复兴的基础工程，必须把教育事业放在优先位置，深化教育改革，加快教育现代化，办好人民满意的教育。”中共中央办公厅、国务院办公厅《关于深化教育体制机制改革的意见》强调要创新人才培养机制。“高等学校要把人才培养作为中心工作，全面提高人才培养能力。”国务院《“十三五”促进民族地区和人口较少民族发展规划》对“双语人才队伍建设”和“民汉双语人才培养”等工作提出明确要求，而高校是人才培养的主阵地，是包括人才在内的各行各类人才的重要“供给侧”。高校民族语文专业从培养民族干部，到培养具备有关少数民族语言文学全面系统知识，能在相关单位从事有关少数民族语、文字、创作、研究等工作的少数民族语言文学高级专门人才，对各民族语言文化的保留起了积极作用，促进了民族团结。① 随着时代的发展，民族语文专业建设和人才培养需要不断丰富。不仅仅包括少数民族语言和汉语言的学习，还包括培养学生某个方向的专业能力和研究能力，由培养民族语和汉语兼通的政治人才到培养具备一定研究能力和专业素养的民族语文专业人才。当前有关高校的民族语文相关专业建设和人才培养存在着不够适应形势发展和任务要求的情况，课程体系建设滞后，例如有关高校的民族语文专业设置不够匹配地方需求，一些高校民族语文专业毕业生存在就业难等。

2015 年，教育部、国家发展改革委和财政部联合发布的《关于引导部分地方普通本科高校向应用型转变的指导意见》（以下简称《指导意见》）指出：“生产服务一线紧

---

① 戴庆厦：《办好高校民族语文专业的几个认识问题》，载《云南民族大学学报（哲学社会科版）》，2010，27（3），62–64 页。

缺的应用型、复合型、创新型人才培养机制尚未完全建立，人才培养结构和质量尚不适应经济结构调整和产业升级的要求……各地各高校要推动转型发展高校把办学思路真正转到服务地方经济社会发展、产教融合与校企合作、培养应用型技术技能型人才上来。”[①]这一要求使人们再一次重视教育与社会的关系，尤其是社会所需要的复合型、应用型人才的培养需要高校各个专业来实现。少数民族语言文学专业人才培养对少数民族地区经济、政治建设发挥着重要作用，不仅能培养少数民族地区各行各业所需要的民族干部，更能培养一批具备从事少数民族语言文字、创作、研究等工作的专门人才。但是随着当前社会形势的转变，高校培养的少数民族语言文学专业人才不能完全适应社会需求，具体体现在毕业生难就业和企业难求应用型人才的现象并存，[②]毕业生的社会适应能力弱、人际交往困难以及处理问题欠妥等，这些问题影响社会的发展，亟待解决。

（三）社会发展对民族语文专业人才提出了更高要求

《宪法》规定“各民族都有使用和发展自己语言文字的自由”，我国制定了一系列保障少数民族语言文字发展、使用和保护的政策法规。国家还根据“自愿自择”的原则，帮助少数民族创制、改造和选用适用于本民族的文字，进行大规模的扫盲工作，使民族语文走上了繁荣发展之路。高校民族语文专业培养具备有关少数民族语言文学全面系统知识，能在少数民族教育文化部门及相关单位从事有关少数民族语言、文字、创作、研究等工作的少数民族语言文学高级专门人才，各高校也在教学实践中积累了许多宝贵的经验。我国高校民族语文专业取得了巨大成就，培养了数以万计的民族语文人才，对各民族语言文化的保留起了积极作用，促进了民族团结。[③]有学者还指出“随着民族地区对民族语人才需求的变化，高等院校民族语教学也面临新的挑战”。一方面民族地区各行业需要越来越多的既兼通民族语和汉语又具备一定的专业素养和研究能力的人，另一方面少数民族学生学习民族语文专业的需求也不仅仅是为了传承民族文化，还包括就业和开阔视野，实现个人的全面发展。因此，高校民族语文专业课程的内涵十分丰富，不仅仅包括少数民族语言和汉语言的学习，还包括培养学生某个方面专业能力

---

① 中华人民共和国教育部：《关于引导部分地方普通本科高校向应用型转变的指导意见》，http://www.moe.edu.cn/srcsite/A03/moe_1892/moe_630/201511/t20151113_218942.html，2015 年 10 月 23 日。

② 赵英刚：《地方本科院校转型发展中传统专业转型路径探究——以保定学院汉语言文学专业为例》，河北大学硕士学位论文，2017。

③ 戴庆厦：《办好高校民族语文专业的几个认识问题》，载《云南民族大学学报（哲学社会科学版）》，2010，27（3），62-64 页。

和研究能力的相关内容。民族语文专业的内涵是随着民族地区的发展不断丰富的，由培养民族地区民族语和汉语兼通的政治人才到培养具备一定研究能力和专业素养的民族语文专业人才，为民族地区发展做出了非常大的贡献。但是随着民族地区社会的快速全面发展，民族语文专业逐渐不适应民族地区社会发展和学习者的需要。

（四）人才培养应考虑学习者发展需求，注重培养复合型民族语文专业人才

随着民族地区社会发展的转型和升级，民族地区对人才的要求提高。现代化建设导致社会转型加快，对原有的民族语文专业提出了更多要求。民族地区大多位于祖国的偏远地区，很长一段时间其经济发展水平较低，发展速度较慢，相应地，民族语文专业整体上是为民族地区培养和储备民族语和汉语兼通的从事语言文字工作的人才，如翻译、研究、出版和行政人才。随着近年民族地区社会的全面快速发展，民族地区社会各部门（包括管理、法律、理工类）都需要民族语文专业为其培养具备一定专业素养和研究能力的人才，高校民族语文专业原有的专业建设逐渐不适应民族地区社会发展的需要。为了与其他地区增加交流，民族地区各行业不但需要民族语和汉语能力扎实的人才，还需要其具备一定方向的专业技能服务于某个经济部门或行业。

学生学习民族语文专业比以往有了更高的就业期待。在大学毕业生就业日益困难的背景下，民族语文专业学习者不但要能够传承民族传统文化，更要成为民族语文和汉语文的高级专门人才。这需要除将少部分学习者培养成民族语文学科的接班人，更多地要培养成具备某个方向专业素养的民族语文和汉语文的专门人才，做到“民汉兼通”甚至“民汉外兼通”，能够服务于民族地区某个行业。针对学习者的这一需求，目前正在探索“一干 +N 枝”（以民族语汉语学习为主干，再培养其他某个专业方向能力）的专业发展和人才培养模式。①

（五）高校民族语文相关专业发展比较滞后，课程体系上不能完全适应发展

在民族地区社会发展和学生自我发展需要的双重作用下，民族语文专业内涵的不断丰富也使得民族地区的少数民族学生在民族语文专业的学习上面临着更大的挑战。他们不但要能够兼通民汉双语，还要考虑英语学习的压力，教育管理者需要思考民族语文专业的多方向发展是否影响到人才培养质量。民族语文专业中的课程与教学是民族语文专业建设和人才培养的核心，是民族语文专业内涵的直接体现。本研究拟以民

① 刘炜:《中国民族高等教育领域“民汉外”多语共时教育研究——以中国少数民族语文专业语言教育为考察中心》，载《前沿》，2016（3），73–79 页。

族语文专业建设与人才培养分析为背景，从学习者需求分析的角度对民族语文专业人才培养模式与培养质量现状进行分析，并发现存在的问题，试图从教育的主体，即民族语文专业学生的角度探究民族语文专业人才培养模式的新发展。

在民族地区社会发展和学习者需要的双重推动下，民族语文专业内涵不断丰富，课程体系建设也提出了更高的要求。一方面课程体系建设要考虑专业特色和专业口径拓展，另一方面也要考虑学习者学习需求的满足和学习面临的困难，考虑如何让学习者能够更容易接受民族语文专业课程体系。本科阶段民族语文专业课程体系建设是民族语文专业建设和人才培养的核心，是民族语文专业内涵的直接体现，学生是民族语文专业课程的学习者，也是课程体系质量的检验者。基于上述研究背景，本研究利用在校生培养现状调查问卷和毕业生就业跟踪调查问卷，具体选择设置有民族语文专业的高校作为样本学校，主要对本科生与研究生群体进行取样，大规模收集学生样本的实证调查数据。

本书从一手实证数据出发，对高校民族语文专业的学生培养模式状况进行统计分析，并利用定量和定性的方法对学生的培养质量进行评价，探究人才培养的现状、特点以及存在的问题。在实际研究中拟解决四个核心问题：

一是目前高校民族语文专业针对学生的培养模式是如何构建的？

二是目前高校民族语文专业的人才培养现状如何？

三是高校民族语文专业人才培养质量的构成维度有哪些？如何对其质量状况进行有效评价？

四是高校民族语文专业在人才培养上存在什么问题与不足？如何更有效地提升其培养质量？

二、研究意义

随着我国民族教育的不断发展和双语教育普及程度的提高，更多的少数民族学生有了民汉双语基础，他们希望通过高校民族语文专业获得更好地发展，另外，民族地区的发展也要求高校民族语文专业对接地方需要。从民族语文专业发展与民族地区需要来看，目前民族地区各行业与外部区域的经济、文化联系日益紧密，需要懂民族语文和汉语文的少数民族高级专门人才，以民族文化传承和研究为导向的传统人才培养模式逐渐不适应民族地区社会发展的需要；从教育教学的角度看，少数民族语言文学作为中国语言文学下的二级学科，其人才培养必然要把民族语和汉语言放在同等重要的地位，相当一部分的民族学生并未充分掌握民族语言或者汉语文的使用，需要在高校提升语言能力，而且学生的培养主要由学校和教材来决定，课程更多体现的是社会本位的课程观，未充分考虑学习者的因素。由于民族语文专业的学习者大多来自民族地区，学习者的需求在一定程度上反映了民族地区发展的需要。因此，从学习者的角度研究少数民族语言文学学科以及民族语文相关专业的发展有非常重要的理论意义和实践意义。

（一）理论意义

1. 为国家或者民族地区制定人才培养政策提供依据

随着社会的进步，边远民族地区的发展不仅是民族区域发展的一部分，更是国家发展的重要组成部分。紧跟国家以及国际社会发展的脚步，必须要培养大量的双语人才来为社会服务。《国家中长期教育改革和发展规划纲要（2010—2020年）》提倡双语教育的发展，着重强调正确实施和大力发展民族教育中的双语教学事业。不仅是语言方面，其他方面也一样需要国家的支持。据调查，少数民族语文学生由于地缘关系和所处社会环境的关系，农牧民家庭学生占大多数，他们知识基础薄弱，学习需求较低，因此为更好地促进培养目标实现，学校必须因地制宜，发展属于少数民族语文的特色，从教师、教材到课程、教学都应制定完备的计划。但是目前学校实施情况不理想，各方面都存在一定问题，尤其课程结构太过统一，严重阻碍了人才培养。不仅是对本专业课程方面的规定，通过研究人才的就业问题以及社会市场对于人才的需求条件，也会发现国家对于少数民族大学生的就业政策也存在缺位情况。本研究希望能促进国家完善相关的政策法规，更好地促进课程和专业的发展。

2. 为民族语文专业的人才培养和专业建设提供新思路

长期以来民族语文人才培养侧重于理论基础型人才培养，民族语文专业课程集中在民族语言、文化的传承和研究方面，没有充分体现民族语文专业的内涵，其课程设置、课程资源和教学手段也逐渐不适应民族地区社会发展和学习者的需要。民族语文专业主要服务民族地区社会发展，是服务于某一个区域的高等教育专业，需要具备一定的专业灵活性和专业特色。研究中以民族语文专业培养模式为研究出发点，思考民族语文专业的改进如何体现民族语文专业的发展方向，为民族语文专业建设和人才培养研究提供支持。研究中着重思考民族语文专业的培养模式如何体现民族语文专业的发展方向，为民族语文专业建设和人才培养研究提供支持。此外，从教育学视角为高校民族语文专业培养体系建设提供参考，研究中强调以学生为本的培养模式，突出学生的全面发展在民族语文专业建设中的重要作用。

3. 从教育学视角为高校民族语文专业建设提供参考

教育部发布《2020 年全国教育事业发展统计公报》(下文简称《公报》)。《公报》称：全国各类高等教育在学总规模 4183 万人，高等教育毛入学率 54.4%。根据马丁·特罗的高等教育阶段发展理论，我国高等教育已经进入普及化阶段。民族地区的高等教育毛入学率虽然整体不及全国的发展水平，但也基本进入大众化阶段，高等教育大众化阶段不仅是一个接受高等教育人数的增长，更体现在专业、学科、课程体系的内涵式发展。按照马丁·特罗的观点，当接受高等教育的人群扩大，受教育者的多样化特征就会自然地表现出来，并要求多样化的高等教育与之相适应。① 民族语文专业建设在大众化后期如何发展？民族语文专业课程体系如何体现民族学生的学习的需求？研究中将从学习者视角探讨民族语文专业人才培养模式，强调学习者的全面发展在民族语文专业建设中所起到的重要作用。

（二）实践意义

目前大部分高校课程体系培养的是学科理论知识雄厚、科研能力强的学术型人才。② 但是这种培养方向会使学生无法适应社会发展，造成就业困难的尴尬境地。因此，通过研究符合社会需求的课程体系不管是对学生还是用人单位都有较大意义，对指导教育教学实践和改善人才培养，支持民族语文专业建设有一定的现实意义。

1. 针对性地培养满足社会需求的人才，促进少数民族地区社会和谐发展

随着我国民族教育的不断发展，高校民族语文专业获得了更好的发展，此外，民族地区的发展也要求高校民族语文专业对接地方需要。从民族语文专业发展与民族地区需求来看，目前民族地区各行业与外部区域的经济、文化联系日益紧密，需要懂民族语文的少数民族高级专门人才，以民族文化传承和研究为导向的传统人才培养模式逐渐不适应民族地区社会发展的需要。少数民族语文专业的发展必须具备新时代所需的创新精神，以当地政治、经济发展为依托，以促进区域协调发展为宗旨，对接社会以及用人单位的发展需求，注重培养为社会发展所需的复合型应用人才，突出发展学习以及实践能力。适应社会的课程体系可以为毕业生提供岗位所需能力，从而为少数民族地区的经济发展培养多元复合型人才。学校培养的人才与就业市场完美对接，利

① 阎凤桥：《高等教育规模可持续扩张的制度保障——〈二十世纪的高等教育：从精英到大众再到普及〉读后感》，载《高等教育研究》，2011，32（9），6-13 页。

② 解悦、李云鹏：《就业视角下硕士研究生培养的问题与对策——以 HK 和 HB 大学高等教育学专业为例》，载《教书育人（高教论坛）》，2017（30）。

于解决毕业生的就业生计问题，也可促进职业生涯的持续健康发展，更能稳定市场，促进社会的和谐与繁荣。

2. 促进人才培养模式的革新，实现学生多维度的素质养成

从实践意义来看，在于了解我国高校民族语文专业发展中存在的挑战和问题，尤其是人才培养模式与学生培养质量中存在的不足，为进一步推进民族语文专业发展提供教育支持和智力支持。针对高校民族语文专业的人才培养研究，有助于培养满足社会需求的民族语文专业人才，通过一系列的课程设置与教学模式，可以深刻影响到学生的知识建构以及能力的发展，促进学生写作能力、综合表达能力、实践能力以及管理能力等的形成，着重培养具备多种能力的复合型人才。对民族语文专业的人才培养质量进行研究，有助于促进学生的就业，为社会服务，促进少数民族地区社会和谐发展。在新的人才培养要求下，民族语文专业人才培养定位应体现民族语文专业口径的拓展要求，承担着民族地区对复合型人才的需要。

3. 改善民族语文专业课程设置，提升专业人才培养质量

高校课程体系通过一系列知识的整合，深刻影响着学生的知识建构以及能力的发展，尤其是优秀的课程体系培养学生的写作能力、综合表达能力、实践能力以及管理能力等，这对于日后的就业无疑是锦上添花的部分。也只有真正实践过才会明了课程带来的知识对于就业的巨大影响。课程设计多元化，更能培养全方位发展的应用型人才。现实社会中需要的不仅仅是具有理论基础的知识分子，更需要具备多种能力的复合型人才，面对快速变化的就业市场，能够适时调整自身，跟上时代发展的步伐。在新的人才培养要求下，民族语文专业人才培养定位是否体现了民族语文专业口径的拓展，是否充分考虑了学习者的需要。通过分析民族语文专业人才培养方案中的人才培养定位，对其适切性进行讨论。学习者是教育的主体，承担着民族地区对复合型人才的需要。从学习者的角度研究民族语文专业课程体系可以了解学习者对民族语文专业课程体系的评价，结合学习者自身背景思考课程体系对学习者的适切性，发现学习者的学习需要，对民族语文专业课程体系建设有一定的指导意义，也有助于民族语文专业的建设。

三、相关文献综述

近些年来，随着党和国家对于民族语文政策的重视，加上双语教育的发展趋势。国内兴起了针对高校民族语文教育的研究，一方面围绕民族语文专业设置的理论性思

考，包括专业基础、历史作用、发展趋势等；另一方面围绕民族语文专业的人才培养进行研究，选取了高校作为个案，对学生培养状况进行探究。但民族语文专业发展面临新的转型期，必须重新审视民族语文专业的发展态势，解决好民族语文专业人才培养、师资队伍建设、教学与课程改革、语言应用等诸方面的新课题，民族语文专业建设问题日渐受到民族教育工作者的高度重视。下文就民族语文专业建设与人才培养的相关研究作全面且深入的梳理。

（一）关于民族语文专业建设现状的研究

近几十年来，民族语文专业建设发展日趋成熟，但是与其他专业相比，对其建设与发展的研究却远远不够。其中相对关注度较高的体现为师资队伍、人才培养、课程教学以及实践应用等四方面。

第一，从师资队伍建设现状研究来看，教师作为知识的传授者始终承担着教书育人的职责，在学校教育中教师发挥着不可替代的作用。尤其是少数民族教育中，培养一支稳定并且合格的少数民族语言类型的教师对于提高民族语文教学质量尤为关键。但是目前民族语文专业教师在有些地区出现青黄不接的状况，师资不论从数量还是质量都不能适应少数民族地区教学和民族教育发展的需要。差距主要表现在双语师资数量缺乏，双语师资结构不合理，教师培训不足。各高校民族语文专业的师资数量不足是主要问题，涉及各个语种教师更是少之又少。伍小芹在谈到民族语文工作困惑时称民族语文师资力量比较薄弱。由于双语师资难以计划实施，且培养渠道少，培训规模小，层次低，直接影响双语教学质量的提高。①《2011年国家民委民族语文暨民族语文翻译工作经验交流会综述》中提到民族语文专业人才面临断层。大多有关民族省区都不同程度存在着州、县民族语文人才短缺，民汉双语教学师资不足，流失严重的现象。②余弘丽指出彝语文教师的数量不足并且质量不高，能够担任彝语文教学的教师只有两个人，大多数教师不懂彝语，师资队伍严重不足。③

第二，从人才培养质量现状研究来看，人才的培养问题主要表现为“入口”和“出口”问题。“入口”即少数民族语文专业招生规模越来越小，“出口”即毕业生的就业受到极大限制。康忠德提到就目前壮语文专业的招生规模来说，2008年为5人，2009年为5人，2010年为15人，2011年为9人，2012年为11人，这么少的培养数量，

---

① 伍小芹：《民族语文工作困惑与建议》，载《贵州民族报》，2017-06-20（C04）。
② 《2011年国家民委民族语文暨民族语文翻译工作经验交流会综述》，载《民族翻译》，2011（4），93-96页。
③ 余弘丽：《二类模式初中彝语文教学问题及对策研究》，重庆：西南大学，2017。

与中国人口最多的少数民族的称号相较，显得太不相称。① 孟毅提到全国哈萨克语言文学专业人才市场需求日趋缩小，人才需求几近饱和，数据显示毕业生就业困难已经成为基本情况和态势。甚至于前几年，个别院校在国家特招计划实施之前，哈萨克语言文学专业招生任务连续多年都无法完成，专业教育、教师队伍等发展呈现出趋于萎缩的颓势，前景十分令人担忧，专业同质化、批量化、方向单一、层次不理想的人才培养模式是导致招生与就业困难的主要障碍。② 金善姬提到朝鲜语专业的人才教学质量不断降低，面对用人单位对朝鲜语专业人才的期望，不能够很好地做到在短时间内快速地适应工作岗位的环境，快速成长为用人单位的业务骨干。尤其是在语言能力方面的要求，由于我国高校朝鲜语专业的课程设置对这方面的要求较低，主要就是学习与专业相关的知识，对其他专业的知识涉及较少，也就让朝鲜语专业的学生在求职时受到很大的限制，比如要掌握一定的经济学、社会学、管理学、心理学、文学艺术等领域的知识，以及具备人际交往、管理能力、心理素质等综合能力。③

第三，从课程设置与教材编制现状研究来看，在课程设置方面，课程主要是为培养目标服务的，并且课程内容的设置直接影响着培养人才的类型以及其具备的基本知识素养和能力，但是现实中课程的设置不符合社会和学生发展的需求。课程设置的问题主要表现在课程内容和课程结构方面。王洪玉认为民族语文的课程内容脱离民族地区的生活。他认为藏族聚居区的藏文教材是直接编译汉文教材的。课程内容主要反映的是内地城市和现代化社会的生活，严重脱离藏族聚居区学生的生活实际，没有很好地体现藏、汉、英文化上的差异特别是民族特色，不利于藏族学生了解本民族本地区的文化。④ 金英子、孙皓认为，大部分高校开设的课程大多是朝鲜语精读、朝鲜语会话、听力、写作、文学、概况、语言学等基本课程。这些专业课程的教材偏重语言类，缺乏技能类的知识。有的学校开始探索“外语＋专业”的人才培养模式，开设了相关课程。但是此类教材多重理论、轻实践。因此，学生学习此类课程有很大的难度，并且多数课程安排在大四期间。但是，大多学生在大四期间准备考研、实习，因此对此类课程的重视度不够，学习效果并不佳。⑤

李艳玲在调查中发现课程设置不科学，在相关专业的教学计划中，要求带“*”号

① 康忠德：《关于民族语文专业学科发展的思考——以广西民族大学为例》，载《理论观察》，2013（4），91-92页。

② 孟毅：《哈萨克语专门人才培养与板块化课程设置》，载《昌吉学院学报》，2012（5），55-59页。

③ 金善姬：《基于多元就业观的高校朝鲜语专业课程设置分析》，载《高教探索》，2016（S1），104-105页。

④ 王洪玉：《甘南藏汉双语教育历史与发展研究》，北京：中央民族大学，2010。

⑤ 金英子、孙皓：《“一带一路”新形势下朝鲜语专业复合型人才培养方式研究》，载《长春师范大学学报》，2019，38（5），145-146页，151页。

的课程必须开设，其他课程院校可有一定自主权。将各院校最新版教学计划与该方案比对，发现在一些院校存在必开课程没有开设的情况。比如维吾尔语专业本科层次，新疆财经大学没有开设“维吾尔语报刊阅读”和“维吾尔文学作品选读”。[①] 刁小卫、巴哈尔古力·夏米勒提到民族语文专业课中知识类课程较多，而培养学生语言实际运用能力的课程较少；专业必修和限选课程的数量和学时较多，而选修课数量和学时较少；有些选修课因师而设，脱离学生实际需要；有些课程学时安排不合理，比如口语和听力课程的学时偏少。[②]

在教材设计与编制方面，虽然近几年高校教学一直在改革中发展，但是也存在不少问题。尤其是随着社会的进步，逐步增设应用性、经济类、工科以及各种新兴学科专业，“民族语文 +”的形式也逐渐应用，既精通民族语言文字，又懂得此类专业的教师极少，教材尤其匮乏。东主才让在研究中谈到各民族语专业缺少必需的教材，用本民族语编著的教材更为罕见。如民族历史文献教材、民族语言学教材或方言学教材、民族文化史教材、民俗学或民间文学教材、民汉双语或民汉英多语教材、民族语计算机信息教材等。[③] 其次就是教材的设计过于简单，王洪玉论述到在内容和版本上民族语文教材往往落后国家统编教材三至五年，这种情况对民族学生高考和学校双语教学质量的提高带来了一定的负面影响。教材内容主要采用对话的形式编写，由于阅读、写作方面的训练较少，学生到高年级学习后感觉比较吃力。[④]

第四，从课堂教学现状研究来看，实践教学内容有待改进。刁小卫、巴哈尔古力·夏米勒认为伊犁师范学院少数民族语言专业原有的实践教学体系主要包括实习支教、口语实习、毕业设计等环节。目前社会对应用型人才的要求越来越高，原有的实践教学的内容已不能满足社会的需求，课堂教学与实践教学相对脱节，学生在学习过程中往往容易囿于纯理论、纯书本知识的获取这一学习层面，学生在学校所学的知识与社会的需求脱节，学生不能很好地把所学理论知识运用到实践中去，科学的实践教学体系还未构建完全。[⑤] 金善子在研究中认为，教学方法有待提高。很多地方高校朝鲜语专业大多数教师仍然采用传统的“一言堂”教学模式，以教师为中心进行“词汇 +

① 李艳玲：《语言层次理论下民族语文翻译人才培养——基于“丝绸之路经济带”核心区背景》，载《贵州民族研究》，2016，37（8），239–243 页。

② 刁小卫、巴哈尔古力·夏米勒：《少数民族语言专业人才培养方案改革与探索——以伊犁师范学院为例》，载《伊犁师范学院学报（社会科学版）》，2012（3），54–57 页。

③ 东主才让：《试论高校民族语文教学的重要性和必要性》，载《青海民族大学学报（教育科学版）》，2010，30（6），70–74 页。

④ 王洪玉：《甘南藏汉双语教育历史与发展研究》，北京：中央民族大学，2010。

⑤ 刁小卫、巴哈尔古力·夏米勒：《少数民族语言专业人才培养方案改革与探索——以伊犁师范学院为例》，载《伊犁师范学院学报（社会科学版）》，2012（3），54–57 页。

语法＋翻译”的程式化教学，教学方式枯燥死板，教学手段落后，学生大多处在被动接受的地位，学生成为被灌输的知识仓库和存储器，思考少，反馈少，课堂缺乏师生互动的活跃气氛，学习积极性降低，甚至有厌学的心理。由于偏重于阅读翻译，忽视了说写能力，朝鲜语的应用能力得不到提高。加之朝鲜语是小语种，学生人数少，语言环境的营造有一定困难，不利于学生语言应用能力的培养，学生走出校门后无法进行正常的朝鲜语交流，所学的知识的忘却率比较高[①]。

（二）关于民族语言的推广及翻译人才队伍建设的研究

语言和翻译问题是民族语文专业建设的重点问题，就少数民族学习汉语的程度、学习的课程设置以及教学内容安排等情况不同，学者意见不同，导致在具体实行的过程中出现很多问题。

第一，从少数民族语言推广的研究来看，随着社会流通的加速，信息化水平的提高，进入现代化时期汉语的优势地位进一步增强，双语教育的发展变得不平衡。储著武认为少数民族语文相互及内部之间的差异就很大，比如藏文就有卫藏、安多、康巴方言的差别，与汉语虽同属汉藏语系，但二者之间差异明显，更不用说与其他语言和方言的差别。现实中民族语文翻译的发展遇到很多瓶颈，有些语言甚至处于濒危状态，需要国家投入大量的人力、物力和财力来扶持。[②]

第二，从翻译人才队伍建设与管理研究来看，翻译作为民族语文重要的内容之一，并没有受到应有的重视。从事民族语文翻译工作的人才工作负荷大，但是社会地位和工资待遇都相对较低，并且各级翻译人员在外语考核、出版专著、发表论文等方面条件受到限制，也存在评聘不挂钩、工资不能兑现等问题，因此造成严重的人才流失现象。曹春梅、胡文佳认为新疆翻译人员管理十分不统一，有的翻译人员纳入了公务员序列，有的纳入事业编制，有的甚至纳入后勤人员编制，身份得不到确认。部分翻译人员从职称套改为公务员编制后，工资大幅减少，影响工作积极性。加上翻译专业性强，造成流动性差，交流提升机会受到限制，这些问题导致翻译人员待遇得不到保障，很多人员不愿从事翻译工作，也无法吸引优秀人才，翻译队伍不稳定。[③]李建辉对翻译

---

① 金善子:《地方高校朝鲜语专业建设的现状与对策——以长三角地区为例》，载《盐城师范学院学报（人文社会科学版）》，2011，31（4），113–115页。

② 储著武:《关于民族语文翻译人才队伍建设理论与实践的几个问题》，载《黑龙江民族丛刊》，2012（1），137–142页。

③ 曹春梅、胡文佳:《新疆民族语文翻译视域下的高职翻译专业教学思考》，载《新疆职业大学学报》，2014，22（5），11–14页。

人才队伍对了详细的论述，他认为随着经济全球化、社会信息化时代的到来，原有的翻译人才储备与飞速发展的国内外形势已不相适应。主要是翻译人才储备不足，后继乏人。一方面，老一辈民族语文翻译专家大多已经或即将离开工作岗位，能够独当一面的中青年翻译家还没有成长起来，民族语文翻译人才普遍存在青黄不接的问题。另一方面，由于翻译人员生活及社会政治待遇偏低，导致翻译人才大量流失。其次是翻译人才供求矛盾与结构性失衡。翻译人才队伍不仅要数量多、质量高，而且要结构优化合理。没有高质量的人才，翻译建设的质量难有保证，没有结构优化合理的人才队伍，容易造成人才过度消费或大材小用。[①]

（三）关于民族语文专业建设对策的研究

民族语言文字在使用人口、方言差异、有无文字和语言功能等方面，各具不同的特点。因此，东主才让认为高校民族语文专业设置也应该采取不同的做法，绝不能“一刀切”。设置的模式和方向应该根据不同民族的历史文化特点、语言文字应用等具体情况，根据不同民族当前利益和长远利益的需要，采取不同的解决办法，制定不同的培养目标和计划，构建不同的教学内容和课程体系。这样才有利于提高民族语文专业的教学质量，培养学生具有扎实的民族语言基础和较广泛的科学文化知识，才能为民族地区培养大批“下得去、留得下、用得上”，适应民族地区社会经济发展需要的应用型人才。[②]

第一，从师资队伍质量提升的研究来看，教师在学校教育中起主导作用，提高教育教学的质量必须加强教师队伍的建设。国家和学校必须时刻关注教师发展，关心爱护教师，提高教师工作的积极性。同时也要加强教师的业务水平。针对师资队伍出现的问题，应该逐一进行解决。民族语文具有民族文化的特性，在人文科学中具有特殊地位，但是在发展过程中又是一门相对冷门的学科，所以在宏观上应予以特殊倾斜，而不能“一刀切”。教师队伍只有不断扩大、提高和巩固，才能有效地提高教学质量。

对于人数少的民族来讲，中央民族学院的刘春老院长在20世纪50年代说过：“一些小语种要保留‘母鸡’（意即不能断线），有的教师养也要养着。”不能因为少数民族的人少就不配备相应的教师队伍。教师队伍必须进行适时的调整，通过培训等手段提高教师的业务水平。合理安排教师职位，充分发挥他们的主导作用。利用人才市场

① 李建辉：《对少数民族语文翻译人才队伍建设的几点思考》，载《民族翻译》，2014（1），5–11页。

② 东主才让：《试论高校民族语文教学的重要性和必要性》，载《青海民族大学学报（教育科学版）》，2010，30（6），70–74页。

的作用，将有志于为民族教育做贡献的老师吸引进来。也要善于将毕业生留下来，给予他们丰富的福利待遇。张养吾在研究中提到，在教师不足的情况下，通过培养研究生和从民族地区选拔优秀分子等措施来逐步扩充现有的教师队伍。[①]康忠德认为要聘请校外专家学者前来授课，缓解学校本身师资不足的窘况。还可以有目的地引进欠缺的师资，逐步解决师资缺口问题。[②]王洪玉提到实行教师聘任制，吸引从高校或者大专毕业的双语教师工作者。根据自身的需要，加大“民考汉”或双语定向师范生定向招生工作，保证其毕业后到基层中小学任教。吸引外地汉语教师为甘南双语教育事业做贡献，并尽力改善他们的工作、生活环境，不断提高他们的工资、生活待遇。加强教师的培训工作，建立培训基地，有针对性选择双语师资的培训内容。[③]

金兰、胡玥认为应该增加双师型的比例，建立更多的青年教师双师型成长计划，做好人才培训。对于有潜质的青年教师，注重企业实习和成长的实践经历，勇于将该类教师安排到企业锻炼，不断提高该类教师的行业经验。[④]教师队伍建设不仅是数量问题，质量才是提高教学的有效保障。根据民族地区社会发展的新要求不断改革和深化教学内容，加强教师队伍建设，提高民族语文教师的学历、职称和科研能力，培养中青年骨干教师，才能为民族语文的建设提供基础。成燕燕认为，要建设一支思想水平高、业务素质好的教师队伍。思想水平高体现在贯彻民族政策、热爱民族工作和教书育人上；业务素质好体现在不断用学科发展前沿研究成果更新自己的知识，调整知识结构，在学科理论上有较深入的研究，知识面宽，掌握双语或多语。能编写高质量的教材，能运用多媒体教学手段，在教学法上不断创新。有高水平的教师才能培养出高水平的学生。因此要用发展的战略眼光来看待师资队伍建设。[⑤]白翠蓉认为，想要促进少数民族语文教师的汉语水平的有效提升，就要加强对少数民族语文教师的培训力度，制定高标准的培训要求。[⑥]达万吉认为双语教师教学质量的发挥必须基于其学科知识、教育知识以及语言知识的相互支撑，并且与具体的双语教学模式相适切，而这种有机和谐状态的达成更有赖于双语教师在教学实践中不断地反思与自我发展。[⑦]

① 张养吾:《为早日实现民族地区的四化建设多培养一些少数民族语文干部》，载《民族语文》，1980（3），1-5页。

② 康忠德:《关于民族语文专业学科发展的思考——以广西民族大学为例》，载《理论观察》，2013（4），91-92页。

③ 王洪玉:《甘南藏汉双语教育历史与发展研究》，北京：中央民族大学，2010。

④ 金兰、胡玥:《高校转型背景下朝鲜语专业人才培养方案改进研究——以吉林省A学院为例》，载《农村经济与科技》，2016，27（6），221页。

⑤ 成燕燕:《新时期高校民族语文教育面临的问题》，载《民族教育研究》，2000（2），66-71页。

⑥ 白翠蓉:《教师应如何提高少数民族汉语教学水平》，载《中国民族教育》，2008（12），23-24页。

⑦ 达万吉:《民族中小学双语教师质量研究》，北京：中央民族大学，2013。

第二，从人才培养质量加强的研究来看，针对生源少的问题，扩大招生毋庸置疑，同时还可通过扩大就业的方式吸引人才。戴庆厦认为要扩大招生，招生对象以本族为主，但可以考虑适当招收一些汉族学生。根据20世纪50年代的经验，招收少量汉族来学习少数民族语言，对学科的发展、民族团结都是有益的。[①]不仅要有充足的生源，还必须培养高质量的学生。因此，可以通过国家对于少数民族的特殊政策增加学生入学机会，同时提高人才培养的质量。储著武认为，国家对少数民族学生在录取等方面要适当放宽条件和给予特殊照顾，在内地经济发达地区开办民族中学等。进入新时期以来，国家还实施了“少数民族高层次骨干人才培养计划”，在民族地区招收硕士、博士研究生进行培养。[②]沙马拉毅、乌尼乌且、罗庆春提到在人才培养的具体实践中，要坚持以人为本的教育观，以全面提高学生素质、注重学生整体发展、个性发展和终身发展为原则，使学生真正做到思想上自强、学习上自立、心理上自信、行动上自律，从而学会做人、学会学习、学会健体、学会审美、学会做事。尊重学生中客观存在的差异性和独特性，因材施教，不断提高人才培养质量。[③]

田太华认为要积极培养民族语文专业人才和管理人才，进一步加强民族语文工作队伍的建设。培养人才是做好民族语文工作的关键措施。应当指出，民族语文人才队伍出现了青黄不接的局面，一方面要尊重珍惜人才，另一方面，要通过各种渠道采取多种形式加速人才培养。要注意落实他们的待遇。[④]最后对于培养人才的规格质量，成燕燕认为民族语文人才必须具备相关学科的知识，要具备多元文化的素质，要具备双语或多语能力，更要具有为民族地区服务的意识。[⑤]

第三，从课程设置与教材编制的改进研究来看，东主才让、王洪玉等认为课程内容的改革不仅要适应社会发展的需求，更要考虑少数民族自身发展的状况。首先要减少陈旧内容，增加新的适应社会需要的内容；其次不能将汉族地区的课程与教材直接应用于各少数民族学生，必须充分考虑民族学生的生活实际，立足当地发展状况，发挥专业优势，拓宽特色学科领域，制定具有民族性、地域性的课程内容和教材。课程内容要为培养目标服务。曹春梅、胡文佳认为现存教材内容陈旧，知识体系遵循的是

① 戴庆厦：《办好高校民族语文专业的几个认识问题》，载《云南民族大学学报（哲学社会科学版）》，2010，27（3），62–64页。

② 储著武：《关于民族语文翻译人才队伍建设理论与实践的几个问题》，载《黑龙江民族丛刊》，2012（1），137–142页。

③ 沙马拉毅、乌尼乌且、罗庆春：《西南民族大学彝语言文学专业发展历程论述》，载《西南民族大学学报（人文社会科学版）》，2011，32（6），12–16页。

④ 田太华：《关于我省少数民族语言文字工作的思考》，载《民族论坛》，1994（1），8–12页。

⑤ 成燕燕：《新时期高校民族语文教育面临的问题》，载《民族教育研究》，2000（2），66–71页。

传统的学历教育那一套，已不适应高职汉、维吾尔语翻译专业特色了。按照语言的稳定性特点，原教材的基础知识尚可继续使用，重要的是对原教材的内容进行创新、扩展、补充、替换。①

课程结构能否科学合理地设置对于人才培养质量的高低具有至关重要的作用。首先要加强实践课程。戴庆厦认为对学生要加大力度培养实践能力、动手能力。组织学生到民族地区做田野调查，让他们更好地接触社会、接触群众。过去的实践证明，这是培养民族语文人才的好办法。学生到民族地区做有关语言、文学、文献方面的田野调查，不仅能较快地提高他们的学术水准，学到在学校上课所学不到的知识；而且对他们形成科学的人生观、民族观都大有好处。②

其次要开设大量的选修课程。成燕燕认为复合型人才还包括和其他学科的交叉，如管理学、经济学、法学、美学、新闻学等学科交叉培养。民族语文在本专业内按不同专业方向开设选修课等办法，拓宽学生的知识面，取得了较好的效果。③然后要注重语言类课程的教学。学者大多强调本民族的学生对于汉语的掌握以及运用水平相对较弱，应开设汉语及相关文学的课程。刘颖在《维吾尔学生汉语学习现状调查分析》中强调要增加汉语选修课的种类，并且要适当加入关于汉语文学的课程，培养学生汉语文学思维能力，传授相关专业知识。周珊专门论述了《现代汉语》课程中语法的教学内容，提出教学中力求通过使用复述法、扩展法、缩写法、对比法等方式方法，加强语法教学，让学生真切地认识到规范的语言形式是准确的语言内容的必要载体，实现“学习者运用自己的认知能力去理解所教的语法结构的特征”。④李茂、周鸿彦等认为汉语文教学是少数民族语言文学专业教学的重要组成部分。它包括基础的汉语写作、大学汉语文、中国文学史、现代汉语、文学概论、语言学概论等课程，是少数民族双语专业的必修课。⑤可见，在民族语文课程中，汉语是必不可少的内容。

王伟兰认为内蒙古学校课程设置要符合蒙汉双语授课学生特点。紧抓蒙汉双语授课学生需要学习两种语言与用两种语言学习的特性，调整通识类课程中语言课程的写作课时数，增加语言交流类课程必要时辅助于选修课课程，同时针对蒙汉双语授课学

① 曹春梅、胡文佳：《新疆民族语文翻译视域下的高职翻译专业教学思考》，载《新疆职业大学学报》，2014，22（5），11–14页。

② 戴庆厦：《办好高校民族语文专业的几个认识问题》，载《云南民族大学学报（哲学社会科学版）》，2010，27（3），62–64页。

③ 成燕燕：《新时期高校民族语文教育面临的问题》，载《民族教育研究》，2000（2），66–71页。

④ 周珊：《论少数民族语言文学专业大学生〈现代汉语〉语法教学——从新疆师范大学蒙语言文学专业“现代汉语”课程设置谈起》，载《新疆师范大学学报（哲学社会科学版）》，2007（4），132–135页。

⑤ 李茂、周鸿彦、彭小玲：《少数民族语言文学专业汉语文课程教学质量提升的思考与实践》，载《内蒙古师范大学学报（教育科学版）》，2013，26（11），85–87页。

生理数类课程和英语课薄弱的现象，适当增加授课时数。在专业课当中加大外出作业或实践类课程，尤其是在实践类课程当中，可以通过蒙汉同组组建方式，一方面创建语言交流环境，另一方面可以以分组形式缓减大班授课课堂效率低下的问题。[①] 刘炜在研究中认为，在当今全球化背景下，三语甚至多语使用者才是常态。[②] 阿呷热哈莫在研究提出，我们应该正视少数民族双语教育的必要性和重要性；同时采用三语教学，从以往国家倡导的“民汉兼通”人才转变为全球化背景下的“民汉外兼通”人才的观点。[③]

在国际化背景下，即使是民族地区也应当加强汉语和英语的教学。甚至在有些地区适当学习邻国的语言对于教育和经济往来也是百利而无一害的。少数民族地区的人们在学好本民族语言的基础上，首要任务就是进行汉语的学习，融入我国社会的发展；其次就是学习外语，加入国际发展大潮。问题就在如何合理学习语言？如何设置课程、安排课时？如何兼顾多语的学习才不至于顾此失彼？这是少数民族语言文学教育中必须解决的首要问题。

包玉梅认为蒙古语教材编写要注重其先进性、科学性和启发性，以确保其高质量建设。语言教材不仅承担知识传递作用，还是知识获得途径。教材编写人员要在保证教材基本功能的前提下，注重其启发性作用的实现，注重语言使用的准确性。根据蒙古语的教学特点，高校蒙古语教材还应简单易懂，将目标放在交流和沟通，而不是过分重视……，最终提高蒙古文教材的质量。[④] 金善子认为我国大多数地方高校朝鲜语专业建立时间比较短，朝鲜语专业的教材建设也刚刚起步，尚处于探讨、摸索阶段。由于适合地方高校实际需要的教材较少，所以有些院校仍在沿用20世纪90年代的过时教材，有些院校直接引用外来原版教材，还有些院校使用教师自编的教材。不少院校在教材的编写和选用上缺乏语言学、教育学，以及心理学的理论指导，很难激起学生的学习欲望和兴趣，一定程度上影响了应用型朝鲜语人才的培养质量。[⑤]

第四，从课堂教学质量改革的研究来看，民族语文专业教学改革围绕着基础理论教学和实践教学两个方面展开，而实践教学很大程度上制约着教学质量的提升，因此

---

① 王伟兰:《双语教育理论背景下提高内蒙古高校蒙汉双语人才培养质量研究》，呼和浩特，内蒙古农业大学，2018。

② 刘炜:《中国民族高等教育领域“民汉外”多语共时教育研究——以中国少数民族语文专业语言教育为考察中心》，载《前沿》，2016（3），73-79页。

③ 阿呷热哈莫:《全球现代性视野下的凉山彝区双语教育思考》，载《中央民族大学学报（哲学社会科学版）》，2013（4）。

④ 包玉梅:《试论蒙古语言文学的专业教材建设》，载《才智》，2016（19），95页。

⑤ 金善子:《地方高校朝鲜语专业建设的现状与对策——以长三角地区为例》，载《盐城师范学院学报（人文社会科学版）》，2011，31（4），113-115页。

在教学中大多数学者热衷谈论实践教学的改革。马伟、李美玲认为教学过程要发挥教师的作用，要消除学生心中的自卑感，以本民族的优秀学生、优秀人才为榜样，激励他们。其次，在现代汉语教学中，要关注两个教学重点：一是系统学习基础理论知识；二是进行基本技能的训练，以便让学生学以致用，提高学生理解、分析和运用现代汉语的能力，进而提高翻译工作的能力。①

陈进认为，鉴于汉族学生学习藏语文的特殊性，建议除正常安排的教学和实习外，校内各院系和有关部门可提供相关岗位，尤其是针对大学三年级的学生，设立开放型的“学生实践岗位”，单位与学生相互择优选择，建立学习—实践、实践—学习教学新模式，使学生能够在学习中进行实践，在实践中总结、再学习。② 王钟箐、胡强、陈琳认为，民族语文要突出实践教学，提高学生实践能力；应用型人才培养的特点是科学教育与实践能力的结合。在理论学习的基础上，更强调理论联系实际，学以致用。在减少理论学时的同时，必须加强实践教学，保证实践教学环节的学时学分。③ 李晓燕认为，要建立“三大层次，五大模块”的实践教学体系。三大层次分别是基础实践、专业实践和综合实践；五大模块是基本专业技能训练模块、实习实训模块、专业能力模块、科研训练模块与社会实践模块。每个模块都要规定详细的实践教学环节和步骤，及具体应该达到的目标。④

第五，从语言推广与翻译人才培养完善的研究来看，随着各民族更加频繁的来往，单学习少数民族语言已经不能适应社会发展的需求，必须重视双语教育。杨秉一认为提倡各民族互相学习语言文字，是搞好民族关系、增加民族团结，促进我区“四化”建设的有效措施。⑤ 石少成认为要着重学习本民族语言，他认为苗文、侗文是对本民族进行启蒙教育，开发智力，培养能力，振奋民族精神，提高民族自信心和民族科学文化素质，促进民族团结和发展繁荣的最为有效的工具。它显示了在不通汉语的苗族、侗族聚居区，民族语文确有为汉语文所不可替代的特殊作用。⑥

在民族语文专业本科生中要加强母语教学。除此之外，少数民族学生要获得较高的民族语文专业方面的理论知识，为了走出社会后能充分施展自己的才能，必须要有

① 马伟、李美玲：《民族语文专业现代汉语教学思考》，载《青海民族研究》，2001（3），103-107 页。

② 陈进：《西藏大学藏语言文学专业汉族班跟踪调查报告》，载《西藏研究》，2005（4），121-123 页。

③ 王钟箐、胡强、陈琳：《应用型本科人才培养方案的探索与构建》，载《教育与教学研究》，2009（10）。

④ 李晓燕：《中国少数民族语言文学（维吾尔语）专业实践教学体系建设研究——以石河子大学为例》，载《教育现代化》，2016，3（36），92-93 页，97 页。

⑤ 杨秉一：《认真贯彻执行党的民族语文政策　努力开创我区民族语文工作的新局面》，载《语言与翻译》，1985（1），4-13 页。

⑥ 石少成：《湖南少数民族语言文字工作与民族语文普及教育对策研究》，载《民族教育研究》，1993（1），49-54 页。

较高的汉语文水平。储著武也谈到藏汉双语教育的实践提高了当地学生的入学率、巩固率和升学率。双语教育调动了广大农牧区群众子女的入学热情和积极性，为甘南藏族群众子女升学就业，向社会上层流动开辟了广阔的门路和空间，使藏族群众认识到了接受教育的重要性。① 色・贺其业勒图认为可以颁布实施学习使用蒙古语文奖励办法。② 学习多种语言，与其他地区和国家的人们自由交流往来是少数民族地区发展的必要条件，语言和翻译是密不可分的，因此学者对于民族语文翻译人才的培养尤为重视。

李建辉③、穆雷④、肖静芳⑤ 等学者认为翻译可以带动当地经济文化以及社会的整体发展，尤其在“一带一路”背景下翻译显得更加必要，还对文化传承方面具有重要的意义。不少优秀少数民族文化遗产需要通过翻译来整理，如对英雄史诗《格萨尔》《江格尔》《玛纳斯》的收集整理工作；优秀的文艺节目需要经过民族语言翻译后才能在少数民族地区传播；少数民族文字的图书杂志需要专门编译出版人员和机构，如民族出版社设有蒙古语、藏语、维吾尔语、哈萨克语、朝鲜语五个少数民族语言文字编辑室，各地教材编译中心翻译出版“双语”教材等⑥。可见，少数民族语言翻译工作是少数民族文化事业的重要组成部分，培养翻译人才势在必行。但是翻译过程中出现很多问题，如术语不统一、翻译工作滞后、翻译人才队伍知识体系跟不上时代发展的潮流，为翻译工作带来不利影响，需要提高翻译人员的素质，因此需要调整课程设置，提高工作能力（白艳，2015）。⑦ 民族语文专业的发展主要贡献于当地经济社会，因此，翻译人才不仅能加强各民族间的交流，还能为民族文化的传承做出贡献。

（四）关于民族语文专业人才培养的研究

在理论思考方面，有些学者对民族语文教育的发展历史进行梳理，民族语文专业经过多年的发展，取得了很好的实践经验，但在师资队伍和教材建设上存在着薄弱环节（斯琴，1999；曲木铁西，1998；蒙元耀，2009；戴庆厦，2010；东主才让，2010）。有些学者对民族语文教育进行学理层次思考，对未来发展进行展望，民族语文

① 储著武：《关于民族语文翻译人才队伍建设理论与实践的几个问题》，载《黑龙江民族丛刊》，2012（1），137-142 页。

② 色・贺其业勒图：《论乌兰夫贯彻民族语文政策的措施体系》，载《内蒙古民族大学学报（社会科学版）》，2011，37（2），1-9 页。

③ 李建辉：《对少数民族语文翻译人才队伍建设的几点思考》，载《民族翻译》，2014（1），5-11 页。

④ 穆雷：《我国少数民族语言翻译研究现状分析》，载《外语教学与研究》，2015，47（1），130-140+161 页。

⑤ 肖静芳：《“一带一路”建设为民族语文翻译带来机遇和挑战》，载《中国民族报》，2017-08-11（009）。

⑥ 旺堆：《面向现代化、面向未来的民族语文翻译信息化建设战略构想——以中国民族语文翻译局信息化建设工作为例》，载《民族翻译》，2012（4），6-11 页。

⑦ 白艳：《试论新时期的民族语文翻译现状与发展》，载《科技创新导报》，2015，12（27），206-207 页。

专业在未来发展中具有重要意义，肩负着重大的文化传承使命，但存在着改革与发展的必要。需要进行专门的立法工作，在培养上由“民汉兼通”转向“民汉外兼通”，多民族文学专业应树立多民族文学史观，重写中国文学史教材（成燕燕，2000；曹顺庆，2012；王学荣，2014；刘炜，2016；付海鸿，2017）。在人才培养方面，多数学者选择个别高校作为案例，对民族语文专业的人才培养进行分析与研究，欧以克（2009）、康忠德（2013）以广西民族大学为个案，梅合东（2014）、和少英（2014）以云南民族大学为个案，陈永春（2010）以内蒙古民族大学为个案，板永明（2016）以德宏师范高等专科学校为个案，对学科专业、师资队伍、课程教材等方面进行探究，从一定程度上揭示了发展现状与存在的问题。此外，有些学者对个别省区的民族语文工作进行总结，于凤贤（1995）对黑龙江的民族语文工作30年进行回顾，石锦宏（2009）对贵州的民族语文工作60年进行了梳理，佟加・庆夫（2009）对新疆的民族语文工作60年进行了概览。

（五）对已有研究的总结

从已有研究来看，取得了不少的研究成果；研究集中于民族语文教育的理论探讨和历史发展方面，阐释该专业所产生的历史作用，论证专业建设和发展的重要性和必要性。目前的研究以理论思辨为主，注重从学理层次上探讨民族语文教育，在结论获得上缺少实证材料的支撑，使得研究发现流于表面。大多数研究注重个案分析，所涉及的高校范围比较窄，而且重视探讨宏观层次的专业发展趋势，对微观的人才培养研究不够，没有进行充分的实证调查，不能对培养质量的实际情形进行客观评价，在制定政策建议时缺乏有效依据。上述研究综述为我们了解民族语文教学实践况状提供了借鉴，可以看出已有研究存在几点明显的不足：

第一，缺少对民族语文专业建设的历史梳理。少数民族语言文学专业自建立以来经历了60年的发展历史。期间，培养目标、课程体系、教学方法等进行了不同程度的改革。但是，从文献来看，关于少数民族语言文学专业的发展缺乏历史脉络的梳理，研究的内容也不够丰富，不利于借鉴经验教训做进一步的完善。

第二，缺少对研究问题及措施的深入探究。民族语文专业建设的问题涉及的方面较多，因此造成在论述过程中问题研究不够深入具体，仅仅停留在表面。比如双语教学问题，研究中偏向阐述双语师资的缺乏，教学方法的不合理。这些问题具有普遍性，即每一个专业建设中都会遇到，没有凸显出民族语文专业的特色。也没有根据具体的问题提出适切的方案，造成不同时代具有相同的问题。

相应地对民族语文专业建设措施的提出，大部分学者都是点到为止，没有深入探讨方法的可行性以及具体能解决问题的方案。比如对于师资的缺乏相应地对策就是增加教师数量，并没有详细论述通过什么途径增加，能否解决根本问题；比如对于民族语文专业中课程体系的建设仅仅停留在调整结构，增加实践性课程。没有具体论述每一模块的课程应该开设哪些以及如何开设。

第三，实证研究的缺乏。不同社会时期对于民族语文的发展需求是不同的，在少数民族语言文学专业建设研究中，文献大多是以理论研究为主，从国家关于专业建设的要求等方面探讨问题，因此普遍是对现有状况存在问题的分析，缺少通过对具体学校的调查以及对社会和学生需求的调查形成的实证研究。比如没有具体论述某一种语言文学专业根据国家和社会的需求应该如何设置课程体系，如何进行双语教学的改革，如何切实改善教师队伍的结构、提高师资队伍的质量等。

还有很多文章的背景资料虽然呈现的是现实社会的发展需求，但是并未真正呈现出社会的需求到底是哪些，哪些用人单位缺乏人才，缺乏的是什么类型的人才，人才与社会出现了何种程度的不对接情况，在此基础上又有什么对策，也并未真正探讨学生需要什么样的知识能提高自身的价值，什么样的教学最终能满足学生发展的需要，因此，没有从根本上解决专业建设中存在的一系列问题。课程体系的设计、教学方法的选择、师资队伍的质量均关系到人才培养的质量，必须通过大量的实证调研，再根据当地发展的实际情况进行讨论，空谈理论缺少足够的说服力，空谈专业建设改革也是不切实际的。因此，必须通过实证调查，切实掌握学生需求以及社会需求之间的矛盾，从而使得学校更好地配合国家培养目标进行专业建设。

第四，缺少研究的理论支撑。在对民族语言文学专业建设的研究中，很少有学者涉及理论基础的探讨。强化理论支撑，更有利于专业建设的科学性，更能全面具体地对语言和文学进行探讨，空谈语言文学的少数民族语言文学专业是不完整的。据此，应适当借鉴汉语言文学以及其他专业课程设置的研究，对其专业建设问题的本质进一步分析。

基于上述研究的梳理，在此后的研究中，可以在结合时代发展背景的基础上，从不同的角度研究民族语文专业建设，并且注重研究问题的深入性。通过大量的实证调查了解民族语文发展中存在的真正问题，从不同利益主体的角度出发了解真正的需求，提出切实可行的解决方案，这样的成果更具有现实意义和价值。因此，本研究在已有基础上，根据地域分布和语言类型，选择多个典型的高校样本，针对民族语文专业的人才培养模式以及培养结果状况进行深入探究，通过实际调查以获得高校的实证数据，分析目前人才培养质量现状以及存在的不足。并在此基础上就如何进一步推动民族语文专业人才培养模式的有效改进，对原有的人才培养模式进行创新，寻找到合适的发展路径与有效策略。以人才培养作为民族语文专业建设的立足点，完善现有的人才培养模式，提出相应的政策建议，促进民族语文专门人才培养质量的有效提升。

四、核心概念界定

（一）民族语文

世界上任何一个民族形成代表其特征的共同语言都可以称为该民族的民族语，有文字则称为民族语文。从狭义上说，民族语文在我国一般是指相对于汉语文之外的其他少数民族语文。斯大林提出："民族是人们在历史上形成的一种具有共同语言、共同地域、共同经济生活以及表现共同文化上的共同心理素质的稳定的共同体。"这里所说的共同语言，是指同一个民族的人在生产、生活中彼此交流思想感情、交往联系时所共同使用的语言。民族语言是随着民族的形成，在氏族、部落语言的基础上发展而逐渐形成的，并且随着社会的发展不断完善和提高，新语词不断增加，不断规范化。文字作为记录语言的一种符号晚于语言出现，但与语言有着十分密切的关系，它为语言服务，随语言的发展而发展，因此也被称为书面语言。可见，民族语言是同民族一起产生的该民族的共同语言，是构成民族的重要特征。据此，广义上看，世界上任何一个民族形成代表其特征的共同语言都可以称为该民族的民族语，有文字则称为民族语文。

我国是由 56 个民族构成的多民族统一的社会主义国家，其中汉族人口最多，其他 55 个民族人口较少，统称为少数民族。历史上，汉族及部分少数民族主要说汉语，而其他少数民族使用自己的民族语言，各民族交往频繁、互相学习彼此语言的情况从未间断。现阶段，除个别民族如回、满等民族目前已完全通用汉语汉文，其他少数民族几乎都有自己的民族语言，还有些民族同时使用两三种不同的语言，如景颇族并用景颇语和载瓦语；裕固族并用恩格尔语（东裕固）和尧乎尔语（西裕固）等。文字方面，有些少数民族的文字产生年代相当久远，有些少数民族只有语言没有文字。各民族的语言文字反映了各民族的生产和生活特点，保留和记录了各民族人民的经验和智慧，并展示了有关各族人民观察事物的方式方法，以及他们对自己及其他民族文化的见解。一般认为，在我国 56 个民族中，大约使用 100 多种语言，其中 18 个少数民族有自己的民族文字。[①] 经过数千年的历史发展，汉语事实上已成为我国境内各民族间互相交流

① 孙宏开:《中国的语言》，32 页，北京，商务印书馆，2007。

的族际通用语，2001 年 1 月 1 日，《中华人民共和国国家通用语言文字法》颁布实施，从法律上将普通话和规范汉字作为我国的通用语言文字，相对而言，汉语文使用范围已超出本民族范围，成为区域性的族际间通用语。因此，从狭义上说，民族语文在我国一般是指相对于国家通用语之外的其他少数民族语文。这也是本书的操作定义。

（二）民族语文专业

多民族、多语言、多文种是中华民族多元文化的重要组成部分。民族语言文字是民族文化的载体。民族文化要传承离不开教育，教育的主要工具和手段之一是语言文字，所以要传承一个民族的文化与价值，就必须开展本民族语言文字之教育。在高校设立民族语文专业进行民族语文教学，培养民族语言人才，是由我国的国情决定的，也是《宪法》赋予少数民族公民使用和发展自己语言文字的基本权利。1950 年 11 月 24 日，在政务院第 60 次政务会议上批准了《筹办中央民族学院试行方案》，在这个方案中规定于 1951 年创办中央民族学院，同年设立政治系、语文系、预科三个教学单位，其中“语文系招收高中毕业以上志愿作少数民族工作的汉族学生及有相当学历的少数民族学生，专修少数民族语文”。同年就设立了藏、维吾尔、苗、壮、彝、布依、瑶和纳西等 8 个少数民族语文专业。因此，这里的“专业”是根据当时社会发展需要按照学科分类建构出来的高等教育学科门类中的一个学科专业，由于少数民族语种众多，当时统一称为“少数民族语文”或“民族语文”专业。根据国务院学位委员会、教育部颁布的《学位授予和人才培养学科目录（2011 年）》，中国少数民族语言文学（分语族）属于文学学科门类中的中国语言文学（一级学科代码 0501）之下的一个二级学科（二级学科代码 050107）；根据教育部印发的《普通高等学校本科专业目录（2012 年）》和《普通高等学校本科专业设置管理规定》等文件的通知，普通高校设置的中国各少数民族语言文学（如藏、维吾尔、哈萨克、壮、彝语等）本科专业（专业代码为 050104）都隶属于文学学科门类下设的三个专业类之一——中国语言文学类。

民族语文专业是指以少数民族语言文学专业为主体，以各民族语言和文学为研究对象，培养具备现代化发展能力的民汉兼通的多语人才的专业。本研究中所涉及的民族语文专业，既包含高校所开设的少数民族语言文学类专业，比如藏语言文学、朝鲜语言文学等，又包含与民族语文相关的专业类型，比如维汉数学、彝英专业等。在开设民族语文专业的高校中，除了专门的民族类院校外，还有综合类院校以及师范类院校等多种高校。在调研前期的文献资料分析中，据不完全统计，开设有民族语文专业的高校总共有 100 多所，分布于新疆、西藏、内蒙古、四川、青海、甘肃、贵州、云南、广西、吉林等 21 个省级区域，涉及专科、本科、研究生教育三个层次。

（三）人才培养模式

20 世纪 90 年代以来，关于人才培养模式的研究受到我国教育界的广泛关注，自 1994 年第一次出现在国家法规文件《高等教育面向 21 世纪教学内容和课程体系改革计划》中至今，已成为高等教育改革领域里的研究热点。进入新世纪后，高校民族语文专业也采取了若干改革措施，主要从培养模式上进行了大量变革，包括专业设置、课程体系、教学方式等。但我国学者对“人才培养模式”的概念的界定仍众说纷纭，至今未有统一的定义。几种较有代表性的观点如下：

一是“样式论”。刘明浚于 1994 年首次真正明确对这一概念作出界定。认为：“人才培养模式是指在一定的办学条件下，为实现一定的教育目标而选择或构思的教育、教学式样”，同时还提及人才培养模式所应涉及的诸要素包括“课程体系、教育途径、教学方法、教学手段、教学组织手段等”，其中“课程体系是人才培养的核心要素，而其他要素则是为了使课程体系正确而有效的安排和实施，从而使培养目标得以落到实处”[①]。二是“结构论”。俞信提出“人才培养模式是指在一定教育思想指导下，培养目标、教育制度、培养方案、教学过程诸要素的组合”[②]。三是“过程论”[③]。张军、徐建梅认为“培养模式实质上是人才素质要求和培养目标的实施的综合过程和实践过程”。纪梅玲认为“人才培养模式是在一定的教育思想和教育观念的指导下，积极反映教育同社会的关系和教育自身规律的过程，是一个主动适应社会和学生发展需求的过程，也是一个不断调整和完善的过程”[④]。四是“方案论”。认为“从宏观和形式角度看，人才培养模式就是指在一定的教育思想指导下，为实现一定的培养目标而采取的教育方案和教育方式”；人才培养模式也是“可供教师和教学管理人员在教学活动中借以进行操作的既简约又完整的实施方案”。五是“结构过程方式论”。陈祖福认为“人才培养模式是指为受教育者构建什么样的知识、能力、素质结构，以及怎样实现这种结构的方式。它与教学内容和课程体系密切相关，前者是后者的前提，后者是前者的体现和落脚点”[⑤]。

尽管人们对人才培养模式的概念界定并未统一，但主要分歧在于对培养模式的外

① 刘明浚：《大学教育环境论要》，35 页，北京，航空工业出版社，1993。
② 俞信：《对素质和人才培养模式的基本认识》，载《高等工程教育研究》，1997（4）。
③ 张军、徐建梅：《地方高校应用型本科生培养模式的研究》，载《江苏高教》，1997（6）。
④ 纪梅玲：《拔尖创新人才培养模式下高校思想政治教育创新研究》，成都，西南石油大学，2012。
⑤ 陈祖福：《迎接挑战，更新教育思想和观念》，载《高等理科教育》，1997（1）。

延大小、构成要素多寡以及结构属性还是过程属性的争论。也就是说，不管对人才培养模式的外延和属性界定如何，它都包括一定的构成要素，只不过结构属性更强调各要素的有机组合构成相对稳定的系统结构，过程属性论者更强调各要素的动态运行过程。在教育实践中，教育主体为达到特定的教育和培养目标在一定的教育思想指导下对各要素进行设计组合，就会形成不同的人才培养模式，每一种人才培养模式会涉及多种要素，在具体研究中难以对所有要素面面俱到，因此，现实和惯常的做法是根据研究需要，选择若干要素来大体勾勒、反映一种人才模式。从这个意义上讲，只需要将人才培养模式作为一个研究的概念框架去理解，而没有必要以“死板的模型”苛求研究面面俱到，基于这种认识，本研究在“人才培养模式”这个概念框架下，主要围绕人才培养目标、专业设置、课程体系、教学体系、管理制度等要素进行相关分析，来揭示民族语文专业人才培养的特点和存在的问题，在此基础上构拟新时期背景下民族语文人才培养的应然模式。

（四）人才培养质量

本研究主要探讨民族语文专业的人才培养质量状况，研究的重点是对培养质量的理解，目前将质量定位为满足顾客需要和符合目的要求，其中暗含着对于服务对象与使用对象的满足与符合程度，体现出针对质量主客体二者之间的融合。质量评判的核心点便是学生发展，包括学生发展所面临的外部环境与条件，学生发展的过程，还有学生发展所带来的结果如何。针对人才培养质量的评价，学生是关键的评价维度，需要突出过程性与结果性特征，应围绕学生构建一套评价指标体系，将教育过程与结果因子纳入到其中。具体在指标设计中，学生群体对专业学习过程中的主观认同度，包括师资、课程、教学、教材等维度，无论是在校生还是毕业生，能够反映学生的培养过程，突出培养质量的过程性特征；而在校生通过专业学习所获得的学习成果，还有毕业生的就业发展状况，能直接反映学生培养的结果状况，突出培养质量的结果性特征。研究的难点在于如何构建针对民族语文专业人才培养质量的评估指标体系，该专业以少数民族学生居多，与普通高校的培养存在着一些差异，要明确民族语文专业在人才培养上的目标定位，其中存在的共同点和特殊性，如何针对学生的实际培养状况进行有效评估，这也是研究中需要急切解决的难题。

五、研究内容设计

（一）研究问题

基于上述研究背景与文献综述，本研究利用在校生培养现状调查问卷和毕业生就业跟踪调查问卷，具体选择设置有民族语文专业的高校作为样本学校，主要对本科生与研究生群体进行取样，大规模收集学生样本的实证调查数据。基于一手实证数据，对民族语文专业的学生培养模式状况进行统计分析，并利用定量和定性的方法对学生的培养质量进行评价，探究人才培养的现状、特点以及存在的问题。在实际研究中拟解决四个核心问题：一是目前高校民族语文专业针对学生的培养模式是如何构建的；二是目前高校民族语文专业的人才培养现状如何；三是高校民族语文专业人才培养质量的构成维度有哪些，如何对其质量状况进行有效评价；四是高校民族语文专业在人才培养上存在什么问题与不足，如何更有效地提升其培养质量。

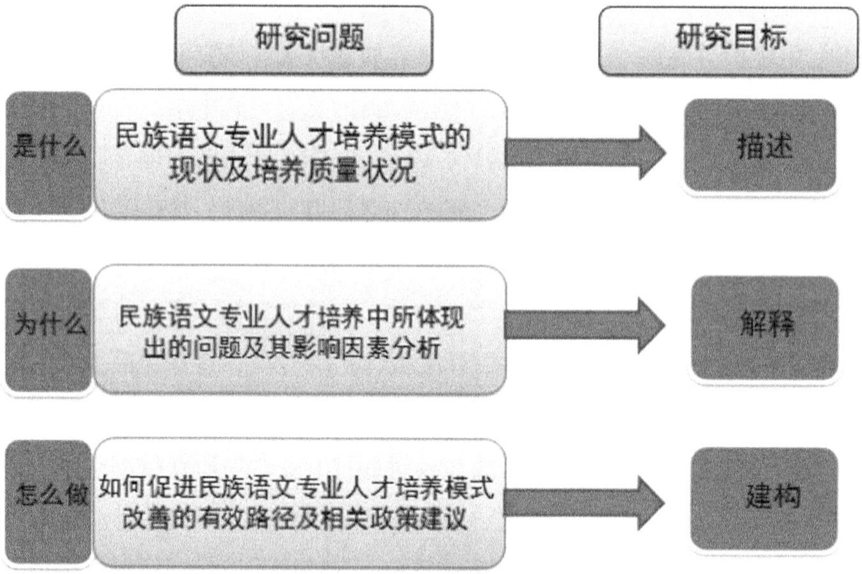

图 1　研究问题设计

因此，本研究在已有基础上，根据地域分布和语言类型，选择多个典型的高校样本，针对民族语文专业的人才培养状况进行深入探究，探究目前的人才培养模式状况，建立学生培养质量的评估范式与标准体系，通过实际调查以获得高校的实证数据，分析目前人才培养质量现状以及存在的不足。以人才培养作为民族语文专业建设的立足点，构建科学研究与人才培养的协同机制，处理学科建设与人才培养的互动关系，完善现有的专业人才培养模式，最终促进人才培养质量的有效提升，为民族地区发展提供高素质的民族语文人才。

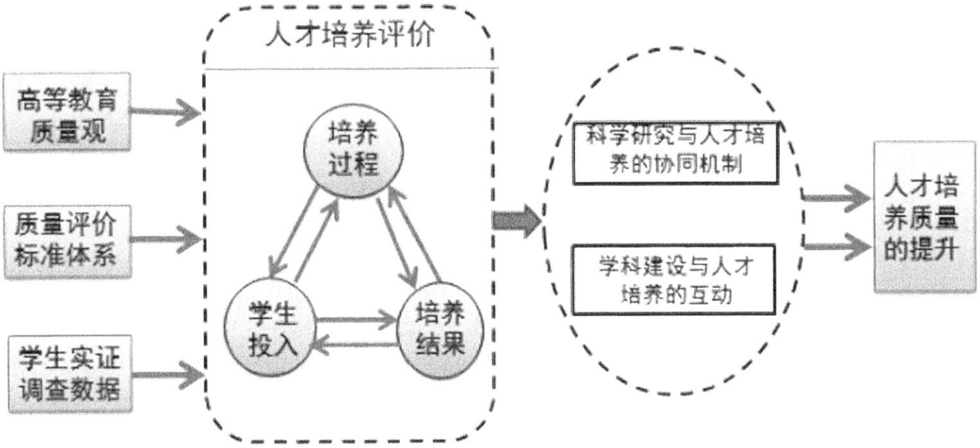

图 2　研究设计与路径图

（二）研究对象

民族语文在我国一般是指相对于汉语文之外的其他少数民族语文，而民族语文专业是指以少数民族语言文学专业为主体，以各民族语言和文学为研究对象，培养具备现代化发展能力的民汉兼通的多语人才的专业。本研究涉及的对象是民族语文专业，既包含高校所开设的少数民族语言文学类专业，比如藏语言文学、朝鲜语言文学等，又包含与民族语文相关的专业类型，比如维汉数学、彝英专业等。在具体研究中，以调查民族语文专业的学生培养状况为主，重点是揭示目前的人才培养模式现状，还有对学生的培养效果与质量进行有效评估，包括本科阶段与研究生阶段的学生群体，不管是在校生还是毕业生。在调查实施中，一方面针对在校学生，以学生的专业学习、培养模式以及学习成果为主，从过程与结果维度揭示学生的培养状况。尤其是人才培养结果，即学生在多个维度的实际发展情形，包括知识、技能、价值观以及通识素养维度，在这些层面的“增值”发展程度。另一方面针对已毕业学生，以就业状况、工作满意度以及专业发展建议为主，反映毕业生的职业发展情形，对民族语文专业在人才培养模式中的具体状况进行有效探讨，从而揭示学生培养过程中存在的不足。

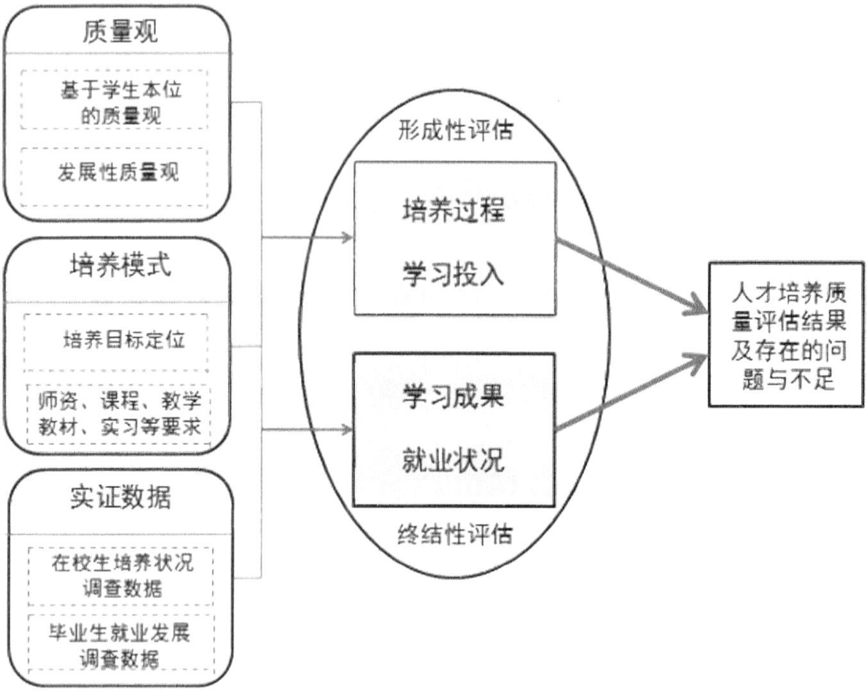

图 3　基于人才培养质量观及评估范式的研究框架

（三）技术路线

在研究框架的构建上，本研究基于理论研究、实证研究和对策研究三个层次，从高校人才培养的相关理论出发，探究民族语文专业的人才培养模式现状→人才培养质量的实际状况与有效评价→民族语文专业人才培养中存在的问题与不足→促进民族语文专业人才培养质量提升的有效路径与发展策略等五个模块。具体包括：

模块 1——高校人才培养的相关理论与学生主体质量观。运用教育学、管理学、心理学理论厘清高等教育功能体系及其人才培养的概念与作用，利用利益相关者理论来构建以学生为主体的高等教育质量观。

模块 2——高校民族语文专业人才培养的目标定位与具体模式。深入分析高校民族语文专业的人才培养目标体系，在目标定位下的人才培养模式构建，具体包括师资配备、课程设置、教学模式、专业实习、教材编订等维度。

模块 3——高校民族语文专业人才培养质量评价的实证研究。利用实证调查工具，对在校生的培养状况与毕业生的就业发展进行实证调查，依据学生培养质量的评价指标，利用定量和定性的方式，对民族语文专业的人才培养质量状况进行有效评价。

模块 4——高校民族语文专业在人才培养中存在的问题与不足。从培养过程与培养结果两个层面，全面揭示民族语文专业的人才培养模式与培养质量状况，着重于探究其中存在的问题与不足，分析背后的影响因素。

模块5——促进高校民族语文专业人才培养质量提升的有效路径与政策建议。依据于实证调查数据的分析结果，探索民族语文专业实现人才培养改善的有效路径，提出促进人才培养质量提升的有效建议。

本研究的技术路线如图4所示：

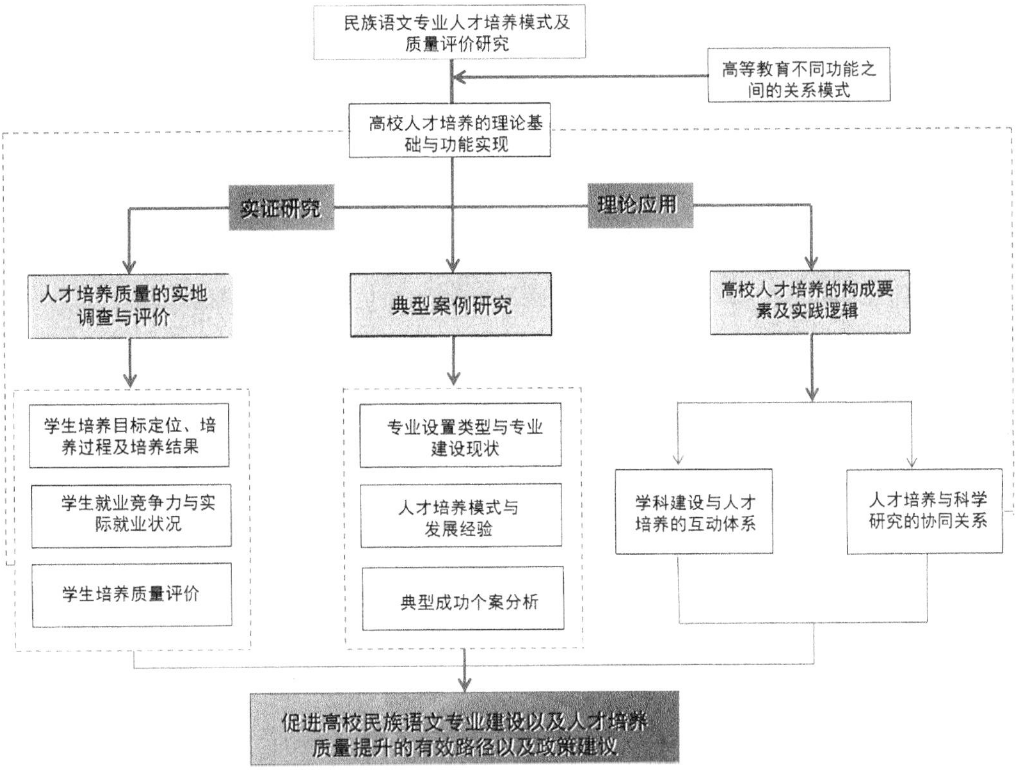

图4 研究技术路线图

六、研究方法

本研究的方法论以混合研究范式作为理论指导，运用多元的观点、技术、测量方法、资料来源等来揭示民族语文专业的人才培养模式与质量状况。综合应用文献法、问卷调查法、访谈法等方法来收集资料，结合量化统计方法和定性分析方法对资料进行分析。前期的研究以文献与网上资料为主，通过对相关专业资料的梳理与整合，为后面的实证研究（包括问卷调查、访谈和个案研究）提供理论基础和模型建构。

（一）文献研究法

现有资料是收集包括高等教育质量与民族语文专业的研究文献和成果、各种统计数据和报表、各种政策文件。通过查阅中国知网、国家图书馆、学校图书馆中的民族语文专业与人才培养方面的研究成果，全面把握民族语文教育的本质、特征及其存在问题和解决办法。通过文献研究法收集当前国家关于民族语文教育的政策、高校所开设民族语文专业状况、民族语文教育的发展规模、民族语文专业的学生招收与毕业数量等重要信息。

（二）问卷调查法

通过设计在校生培养现状与毕业生就业跟踪调查问卷，选择个案高校进行预研究和试测，检验调查工具的信效度，再对问卷进行修订与完善，在获得良好信效度的基础上开展正式调研。在样本选择方面，全国有近 200 多所高校开设有民族语文专业，考虑到地域分布和民族语言类别，本研究主要选取位于内地的中央民族大学，东北地区的延边大学、内蒙古民族大学，西北地区的西北民族大学、新疆大学，西南地区的西南民族大学、广西民族大学等 16 所高校作为样本学校，考虑到学生专业分配、年级分布以及性别状况，对本科生和研究生进行抽样调查，总共收集到 4471 份有效问卷，对问卷进行回收与统计，建立关于学生培养状况的调查数据库。还对已毕业的民族语文及相关专业的学生群体进行追踪调查，通过线上方式共回收了 1037 份有效问卷。在数据资料的处理上，所采用的统计分析工具为 SPSS 软件，探究高校民族语文专业的人才培养模式与培养质量状况。

（三）访谈法

质性研究数据的获得主要通过访谈方法，收集行政管理者、教师和学生群体的访谈数据。在访谈样本的选择方面，从调研高校中选择负责人才培养的校领导、学院领导以及行政管理者样本，就高校民族语文专业的人才培养目标、模式、质量等进行结构式访谈；从设置民族语文专业的学院中选取教师和辅导员样本，就本专业的人才培养状况进行半结构式访谈；同时从不同专业抽取学生样本进行一对一、集体访谈，主要采用半结构式与开放式的访谈，让学生被试就培养模式、培养结果以及就业状况进行谈论。在访谈资料的处理上，对访谈资料进行整理和编码，然后进行统计分析，与量化调查数据之间进行比较分析，获得更加丰富和深入的研究结果。

（四）个案研究法

本研究要解决的重点问题是探索提升民族语文专业人才培养质量的有效路径，并对现有人才培养模式进行改革与完善，因此在研究中除了收集大规模的实证调查数据之外，还需要寻找比较特殊的个案，尤其是比较成功的人才培养经验。从高校中选取特殊的人才培养模式进行分析，对已经获得成功实施的学生培养方案与模式进行深入系统探究，分析和整合其成熟的经验，归纳总结其成功实施的经验并推广到其他高校中。

七、研究创新

从已有的研究看，高校民族语文专业有很深厚的历史发展沿革和社会需要，宏观上有国家层面的政策支持，但是可能缺少具体层面的落实政策，如招生宣传和就业政策等；从学科建设的角度看，民族语文专业作为二级学科较为弱势，在目前的学科评估机制下对其发展不利，民族语文专业发展缓慢。虽然有学者根据民族地区社会发展实际提出了丰富民族语文专业内涵的“学科＋方向”的专业建设新方向，但是其转型正处于起步阶段，其专业课程与教学可能并未作出充分的调整，难以满足此专业学习者的发展需要和民族地区的发展需要。在现实研究中，我们往往强调理论与现实的结合，在很多时候理论走在现实之前，用理论来分析高校民族语文专业的发展状况，而较少地应用实证数据来验证理论。本研究注重利用高校民族语文专业人才培养模式与学生培养质量的实证调查数据，对国外的理论进行充分验证，与国外的研究也进行接轨。

从学术思想来看，我们在研究中往往强调理论与现实的结合，但实际上很多时候理论走在现实之前，用理论来分析学校教育的现实状况，而较少应用实证数据来验证理论。本研究拟采用实证研究方式，利用高校民族语文专业的调查数据，突破只注重从理论到理论讨论的模式，以量化手段来揭示民族语文专业人才培养质量的实际状况，与国外的实证研究进行接轨。在理论探讨上进行创新，重点梳理高校人才培养理论，完善人才培养质量评估的指标体系，为后续的实证研究提供重要的理论指导。此外，梳理民族语文专业人才培养目标的演化与发展，构建新时期人才培养的目标定位，为提升人才培养质量提供良好的理论指引。

从学术观点来看，新时期对民族语文专业而言既是难得的机遇，又带来了诸多挑战，既有来自内部的专业发展压力，又有来自外部的社会压力。如何适应外部发展的要求，同时遵循高等教育办学规律，提升自身的人才培养质量，需要更多地强调自身的特色，以己之长弥补发展短板。本研究拟从人才培养视角出发，探讨民族语文专业人才培养质量的实际状况，应通过开放、共享和深度协作，共同致力达成高水平人才培养的目标。创新性观点包括：以学生为主体的质量观，以此建立的人才培养质量评估指标，是衡量高等教育质量的关键维度；创新人才培养模式需要将学科建设、科学研究和社会服务协同起来，共同构建注重实践性与应用性的人才目标定位。

从研究方法来看，对于民族教育的已有研究多注重采用质性研究的方式，较少运用量化实证的研究范式，在大规模数据的基础上揭示民族语文专业的人才培养状况。本研究利用设计的调查问卷来对民族语文专业的人才培养状况进行实证调查，从而获得一手的实证数据。区别于以往学生发展研究注重描述的特点，借鉴学生培养质量评估的方式，利用相应的数据统计方法，具体分析民族语文专业的学生在培养过程与培养结果维度的“增值”发展状况，针对性地找出存在的问题与不足。

第一章　高等教育的相关理论基础

第一节　利益相关者理论

在高等教育的发展历程中，高等教育的主体为了实现自身的质量诉求与利益，直接或间接地参与到高等教育的目标制定与实际活动中，形成了多元利益主体参与的局面。不同的参与主体根据自身的不同利益需求与价值诉求，对高等教育的发展提出了不同要求，并随着时代的变化而呈现出不同。在对高等教育的参与主体进行分析时，需要利用利益相关者理论，明晰高等教育活动不同的利益主体，确定政府、社会机构、企业以及学生作为高等教育的核心利益主体。在利益相关者分析框架下，明确各参与主体的价值诉求以及博弈状况，分析各利益主体对于高等教育发展的影响。

一、利益相关者理论的提出与应用

在分析高等教育的利益主体时，比较适用的理论是利益相关者理论，可以分析利益主体的构成以及分别代表的利益诉求。利益相关者理论（stakeholder theory）最早于 20 世纪 60 年代在西方发展起来，主要在企业管理领域兴起，分析企业组织与多方利益相关者之间的关系。到 20 世纪末逐渐扩展开来，从企业组织机构向公共部门的扩散，向诸如经济、社会以及政府部门的渗透。利益相关者的概念，最早是由安索夫（Ansoff）所提出，他认为“要制定理想的企业目标，必须综合平衡考虑企业的诸多利益相关者之间相互冲突的索取权，他们可能包括管理人员、工人、股东、供应商以及顾客”[①]。对于概念的理解，利益相关者与企业的利益色彩密切相关，企业是由多个利益

① 胡赤弟：《高等教育的利益相关者分析》，载《教育研究》，2005（3），38–45 页。

相关的个体以及团体所构成，每个组成部分与企业整体之间产生联系。在企业组织内部的股票持有者称之为股东，利益相关者的概念与股东的概念相对应，主要指股东以外的其他与企业有利益关系的个人和团体。经济学者弗里曼（Freeman）对利益相关者的概念做过经典性定义，指出利益相关者是能够影响一个组织目标的实现或能够被组织实现目标的过程影响的人。①

利益相关者概念的提出打破了传统经济理论对于企业管理的理解，将企业的利益相关者范围进行了扩大，提出所有的利益相关者都有参加企业决策与管理的权利。以往的经济理论认为企业组织是追求利润最大化的机构，由股票持有者组成的股东，对企业的决策起到决定性作用。股东是企业的所有者，企业的所有活动应由股东来负责，同时也为股东提供服务。这种股东管理制度将股东以外的利益相关者排除在外，主要由股东组成企业的治理主体，其他利益相关者只能提供建议，不参与企业的管理。随着这种管理体制弊端的呈现，利益相关者理论的兴起，认为利益相关者对于企业的发展应该由影响关系转变为参与关系，应参与到企业组织的管理与决策中。利益相关者理论认为，企业组织是一个由不同利益相关者紧密结合的契约体，不仅包括主要的股东成员，还包括管理者、雇员、所有者、供应商以及客户等多个利益相关者。②利益相关者都有参与企业决策的权利，管理者对于所有利益相关者的利益负有信托责任，构成一种联合契约的合作关系。企业的目标是促进所有利益相关者的利益，经营活动要平衡利益相关者之间的利益关系，追求实现利益相关者的整体利益，将不同的利益赋予组织中。

利益相关者理论对企业管理产生了很大的影响，将多元利益相关者纳入到企业管理与决策中，这种共同治理的理念非常有效地改善了企业的绩效。随着企业组织的现代化与多元化，企业员工在组织中发挥着重要作用，他们不仅仅是从属于整个组织，同时还是企业的重要利益相关者，具有参与企业管理的要求。该理论促进了企业管理的实践改善，员工通过持有企业的股份，积极参与到企业的管理与经营中，加深了对于工作的理解，同时增强了员工对于企业的忠诚感与归属感。这种企业的利益相关者共同治理在某种程度上改善了企业的绩效，对企业业绩产生正向影响。此外，企业对于利益相关者的重视使其更加注重外在社会责任的实现，对于社会义务的承担以及环境的改善，还有社会公共利益的实现。利益相关者理论的实践对其他领域产生了重要

① Freeman, R.E. (1984). Strategic Management: A Stakeholder Approach. Boston: Pitman. 25.

② R.E. Freeman, W.M. Evan. Corporate governance: A stakeholder interpretation. Journal of Behavioral Economics, 1990(19): 337–359.

影响，从经济部门扩展到政府与社会部门，同时教育部门也借鉴其积极作用，将其付诸于实施中。

二、多元利益主体参与的高等教育

受到管理领域多元利益相关者理论的影响，教育领域也将其用作研究的工具，分析大学与利益相关者之间的关系。高等教育机构作为非盈利组织，不同于企业组织的经济利益分析，但是在管理应用上存在着很多相似性，可以将其作为分析的工具。高等教育机构如同企业组织，在内部与外部都存在着很多利益相关者，高校由诸多利益相关者所控制。由于大学的公共性质与共同利益承担机制，使得大学没有严格意义上的所有者，高校追求社会公共利益的实现，可以说属于整个社会。[①] 从一定意义上来说，高校是利益相关者的联结体，大学只能由利益相关者共同控制。从这种意义上来说，大学是一种典型的利益相关者组织。在对高等教育机构进行分析时，可以应用利益相关者模式作为工具，对高校的核心利益相关者进行分析。

随着高等教育大众化、普及化的发展进程，越来越多的利益相关者进入到高等教育领域，对于高等教育的发展起到重要的影响。作为复杂系统的高等教育，对于利益相关者的分析，需要将其与高等教育的发展历程相联系。在大学诞生之初，高校追求高深学问，注重知识的传授，教授学生古典书籍的知识，重要的成员便是教师与学生。随着经济发展与社会进步，大学在其中发挥的作用越来越大，从社会的边缘地位走向社会的中心。大学开始增加了学术研究与社会服务的职能，对于研究成果的开发与应用，以及对社会提供直接的服务，使得大学从象牙塔中走出，成为了社会的服务站。政府机构、社会机构、企业组织、投资者、校友、社会公众等个人以及机构与高校的联系日益紧密，这些利益相关者对大学产生着重要影响，成为不能忽视的利益链接网的构成部分。随着联系的紧密，高校的利益相关者呈现出多元化的倾向，有着不同的利益诉求与价值倾向，对大学的发展产生重要影响。

从现有的研究来看，学者对于大学的利益相关者进行了广泛的探究，从各方面丰富高校的利益相关者网络。大多数学者都比较同意大学是一种典型的利益相关者组织，美国学者罗索夫斯基经过多年的实践经验认为，利用利益相关者的分析框架，将与大学有切身利益关系的人或者群体包括进来，包括最重要群体、重要群体、部分拥有者和次要群体四个层次。张维迎在研究中指出，大学是一个非营利性组织，也是一个典

① 王名:《非盈利组织管理概论》，2–13 页，北京，中国人民大学出版社，2002。

型的利益相关者组织，包括教授、校长、院长、行政人员还有学生以及毕业了的校友，还有我们这个社会本身（纳税人）。[①] 胡赤弟指出了利益相关者在大学范围内构成了契约网，根据罗索夫斯基的利益相关者分析，提出了大学的多元利益主体构成，包括核心的教师、学生、出资者、政府，中间的校友、捐赠者和立法机构，还有外围的市民、媒体、企业界、银行等。[②] 这种由利益相关者构成的多元主体对高等教育提出了多元化的要求，在高等教育质量理念以及未来发展趋向上产生重要影响。随着高等教育的发展，这些利益相关者先后与高校产生密切联系，在这些影响关系中呈现出内外部以及主次之分。

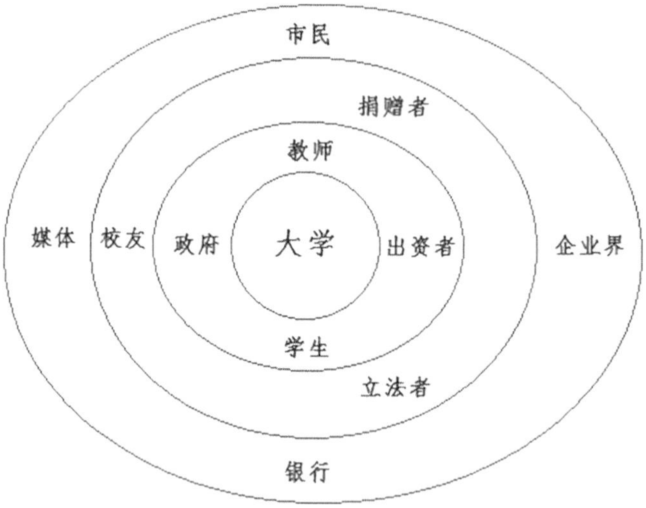

图 1–1　多元利益主体参与的高等教育关系图

从高等教育的利益相关者构成以及分化来看，在高校内部的教师、学生、行政领导、管理人员等，构成了内部质量保障体系；在高校外部的政府、社区、企业、认证和评估机构、基金会、校友、捐赠者、媒体、银行等，构成了外部质量保障体系，从各自的角度对高校产生影响。而最为关键的利益相关者便是政府、企业、社会机构以及学生，成为高等教育的核心利益相关者。政府作为关键利益相关者进入到高等教育领域，是在高等教育的作用凸显之后，尤其对于人才培养以及科技发展取得的重要成果上。政府注重对于高等教育的经费支持，提供相应的政策优惠，同时要求高等教育培养更多的竞争性人才与科研成果应用，尤其是高素质人才的培养，突出对于创新与

① 张维迎：《大学的逻辑》，19 页，北京，北京大学出版社，2004。
② 胡赤弟：《高等教育中的利益相关者分析》，载《教育研究》，2005（3），42 页。

竞争的要求。企业对于高等教育来说，既是有利的支持者，也是重要的消费者，对于人才的渴望促使企业更多地参与到高等教育范围内。支持高校的科研，提出对于高校人才培养的要求，打破人才发展的壁垒，对高校施加外在的竞争压力。社会机构对于高等教育而言，主要为公共利益的实现，高校要更多地为社会提供公共服务，尤其是一些中立的民间组织，对于高校提出了很多要求，培养服务性人才。学生对于高等教育来说，从大学诞生以后，很长一段时间呈现出缺位现象，高校对于学生利益的考虑很少。随着高等教育市场化发展，高校成本分担机制的建立，学生作为重要的利益相关者，高校需要为学生提供服务，学生是重要的出资者、消费者和受益者。高校需要以学生为本，提高学生的培养质量，在就业市场具有较高的竞争力，学生的未来发展能很好地体现高校的发展状况，弥补学生定位的缺失，以学生发展为主，提升培养质量就成为高等教育的发展需要。

第二节　高等教育质量观理论

在人才培养质量的思考中，对质量概念的理解至关重要，最初的概念带有经济管理的烙印，其本质含义是指优秀与卓越，用以判断被评价对象的优劣程度。随着价值哲学的兴起，价值理念以及价值判断成为支配质量概念的指导思想，产生了使用者导向和功能性定义的质量概念。将质量定位为满足顾客需要和符合目的要求，其中暗含着对于服务对象与使用对象的满足与符合程度，体现出针对质量主客体二者之间的融合。回顾新中国成立以来我国高等教育发展历程，质量带有明显的政策性特征，对质量的研究与思考从幕后走到了台前，质量的理念在政策的语境中不断得以演化。

一、人才培养：高等教育质量提升的核心点

高等教育在实现数量与规模增长的同时也带来了质量的隐忧，对于质量的关注与研究开始增多，质量的主题成为高等教育的核心问题。近年来，学者们开展了关于高等教育质量的探究，包括针对“谁的质量观”和“什么样的质量观”进行思考。对质量观的看法也从认识论转向价值论，由多元利益相关者所支配起来的质量格局，将尽可能多的质量理念都囊括在内。在推动“双一流”建设进程中，人才培养仍然是大学

的核心功能，需要加强建设高水平本科教育，突出培养一流人才。① 其基本逻辑也是通过高校的学科建设来促进科学研究水平的提高，培养更多的拔尖人才，从而改善现有的高等教育质量状况。作为大学的传统功能，人才培养承载着大学的主要目标和任务，也是千年以来大学得以延续发展而经久不衰的缘由。不管处于何种政策的支配，都应该将人才培养置于核心地位而进行保障，也是推进一流大学建设的重要维度，大学的本质任务在于育人，尤其是要培养优质创新型人才。

从西方国家建设高等教育强国的经验来看，它们都很重视创新性人才的培养，正是人才培养与科学研究的有机结合保证了高等教育的辉煌和经济的持续竞争力。近十年来，美国颁布了一系列高等教育政策，具体包括“美国竞争力计划”（American Competitiveness Initiative）、“ STEM 教育战略规划”（Federal STEM Education Strategic Plan）、“美国创新战略”（Strategy for American Innovation）等，着重加强创新型人才的培养，涵盖科学、技术、工程、数学等领域，培养一批世界一流的人才队伍。德国在高等教育领域推出“卓越计划”（Excellence initiative），旨在促进高水平人才的培养以及科研水平的提高，加大人才培养、科研团队与一流大学建设的经费资助，从而提升整个国家的国际竞争力。澳大利亚颁布了“国家创新与科学日程”（National Innovation and Science Agenda），提出改善高校的人才培养基础，促进综合型大学和中小型高校之间的合作，为国家培养创新型人才。此外，英国、日本、韩国等纷纷推出高等教育发展政策，强调人才培养与科研创新之间的协同，以此来提升国家和经济发展的竞争力。在这一系列发展战略和宏观政策中，人才培养被置于核心的位置，尤其是强调本科教育在高等教育体系中的地位与作用。

在我国高等教育的发展进程中，外在的评价标准倾向于科研成果的量化依据，高校之间针对各类领军人才展开激烈争抢，希望通过知名学者的引进和“短平快”的科研成果来促进学科评估和大学排名的快速提升，从而忽视了教学发展与学生培养，造成高等教育发展呈现“一条腿”走路的倾向，而这种趋势愈演愈烈。无论是世界一流大学的发展经验，还是国内一流大学的建设要求，人才培养作为首要职能，成为其他职能的逻辑起点，对人才培养质量的有效提升是建设一流大学的本质要求。② 创新型人才培养的路径探索需要梳理清楚大学不同功能之间的关系，既要坚持人才培养在其中的核心地位，又要将其他功能作为人才培养的基础得以强调。③ 对于“双一流”建设而

① 马陆亭：《“双一流”建设不能缺失本科教育》，载《中国大学教学》，2016（5），9–14 页。
② 杜玉波：《新时代高等教育的历史方位和发展走向》，载《中国高教研究》，2018（12），1–4 页。
③ 眭依凡：《关于“双一流建设”的理性思考》，载《高等教育研究》，2017（9），1–8 页。

言，应建立以科学研究来支撑人才培养的协同机制，完善现有的人才培养模式。此外，还应有效处理学科建设和人才培养的关系，协调不同培养主体之间的关系，建立联合培养人才的协同模式与机制。

二、学生主体：人才培养质量观的聚焦点

人才培养作为高等教育的核心功能，对其质量的思考应放在宏观的高等教育体系中，学生在整个体系中居于主体位置。高等教育质量是由系统化的要素来构成的，系统思维是反思质量的重要手段，往往通过各要素之间的有效组合，构成科学合理的质量体系。[①] 随着多元利益相关者进入到大学场域，逐步形成了目前的多元利益相关者格局。多元利益主体包括核心的教师、学生、出资者、政府，中间的校友、捐赠者和立法机构，还有外围的市民、媒体、企业界、银行等。[②] 以政府机构、社会机构与企业组织为代表的组织机构，对高等教育而言是组织层面的因素；而以学者、教师与学生为代表的个体人员，则是个体层面的因素。在这种多元利益格局中，政府机构与评估机构注重以竞争力为核心，企业组织以就业力为核心，社会机构以服务力为核心，学者和教师以学术力为核心，学生以发展力为核心。因此，质量的本质成为价值选择问题，这些不同利益相关者所提出的质量诉求，也就成为衡量大学质量状况的思考维度。

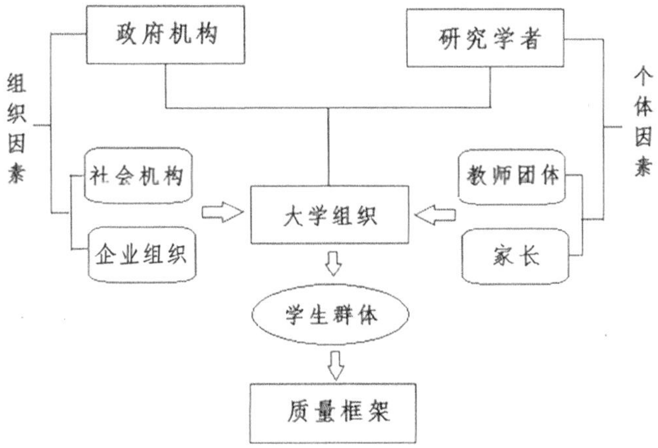

图 1-2　人才培养质量建构的影响关系

① Peter Scholtes, Quality as Systems. Quality Progress, 1997(7): 11-20.
② 胡赤弟:《高等教育中的利益相关者分析》，载《教育研究》，2005（3），38-46 页。

对于质量体系的构建，需要找到关键点，从而破解高等教育质量的核心所在。学生是其中最为特殊的主体，是高等教育的重要利益相关者，将多个利益主体联系在一起，共同产生作用。从学生主体的属性来看，根据成本分担理论的应用，学生所缴纳的学费使其成为重要的消费者，享有优质教育服务与教育产品的权利；另一方面学生也是高等教育的培养成果，为政府、社会以及其他部门提供人才资源，学生的培养规格成为衡量质量高低的重要标准。由于学生主体存在的独特属性，高等教育质量需要在很大层面上既满足学生主体的需求，同时将学生作为中间媒介，满足其他主体的需求状况。因此，人才培养质量是高等教育质量体系中的构成部分，两者在某种程度上具有重合之处，对于质量的建构需要围绕学生为主体，考虑到学生主体的特殊属性，结合其他利益主体的需求，真正思考如何从本源上改进与提升人才培养的质量。

进一步思考以学生为本的质量改造，核心点便是学生的发展，不管是将学生作为直接的受益者，还是将学生视为中间媒介，将不同的利益相关者联系在一起。多元利益格局的形成包括组织与个体因素，组织因素包括政府机构、社会机构与企业组织；个体因素包括教师、家长以及研究者。两个因素的利益主体所提出的需求则是围绕学生出发，要求大学组织对于学生发展的重视，将其视为衡量高等教育质量的关键因素。具体见图 1–2。在质量体系构建中，学生的发展处于中心环节，如何从不同角度来促进学生的发展，成为改进人才培养质量的重中之重。围绕学生的核心地位，需要关注学生发展所面临的外部环境与条件，学生发展的过程，还有学生发展所带来的结果如何。对于这些投入、过程以及结果因素的思考，可以有助于人才培养质量观的反思，即高等教育机构在这些环节上，如何服务于学生，如何有效保障学生的学习过程与学习结果。在人才培养质量的评价上，需要突出质量评价的过程性与结果性特征，质量标准的构建也要将教育过程与结果因子纳入到其中。

第三节　后现代主义课程理论

1993 年，威廉姆斯・E. 多尔在批判泰勒模式的封闭课程体系基础上提出后现代主义课程观，并发表《后现代课程观》著作，详细阐述了一种超越“3R”（读、写、算）课程标准的新“四 R”标准，即丰富性（rich）、回归性（recursive）、关联性（relational）

以及严密性（rigorous）。[①] 其中丰富性主要是对于课程内容的界定，不仅需要课程具有一定深度，而且要有广度，考虑发展的多重可能；回归性是指个人在与外界事物接触的过程中形成的一种自我感觉，这些外界事物主要指外部环境，即与他人和文化的作用；关联性是针对结构而言，内部结构应有联系，表现为教育和文化之间的一种关系；严密性指课程是随时间、环境、课堂教学等不断变化的存在，具有不确定性，同时也是对外界变化的一种合理解释。[②] 该理论超越了现代课程观对于课程的一种权威性的追求，使其能够真正的回归生活，与实际相联系，变得更加开放与自由。同时将学生置于重要地位，认为学生是一种动态的存在，而不是课程改造的实验品，真正考虑到了学生本身，不仅为充实自身，也为适应社会提供良好契机。

一、后现代主义课程观的特点

作为“现代主义课程观”的一种对立观点，后现代主义课程理论与其并不是完全断裂的关系，是在反思基础上的进一步发展，与现代主义的封闭和确定的科学观不同，后现代主义更提倡一种开放与不确定性的科学观，体现在课程体系的方方面面。课程目标并非现代课程观认为的课程是主流社会的设定，将学校认为生产的工厂，只为生产机械性工人。相反它提倡一种不确定性，根据社会的变化进行反思学习，关注社会发展的多样性，在学生自主选择的基础上进行，而不是被动地接受社会既定规则，更强调一般性和创造性。我国高校中国语言文学学科的发展不是固定不变的模式，作为交流性极强的专业，课程目标必定要为学生个人发展和社会整体发展服务，与时俱进是必然要求。

课程内容的丰富性，具有多重的意义和解释，民族语文的发展涉及文学、历史、语言等诸多方面，作为学校课程更是与现代社会发展相联系，因此包含的内容必定广泛。除此之外，民族语文的发展不是孤立的，与汉语、英语等语言文学及文化密不可分，因其承载的文化环境具有多样化，置身其中的人必然受到影响而具有发展特色。最后，民族语文课程体系的设置不是一蹴而就的，更不是固定不变的，只有与外界环境变化相适应，才能产生源源不断的动力，培养的人才能为该地发展做出贡献，因此必须将教育与社会相联系。

课程实施的灵活性，创造对话的可能性。现代主义认为的课程实施过程倾向于不

① 张彩艳：《多尔的后现代主义课程观及其当代价值》，载《现代教育科学》，2018（2）。
② 威廉姆斯・E. 多尔：《后现代课程观》，王红宇，译，北京，科学教育出版社，2000。

断再现知识，是一定程度上的重复，缺少灵活性以及对学生群体的人文关怀。后现代课程流派不仅提倡全员的课堂教学参与，更将其融入到课程开发的过程，有益于课程与现实生活的联系与交流，为实践提供了平台。这与民族语文本身就是一门开放的交流文化相匹配，教师与学生的对话过程实际就是社会交流的过程，在交往中帮助学生正确理解学习、理解生活、理解世界是其重要使命。

课程评价的动态性，应与发展相联系。现代主义的课程评价强调按照课程目标设定执行，比较死板，后现代课程观则是在遵循课程目标的基础上更加注重将评价看做生成性的，它不是权威规定下一成不变的东西，而是根据学生自身的发展情况适时调整的评价机制，虽然这种评价方法操作复杂，却能有效激励学生的成长。民族语文专业的学生本来基础不一，学习进度也是参差不齐，若采取统一的固定评价标准，对学生自身的发展不利。

虽然后现代主义课程观也不可避免地存在一些问题，比如注重自由容易使课程体系整体不易把控，实践价值低于理论价值等，但是就其对民族语文专业的发展还是有很大的借鉴意义，因此在研究过程中，支持后现代课程观对于课程体系的观点，并尽力改善其可能存在的问题，本研究在内容上，根据后现代课程观对于课程体系的反对观点找出目前四个维度中存在的问题。最后，在该流派倡导的观点中对目前的民族语文专业课程体系提出相应的改进措施。

二、针对课程评估的 CIPP 模型

针对课程实施质量的评估研究，具有代表性的评估模型是斯塔弗尔比姆提出的 CIPP 评估模型，美国学者斯塔弗尔比姆在研究前述评估模式的基础上提出了 CIPP 模型，主要是基于泰勒的目标评估模型进行的改进与发展。该模型由情境（Contextual）、投入（Input）、过程（Process）和成果（Product）四部分组成。其基本观点是认为评估最重要的目的不是为了证明，而是为了改进（The most important purpose of evaluation is not to prove, but to improve）。

背景评估：在制订方案时，对课程实施的需求、存在的问题与障碍、可利用的资源、课程目标进行评估。

投入评估：对满足需求和实现目标所使用的方法、计划、安排、服务策略和预算的可行性和潜在成本进行评估。避免追求一个可能失败或者浪费资源的规划方案。

过程评估：对课程的实施情况进行评估，掌握方案的执行进度，发现实施过程中

的潜在问题，为修正计划提供指导。

结果评估：用目标的实现程度来判定课程的实施效果。

CIPP 模型把评估看成是教育活动的一部分，认为评估本身也是一种教学，评估不能局限于目标的完成情况，而要成为决策提供信息的过程，评估应该成为改进教学质量的工具。该模型将课程本身作为一个对象进行分析，在过程评估基础上引入反馈机制，改进并满足绩效问责的要求，动态监测评估特征，全面系统地反映评估对象的全貌。

第二章　高校民族语文教育的发展历程回顾

早在20世纪初，清光绪三十三年（1907年）创办的满蒙高等学堂就已开设满、蒙古、藏等民族语文课程。随着现代高等教育在中国的发展，最早设立这一专业的是南京的中央大学和兰州的西北大学，这两所大学均在1944年开始设置维吾尔语、蒙古语、藏语3个专业，学制为四年。[①] 这是我国最早的民族语文专业，其建立标志着中国民族语言文学开始形成一门独立的学科。这之后较早开设民族语文专业的还有北京大学等，其间这一学科在研究和教学中曾涌现出于道泉、袁家骅、马学良、李森等大批著名学者。而民族语文专业真正的发展是在新中国成立之后。

第一节　新中国成立初期的民族语文教育发展状况

新中国成立以后，党和国家为了帮助各民族地区的发展，培养民族地区的干部和教师，从1949年开始，创办了一批民族院校和民族地区高校，这些高校开设的第一批学科专业就是民族语文专业。中央民族学院是新中国成立之后较早举办民族语文专业的高校，1950年开始，中央民族学院筹备组就根据党中央《筹建中央民族学院方案》，一成立就创办了政治系、语文系和预科[②]，并根据中央的指示精神，确定语文系的主要任务是推进民族语文专业的教育，本科学生毕业后能熟练掌握一种少数民族语文和汉文，并能掌握马列主义基础知识和语言科学知识。培养成为“民族语文的翻译、宣教

① 顾明远:《教育大辞典》，上海，上海教育出版社，1998。

② 斯琴:《少数民族语言文学学科的发展与展望》，载《中央民族大学学报（社会科学版）》，1999（5），73-76页。

和民族语文研究的专业干部”。到20世纪60年代初，中央民族学院开设了藏语、维吾尔、彝语、纳西语、苗语、瑶语、壮语、布依语、傈僳语、佤语、载佤语、景颇语、傣语、蒙古语等民族语文班[①]，其他高校的民族语言文学专业同样发展形势喜人。为少数民族地区培养了一大批解放民族地区和建设社会主义的骨干力量，同时也培养出了像胡坦、戴庆厦、张公瑾、胡振华、李范文等一批国内外杰出的民族语言文学专家学者。

为“使中华人民共和国成为各民族友爱合作的大家庭”，新中国成立之初即展开了一系列促进各民族团结的运动。如自1950年起中央民族访问团前赴西南、西北、中南、内蒙古等少数民族地区宣传党的民族政策。在此共建新中国的大背景下，民族识别，民间文学的搜集、抢救与整理，少数民族语言文字和社会历史调查等随之展开。中央政府采用了多种方式积极实践《共同纲领》中的民族政策，发展民族院校是多种践行之一。开始逐步建立民族学院，培养少数民族人才。设立民族学院的目的有二：一是通过对少数民族干部的培训形塑少数民族人民翻身当家做主人的崭新形象；二是以少数民族干部为桥梁增进党中央与各民族人民群众的相互了解，消除民族隔阂，争取彻底解决民族问题，以达到民族教育与民族团结的目的。1950年，政务院第六十次政务会议批准通过《培养少数民族干部试行方案》与《筹办中央民族学院试行方案》。方案强调普遍而大量地培养各少数民族干部是“为国家建设、民族区域自治与实现共同纲领民族政策的需要”。于是1951年，中央民族学院、西南民族学院、云南民族学院、中央民族学院中南分院等民族院校成立。

民族院校成立后即涉及具体系科的设置等问题，语文系主要招收高中毕业以上的志愿作少数民族工作的汉族学生以及有相当学历的少数民族学生专修各少数民族语文。1950年，政务院批准了《筹办中央民族学院试行方案》，规定在中央民族学院建立语文系，并规定“语文系招收高中毕业以上的志愿作少数民族工作的汉民族学生以及有相当学历的少数民族学生，专修各少数民族语文……”根据政务院的精神，除中央民族学院设立语文系，开设了蒙古、藏、维吾尔、哈萨克、朝鲜、彝、苗、傣、景颇、傈僳、拉祜等数十种语言的专业外，西北民族学院（1951年）、西南民族学院（1951年）、广西民族学院（1952年）、云南民族学院（1956年）都相继设立了民族语文专业。1952年，北京大学东方语文系维吾尔语科撤销，与中央民族学院维吾尔语专业合并。在其后几十年的发展中，中央民族学院开设过24种少数民族语文专业，各民族地

① 中央民族学院少数民族语言文学三系、少数民族语言研究所编：《民族语文专业教学经验文集》，贵阳，贵州民族出版社，1990。

区也都建立了民族学院或民族大学，培养出一大批既懂民族语又懂汉语的训练有素的民族语文工作者。

1956年后，国家先后又成立了青海民族学院、广东民族学院（于1998年更名为广东职业技术师范学院）、西藏民族学院，到1965年，我国民族院校已增至10所。这些民族学院大都开始设置本、专科层次的民族语文专业培养专业技术人才。如青海民族学院1956年开始设藏文本科系；贵州民族学院于1958年设民族语文系，包括苗语、布依语、侗语3个本科专业；西藏民族学院也于1963年设藏语文专科。这一时期，各民族自治地方的高等文科院校，如内蒙古大学、新疆大学、延边大学以及各民族自治地方和有关省份的高等师范院校或专科学校，也都设有民族语文的系科和班级，专门培养该地区内各少数民族的语文人才。① 新疆大学、喀什师范学院开设了维吾尔语专业，伊犁师范学院开设了哈萨克语专业，新疆步兵专科学校自1962年办维语翻译专业，都主要招收汉族学生学习少数民族语言。

第二节　改革开放之后的民族语文教育发展状况

经历“文化大革命”之后，我国迎来了改革开放时期，对以往的工作进行了“拨乱反正”，民族语文教育工作也得到了快速恢复。1979年8月，国家民委、教育部在北京联合召开了全国第5次民族学院院长会议并发布《关于民族学院工作的基本总结和今后方针任务的报告》。会议总结了民族学院20多年的办学经验，明确了新时期的办学方针和主要任务，指出：“现在，我国进入了新的历史时期，各民族学院必须把工作重点转移到社会主义现代化建设上来，坚决执行新时期党和国家对民族工作的任务，大力培养四化所需要的具有共产主义觉悟的政治干部和专业技术人才。”② 这次会议意味着把民族学院培养专业人才的目标由原来的辅助地位提升到与培养政治干部同等重要的地位，使民族学院在办学模式上进入了正规化高等院校的行列。1980年10月，经国务院批准的教育部、国家民委《关于加强民族教育工作的意见》提出：“没有大批的少数民族出身的坚持社会主义道路和党的领导的、有专业知识和能力的干部，特别是大批的科学技术和管理人才，要逐步消灭民族间事实上的不平等，彻底解决我国民族

① 黄光学：《当代中国的民族工作》，312页，北京，当代中国出版社，1993。
② 国家民委教育司编：《新时期民族教育工作手册》，25页，北京，中央民族学院出版社，1991。

问题，显然是不可能的。我们大力帮助少数民族，最有远见的办法，就是要从办好民族教育，大力培养人才做起。”①提出国家要采取特殊措施，重点扶持民族教育，逐步建立适合少数民族地区特点的民族教育体系。这两次会议及有关文件，为民族学院的发展与改革指明了方向，我国的民族政策和民族教育进入全面恢复和改革发展时期。

高校民族语文工作得到了恢复发展，在国家和地方制定政策的引导与扶持下，民族语文及相关专业相继得到了重建与恢复，形成了比较完备的自上而下的学科体系。保障了各民族语言文字的平等权，使“使用和发展自己的语言文字的自由”的权利在各个领域里得以全面贯彻落实。民族语文专业从民族院校向普通高校扩展，招生数量也有了大规模增长，学历层次也从本专科到研究生，构成了从低到高的不同层次。对于学生的招生也开始实行定向招生，毕业生也由国家统一分配工作，毕业生的工作主要分布在民族基层地区。到1981年，“文化大革命”中被撤销、停办的民族院校全部恢复、重建并恢复招生。1982年，中央民族学院恢复招收研究生，西北民族学院开始招收硕士研究生，1985年中央民族学院开始招收博士研究生，这标志着民族院校办学层次的提升。另外，经反复论证，国家决定在宁夏回族自治区建立西北第二民族学院（1984），后又分别建立了湖北民族学院（1989）、大连民族学院（1997）、内蒙古民族大学（2000），使我国目前民族院校达到13所，民族高等教育规模进一步扩大，布局更为合理。随着改革开放政策和市场经济制度的实施，社会形势发生了新变化，过去基于解决国内民族问题而设立的民族院校在新时期面临新的问题和困难，需要进行改革。

进入新世纪后，高校民族语文专业也采取了若干改革措施，主要从培养模式上进行了大量变革，包括专业设置、课程体系、教学方式等。早在20世纪七八十年代，随着中国对外开放和改革政策的实施，民族语文专业开始逐步推行民汉外多语教育实践。进入新世纪以来，一些民族院校民族语文专业教育融入了三语教学，在专业教育上施加了更多影响，将民族语和专业教育相结合，同时也加强了小语种教学方式。比如，青海民族大学藏学院为适应民族地区经济社会发展的需要，建立了急需的、实用性强的新型学科，其中除民汉双语行政、民汉双语经济管理教育学之外，还建立了民汉外三语文化教育学科；四川三所民族高校（西南民族大学、康定民族师专、阿坝民族师专）的藏语文系在藏语言文学专业、藏汉翻译专业、藏汉双语文字信息处理专业、藏文数理专业、五年制藏汉英三语导游专业、五年制藏语小教等专业实行了藏、汉、英三语教学。还有西南民族大学彝语言文学专业改革不仅涉及设置彝汉双语方向，还包

① 国家民委教育司编：《新时期民族教育工作手册》，268页，北京，中央民族学院出版社，1991。

含“彝英”和“彝日”民外双语方向，其他民族院校也进行了广泛的专业发展尝试。

随着我国高等教育的发展，民族语言文学专业建设得到了前所未有的发展，其学科专业的声望及其影响令国内外瞩目。每年都有大批留学生、学者到我国研究、学习民族语言文学。在开设有民族语文专业的院校中，许多已成为国家级、省部级重点学科和专业，博士点、硕士点、博士后流动站等近 100 个，中央民族大学、内蒙古大学的民族语言文学专业为国家级教学科研重点基地。中国少数民族语言文学专业整体水平目前已跃居世界前列，其学术成就在国际上的影响与日俱增。民族语言文学专业教学科研的贡献对我国汉语言文学及其他学科，包括社会学、民族学、人类学等学科的发展起着不可替代的作用，为中国人文科学做出了极大的贡献。[①] 民族语言文学专业在各级各类民族高校中的学科地位仍然起着主导性的作用。

第三节　新时代的民族语文教育发展状况

语言是民族文化的重要载体，在高校设置民族语文专业是由我国多民族、多语种、多文种的国情决定的，党和国家历来十分重视少数民族语文工作，强调民族语文在少数民族和民族地区经济文化建设和社会发展中的战略地位，在国家制定颁布的大量法律、法规当中，反映少数民族语言文字的问题，保障各民族“使用和发展自己的语言文字的自由”权利，推进民族语文在各个领域里广泛开展，调整、协调民族关系和民族语文关系，促进民族团结局面的有利形成。

进入新时代以来，以习近平为核心的党中央对民族语文工作提出了一系列新理念、新思想和新战略。其中最为经典的表述为：“语言相通是人与人相通的重要环节，语言不通就难以沟通，不沟通就难以达成理解，就难以形成认同。在一些民族地区推行双语教育，既要求少数民族群众学习国家通用语言，也鼓励在民族地区生活的汉族群众学习少数民族语言。”党的十九大报告指出：“建设教育强国是中华民族伟大复兴的基础工程，必须把教育事业放在优先位置，深化教育改革，加快教育现代化，办好人民满意的教育。”中共中央办公厅、国务院办公厅《关于深化教育体制机制改革的意见》强调要创新人才培养机制。“高等学校要把人才培养作为中心工作，全面提高人才培养能力。”

① 戴庆厦:《办好高校民族语文专业的几个认识问题》，载《云南民族大学学报（哲学社会科学版）》，2010（3），62-64 页。

国务院《“十三五”促进民族地区和人口较少民族发展规划》对“双语人才队伍建设”和“民汉双语人才培养”等工作提出明确要求，高校是民族语文人才培养的主阵地，是包括双语人才在内的各行各类人才的重要“供给侧”。为此，新时代高校民族语文专业建设发展是高校在新时代深化教育改革、提高发展水平的重要组成部分，是关系民族地区双语人才队伍建设供给侧改革和有关专业毕业生就业发展的重要方面。

在本项目实施前，我们以“中国高等教育学生信息网”之“专业知识库”数据为主，辅以互联网相关高校民语文专业介绍和招生信息进行初次排查。目前开设民族语文专业及方向的高校数据不完全统计，设置有民族语文专业的高校分布于新疆、内蒙古、四川、青海、西藏、甘肃、贵州、云南、广西、吉林、黑龙江、北京、天津、上海、湖北、宁夏、辽宁、湖南、陕西、重庆、广东等21个省级区域。开设有民族语文专科、本科、研究生专业和方向的高校数目不少。项目实施后，通过大量的调研后注意到，目前有200多所高校开设了民族语文专业及其方向，几乎所有民族院校和民族地区高校，还有部分普通高校和国家重点大学均设有民族语文院系，其他相关院系都设立了民族语言文学专业，其中以中央民族大学、内蒙古大学、北京大学、新疆大学、西北民族大学、西南民族大学、延边大学、中国社会科学院大学研究生院等高校的民族语文专业及方向较为著名。

本专科阶段的专业设置主要以中国少数民族语言文学为主，语言类专业是以各民族语言为主，专业名称为中国少数民族语言文学，包含不同的民族语文方向。根据调研高校的专业开设状况，将民族语文类相关专业数量进行不完全统计，本专科阶段民族语文及其相关专业总共开设有80余种，基本涵盖了之前民族地区社会发展的需求。

研究生阶段的专业设置主要以中国少数民族语言文学为主，也有其他学科下设置的方向。语言类专业是以各民族语言为主，在语言文学类中还包括中国各民族的文化及其遗产方向，如民族古籍文献学、民族语言文化、格萨尔学、玛纳斯研究等。根据调研学校的专业开设状况，将民族语文类相关专业方向数量进行不完全统计，研究生阶段总共开设有50余种专业方向，若再加上未调研的学校，其专业方向数目将会大大超过这个数目。

随着社会主义经济、文化的不断发展和各民族之间交流交往交融的日益频繁，民族地区对人才的需求也越来越多元化，培养“民汉”双语甚至“民汉外”多语复合型专门人才越来越成为少数民族语文人才培养模式改革的趋势，许多高校在沿袭传统人才培养模式的同时也在不断尝试摸索适合本校、本地区新情况的人才培养模式。

第四节　民族语文教育的历史贡献分析

民族语文专业发展是高校在新时代深化教育改革、提高发展水平的重要组成部分，是关系民族地区双语人才队伍建设“供给侧”改革和有关专业毕业生就业发展的重要方面。70多年来，民族语言文学专业培养了一大批民族地区的各级领导、知名学者、教授、作家、记者等，为民族地区的建设、边疆的稳固做出了积极的贡献。针对民族语言文学专业培养的学生，社会各界普遍反映他们诚实守信、吃苦耐劳，能够扎根民族地区基层建功立业，这些毕业生一直都是少数民族地区经济、社会和文化建设的中坚与骨干力量。

一、巩固了新中国政权，促进了民族地区的建设与稳定

民族语言文学专业为我国少数民族地区的解放、民主改革、社会主义建设、改革开放、维护国家的统一和稳定做出了重要贡献。民族语文专业设立之初的主要任务是进行民族语文专业的教育，看重语文教育对国家形塑、民族团结的重大影响。专业建立之初是为了培养创制、推广民族语言文字的教学人员、翻译人员和民族语言研究人员。荣仕星在《中央民族大学五十年》中指出：“为尽快培养教授民族语文，改进或创制民族文字，参加语言调查从事翻译工作所急需的教学、科研、翻译人才，语文系在50年间先后开设过40多个语言专业。当时语文系各专业虽以语言文字为主，但也教授民族文学和文献等专业。”随着党和国家对于少数民族语文工作的重视，要求少数民族群众学习国家通用语言，鼓励民族地区生活的汉族群众学习少数民族语言，民族语文专业的开办对新中国政权的建设起到了不可替代的作用。所培养的专业人才下到社会基层，对民族地区的解放、建设、稳定、改革做出了突出贡献，对学习先进科学文化知识以及融入社会都产生有利作用。民族语文类专业人才培养旨在为民族地区基层输送基本的专业人才，传承民族语言与文化，促进民族团结，维护国家长治久安。

二、培养了数以万计的民族语文人才

在近几十年的发展历程中，民族语文专业培养出一大批训练有素，业务素质高，既懂民族语又懂国家通用语言的民族语文专业人才。他们在少数民族语言文字的建设发展、科学研究和文化教育等方面起到了特殊的作用。高校民族语文专业取得了巨大成就，为我国民族地区的建设和文化科学的发展起到了重要作用。各类高校为国家和民族地区培养了一大批业务素质高、掌握双语的专业工作人员，尤其是为民族地区培养和输送多种类型的专业人才，在促进民族和边疆地区的协调发展中发挥了非常重要的作用，不断推动着民族地区经济、社会、文化发展水平的提升。民族语文专业毕业的学生，成为民族语文各条战线的骨干，为各民族、各时期的民族语文工作做出了应有的贡献。自中华人民共和国建立以来，高校的民族语文专业培养了数以万计的既懂民族语又懂国家通用语言的民族语文人才，并成为了少数民族语言文学学科建设的重要基地，不仅保护了各民族语言文化遗产，还积累了丰富的教学实践和人才培养经验。

三、成为少数民族语言文学学科建设的基地

中华人民共和国成立后，由于社会的需要，少数民族语文这一学科才逐渐建立、发展了起来，成为中国语言文学专业的重要组成部分。该学科是人文社会科学的一个重要分支学科，对我国其他学科包括社会学、民族学、人类学等学科的发展起了一定作用。该学科目前已跃居世界先进行列，做出了重大的学术研究成果，引起了国际学术界的瞩目，对提升中国学术精神做出了应有的贡献。尤其近年来，随着“双一流”建设的兴起，民族语文学科逐步成为国家重点建设学科，更是受到学者的青睐。也正因如此，更能发现其作为传统学科在适应新时代中产生的不适与挑战。因而在此必须指出的是，要克服“语言文学至上”的学科观念，如局限于文本解读和阐释的研究方法，势必会造成对学科认识的偏颇。民族语文学科自身的发展局限性较大，与其他学科交集甚少，导致专业设置单一，办学模式雷同、优势特色不明显。基于此，必须高度重视民族语文学科的发展情况，以少数民族语言和文学为研究对象，教授国家通用语言和民族语言，培养能为政府机关和社会部门解决语言、文字、文学等技术和学理问题的复合型应用人才。

四、对各民族语言文化遗产的保护起了积极的作用

高校民族语文专业经过半个多世纪建设，培养了一批该领域的专家，积累了大量的民族语言研究成果、丰富发展了民族文学、搜集整理了浩如烟海的民族古籍文献资料，出版了一系列研究著作与作品，推动了语言研究水平的有效提升，为今后民族语文相关学科可持续发展提供坚实的基础。民族语文专业不仅是民族地区发展的动力源泉，更是我国民族语言文学发展的强大支撑，其建立以来，培养了大批优秀的民族语文人才，对传承中华优秀传统文化、弘扬民族精神做出不可磨灭的贡献。语言是人才培养的关键一环，由于外部冲击，民族地区的发展不仅需要懂民族语的人才，更加需要“民汉双语”甚至是“民汉”兼英语的三语人才，培养适应社会发展的复合型人才。众所周知，现代大学的发展理念是传授知识、创新知识以及服务社会，因此，通过社会和个人发展要求角度来研究民族语文有着非常重要意义。

五、有利于促进民族团结和民族地区的和谐发展

民族语文专业人才培养对民族地区经济、政治建设发挥着重要作用。不仅能培养民族地区各行各业所需要的民族干部，更能培养一批具备从事少数民族语言文字、创作、研究等工作的专门人才。从具体情况来看，培养了一大批民族地区社会所需要的人才，他们既懂民族语文，又通晓国家通用语言文字，又有专业知识，还下得去，留得住，干得好，为自己的家乡甘愿奉献，为民族地区各项事业的发展任劳任怨，正是他们的付出，守护了少数民族地区的稳定与繁荣。今天，他们仍然是民族地区各行各业的生力军，更是凭借着忠诚与坚持，为少数民族语言文学专业的健康持续发展夯实了基础。高校设立民族语文专业体现了党和国家对少数民族的重视和关怀，全国各地的少数民族群众看到从中央到地方的高校设有自己民族的语文专业，都引以骄傲和自豪，对铸牢中民族共同体意识起着不可动摇的作用。同样，对推动本民族经济建设和文化的发展，提高群众的文化素质，促进民族地区的安定团结，保证边疆的稳定等起着深远而重要的作用。

第三章　高校民族语文学科与专业设置的基本状况

第一节　民族语文学科的设置与发展状况

一、开设有民族语文专业的高校分布状况

开设民族语言文学专业或方向的高校，几乎覆盖全国各省、自治区、直辖市。既有内蒙古、广西、宁夏、新疆、西藏五个民族自治区和贵州、云南、青海、甘肃、四川等多民族省区，也有民族成分占比较少的其他地区，如上海、天津、北京、广东、江苏、湖南等，既有一般院校，也有“211 工程”“985 工程”“双一流”高校；关于目前开设民族语文专业及方向的高校，在教育部公布的“双一流”高校中，在招生目录里列出“中国少数民族语言文学”二级学科或学科方向的学校占“双一流”大学的 20% 左右。在开设民族语文相关专业的高校中，除有专门的民族类院校外，还有综合性大学及师范类大学等多种类型的高校，其招收的学生民族成分和数量均多于非民族地区的同类高校。

（一）民族地区重点综合性高校

在民族地区重点综合性高校里，招生目录里列出少数民族语言文学专业的大学中。内蒙古大学的蒙古学学院主要研究蒙古族文化与文学，新疆大学文学院主要研究维吾尔和哈萨克文化与文学，西藏大学人文学院以藏语言文学为主，而云南大学人文学院硕士招收“少数民族语言文学”专业，下设“少数民族语言”和“少数民族文学”两个方向。广西大学在硕士阶段开设了中国少数民族语言文学专业。

（二）民族地区重点师范类高校

民族地区师范院校大多在硕士阶段开设了此专业或方向的教学。分语族研究的主要有：内蒙古师范大学的蒙古学学院以蒙古族现当代文学、蒙古民间文学、蒙古族古近代文学为主；新疆师范大学人文学院的中国少数民族语言文学主要研究维吾尔和蒙古文学与文化；青海师范大学的民族师范学院开设了藏族语言文学、藏族语言文字学、藏族文艺学。综合性研究和教学的有：云南师范大学在硕士阶段开设“中国少数民族语言文学”专业，下设“少数民族文学与文化研究”与“少数民族语言与汉语比较研究”两个方向。贵州师范大学在硕士阶段开设“民族文学与文化”专业。四川师范大学的中国少数民族语言文学专业偏重于非物质文化遗产保护与研究、民俗与民间文学研究、方言识别以及民族宗教文学与文化研究。广西师范大学在硕士阶段开设“中国少数民族语言文学”。

（三）民族类高等院校

民族类高校承担着培养具有全面综合素质的民族人才之重任，很多民族类高校设有专门的民族学院（系），以语族分支进行少数民族语言文学的教学研究。中央民族大学的“中国少数民族语言文学院”下设朝鲜、蒙古、维吾尔、哈萨克语文文学系；西南民族大学设有彝学学院、藏学学院；西北民族大学有蒙古语言文化学院、藏语言文化学院；云南民族大学有民族文化学院；贵州民族学院有苗族语言文学、布依族语言文学、侗族语言文学、彝族语言文学、水族语言文学等 5 个语种的语言文学教学，专门研究某一和几个少数民族的文学与文化；广西民族大学开设“中国少数民族语言文学”二级学科专业，主要对壮侗语族语言、文化及文学进行研究与教学；青海民族学院的藏学院与蒙古语言文学系设有中国少数民族语言文学的硕士专业，本科教学中有藏文学与蒙古文学等。

二、民族语文学科的设置与发展状况

在教育部颁布的学科专业目录中，语言文学类只有两个一级学科：中国语言文学和外国语言文学。中国少数民族语言文学一直是中国语言文学一级学科下的二级学科，与汉语言文学、文艺学、语言学及应用语言学、中国古典文献学、中国古代文学、中国现当代文学、比较文学与世界文学等 8 个二级学科并列，二级学科下又分若干专业方向。中国少数民族语言文学是中华民族优秀传统文化建设的基础和重要内容。应把中国语言文学下的少数民族语言文学和汉语言文学都调整为一级学科，这是中国少数民族语言文学专业及其事业发展的需要，也是中国人文社会科学发展的需要。

从新中国成立以来的学科格局来看，少数民族语言文学学科归属13个学科门类之一——文学之下，从属于中国语言文学一级学科，在中国语言文学下设两个二级学科：少数民族语言文学和汉语言文学。少数民族语言文学，下面还包含若干个研究方向。许多大学在中国语言文学一级学科下设有汉语言文学和中国少数民族语言文学二级学科研究方向的研究生招生培养计划。

1949年后，新中国的中国语言文学学科设置在国务院学位委员会、国家教委与国家技术监督局的统管与指导下，表现为当下的8个二级学科格局。尽管二级学科的设立是为了给学位授予单位实施人才培养提供参考依据，但其与多民族中国的社会政治、文化权利之间的关系依然密不可分。1981年，在国务院批准实施的《中华人民共和国学位条例暂行实施办法》中，学位授予的学科门类有10个：哲学、经济学、法学、教育学、文学、历史学、理学、工学、农学、医学。就“文学”门而言，其下有中国语言文学与外国语言文学两个一级学科。“中国语言文学”学科下最初设有12个二级学科。在1997年的又一次调整中，原有的12个二级学科合并调整为8个，即文艺学、语言学及应用语言学、汉语言文字学、中国古典文献学、中国古代文学、中国现当代文学、中国少数民族语言文学、比较文学与世界文学。每个二级学科下面，又分若干个研究方向。

依据教育部学科目录中的三个民族语文专业——研究生层次文学门类中国语言文学学科之“中国少数民族语言文学专业”，本科层次文学门类中国语言文学学科之“中国少数民族语言文学专业”和专科层次文化教育门类语言文化类学科“中国少数民族语言文化专业”，以“中国高等教育学生信息网”之“专业知识库”数据为主，辅以互联网相关高校民语文专业教育介绍和招生信息进行初次排查。据不完全统计，设置有民族语文专业的高校分布在新疆、内蒙古、四川、青海、西藏、甘肃、贵州、云南、广西、吉林、黑龙江、北京、天津、上海、湖北、宁夏、辽宁、湖南、陕西、重庆、广东21个省级区域。

在教育部公布的“双一流”高校中，不同层次的高校共有42所，其中有23所大学拥有“中国语言文学”的一级学科授权点，即意味着这些大学都有“少数民族语言文学”的专业设置与招生权。而在招生目录里列出“中国少数民族语言文学”二级学科或学科方向的学校仅有6个：中央民族大学、南开大学、复旦大学、四川大学、新疆大学、云南大学，约为“双一流”大学的14%。中央民族大学作为“双一流”大学中唯一的民族类高校，有“中国少数民族语言文学院”，本科和研究生均开设“少数民族语言文学”课程，还有专门的蒙古语、朝鲜语、哈萨克、维吾尔等语言文学系。四川大学在硕士与博士阶段均设了“少数民族语言文学”专业，并有相应的研究机构，但招生情况处于变动中。南开大学博士点的“中国少数民族语言文学”设“少数民族语言专语研究”方向，硕士点设“汉语与少数民族语言比较”和“少数民族语言专语”方向，均偏向于语言教学。复旦大学是在“艺术人类学与民间文学”这个二级学科下开列“中国少数民族文学”方向。新疆大学在本科和硕士阶段均开设“中国少数民族语言文学”专业，偏向于语言教学与研究。云南大学在硕士阶段开设“中国少数民族语言文化”专业，培养民族语文专业人才。

第二节　民族语文专业的设置与发展状况

从具体的专业分布来看，书面调研与实地调研学校的材料显示，民族语文及相关专业在专科、本科、硕士、博士四个层次均有设置，根据高校的不同层次进行专业设定。本专科专业主要属于13个学科门类中的文学，根据不同的人才培养定位，设置有不同的具体专业。而研究生阶段的专业设置，主要从属于中国语言文学一级学位点，其中包含的中国少数民族语言文学二级学位点，根据不同的民族语言类型进行的具体分类，包括维吾尔语言文学、藏语言文学等。

一、本专科阶段的专业设置

主要以中国少数民族语言文学为主，包括语言类专业、文学翻译类专业、双语类专业以及民族语言加专业方向。

语言类专业：以各民族语言为主，专业名称为中国少数民族语言文学，包含不同的民族语言方向。具体专业包括壮语言文学、彝语言文学、蒙古语言文学、朝鲜语言文学（朝鲜—韩国语、应用韩语）、维吾尔语言文学、哈萨克语言文学、藏语言文学、满语言文学、瑶语言文学、柯尔克孜语言文学、哈尼语言文学、壮侗语族语言文学、壮泰语言文化、彝缅语言文化、苗瑶语言文化、西傣语、德傣语、傈僳语、景颇语、佤语、拉祜语、纳西语、苗语、白语等。

文学翻译类专业：以少数民族文学以及民汉翻译为主，具体有藏学、蒙古文化、民族文学、南方语言文学、南岛南亚语言文化、彝族古籍文献、新闻学、编辑与出版学、播音与主持艺术、藏语戏剧影视文学、文秘与藏文信息技术、中韩经贸翻译、汉语—维吾尔语翻译、彝汉翻译、藏汉翻译、蒙汉翻译、英藏翻译。

双语类专业：以民族语、汉语、外语为主，具体有彝汉双语、蒙英双语、彝英双语、彝日双语、藏英双语、藏汉双语、蒙汉双语、彝汉双语、汉语言（维）、汉语言文学（满语）、汉语言文学（蒙授）、藏汉双语历史学等。

民族语加专业方向：以少数民族语言为主，然后加上专业培养方向，突出学生的专业能力培养。具体有：文化产业管理（彝、藏汉、彝汉），行政管理（藏汉、彝汉），法学（藏汉、藏），文秘（藏汉、蒙汉、藏），学前教育（藏汉、藏、蒙汉），初等教育（景颇语、傣语），新闻传播学（蒙古语、朝鲜语），计算机科学与技术（藏汉、藏），数学与应用数学（藏汉、彝汉、藏），小学教育（彝汉、景颇语、傣语、藏），思想政治教育（藏汉），物理教育（彝汉、藏汉），动物科学（彝汉），生物科学（彝汉），民族学（藏学），文物与博物馆学（藏汉），酒店管理（藏汉），历史学（藏汉），旅游管理（藏汉），政史（藏），史地（藏），物理（藏），化学（藏），生物（藏），小学全科（藏），英语（藏），地理（藏），政治（藏），财务管理（彝汉），英语（彝汉），旅游管理（藏汉）。

此外，还包括师范类语言专业，具体有藏语言师范教育、蒙古语言文学教育；还有零起点维吾尔语专业、零起点哈萨克语专业、零起点藏语言等专业。

二、研究生阶段的专业设置

主要以中国少数民族语言文学为主，包括语言类专业和文学翻译类专业。

语言类专业：中国少数民族语言文学、语言学及应用语言学、蒙古语言文学、朝鲜语言文学、哈萨克语言文学、藏语言文学、彝语言文学、印度语言文学、突厥语民族语言文学、藏缅语族语言文学、满语言文学、壮语言文学、瑶语言文学、维吾尔语言文学、柯尔克孜语言文学。

文学翻译类专业：古典文献学、比较文学与世界文学、藏族历史、藏族宗教文化、历史文献学、逻辑学、古藏文历史文献学、藏学、蒙古文历史文献学、宗教学、中国少数民族史、民族学、元史、中国民族史、中国语言文学、文艺学、宗教学、新闻传播学、中国语言文学、中国古典文献学、蒙古语文学科教育、历史文献学、格萨尔学、藏学、蒙古民间文学、蒙古族当代文学、汉藏历史文化交流、藏语言文字研究、藏传佛教教义、藏族古典文献学、藏族历史文献学、藏传佛教哲学、藏族文化史、历史文献学、民族语言与文化、民族文化与地理。

从开设专业的民族语言种类来看，主体语言包括 7 种，即有文字有语言的种类，具体有维吾尔语文、藏语文、蒙古语文、壮语文、朝鲜语文、彝语文、哈萨克语文。除了上述的 7 种少数民族语言分布外，还包括一些使用人数较少的语言种类，总共包括 14 种民族语言，具体有傣语、傈僳语、满语、哈尼语、瑶语、柯尔克孜语、景颇语、佤语、拉祜语、纳西语、苗语、白语、布依语、侗语等。将不同类别民族语言加总起来，总共包含 21 种民族语言。

三、民族语文专业的发展模式及其分类

我国自创办民族语言文学专业以来，几乎所有高校都将其定位为基础类专业。民族语言文学的专业设置、课程体系、教学与实习实践等长期以来都按基础类型来实施的，毕业生由国家统一分配工作，主要面向少数民族地区的基层单位，极少部分考人研究生阶段进一步深造。随着我国社会、经济和高等教育的转型发展，各高校的民族语言文学专业做了许多积极的改革与建设，毕业生就业自主择业。大部分高校的民族语言文学专业从基础类型逐步向应用型转变，采取了若干的改革措施，其人才培养的目标定位为培养德、智、体、美全面发展，具有人文精神、科学精神和民族团结精神，本领过硬的、能够服务地方经济社会发展的高素质应用型人才。主要从培养模式上进行了大量的变革，包括专业设置、课程体系、教学方式等。如采取民族语文 + 专业（专业 + 民族语文）、民族语文 + 外语等方式，将民族语文和专业教育相结合，在民族语文的基础上增加了更多专业方向的影响。

第一类发展模式为语言文学专业。以各类少数民族语言为主，广泛建立了少数民族语言文学专业，突出本民族语言的发展特点。比如，广西民族大学的壮语言文学专业、西藏大学的藏语言文学专业、西北民族大学的维吾尔语言文学专业、西南民族大学的彝语言文学专业、内蒙古大学的蒙古语言文学专业、延边大学的朝鲜语言文学专业、伊犁师范大学的哈萨克语言文学专业等①，分布于各民族地区的高校中，成为这些

① 注：此部分各高校的发展模式及分类均据国家民委 2018–2019 年全国高校民族语文相关专业建设及人才培养情况的调查资料整理得出。

高校民族语言文学的基础型专业。所培养的学生系统地掌握民族语言文学基本理论、基本知识以及基本技能，能基本适应民族地区经济社会发展需要，在党政机关、学校教育机构、企事业单位、文化新闻部门从事相关工作。

第二类发展模式为文学翻译、民族文化类专业。以少数民族文学、民汉翻译等为主，突出本民族文学的发展特点。比如，内蒙古大学的蒙古文化、蒙汉翻译等专业，西南民族大学的藏学、彝族古籍文献等专业，西藏大学的藏汉翻译等专业，延边大学的中韩经贸翻译，西北民族大学的维汉翻译、蒙汉翻译等专业，四川民族学院的藏汉翻译专业。这些专业偏文学类型，与传统的文学专业相近，着重培养学生少数民族文学的知识与技能，掌握在少数民族语言与国家通用语言之间的翻译技能，突出应用性能力的养成。

第三类发展模式为双语类或多语类专业。以国家通用语言、民族语言以及外语为主，突出多种语言能力的发展特点。比如，西南民族大学的彝汉双语、彝英双语、彝日双语、藏英双语，西藏大学的藏汉双语，内蒙古大学的蒙汉双语，西北民族大学的维汉双语等，还有一些大学开设了民族语授课的汉语言文学专业。这些专业也是偏语言类型，但与传统的民族语言基础类专业不同的是，强调多种语言应用能力的培养，在民族语言之外需要掌握国家通用语言或者外语，甚至个别高校强调学生对民族语言、国家通用语言和外语多种语言的掌握。

第四类发展模式为民族语言 + 专业方向或专业方向 + 民族语言等应用型专业。以少数民族语言作为枝干，再加上专业培养方向，突出学生的专业能力养成。比如，西藏大学的藏文信息技术，青海师范大学的藏汉双语数学、物理、化学等；四川民族学院的藏语数理、藏汉英导游、藏语小教专业等；西南民族大学的彝汉文化产业管理，藏汉行政管理、旅游管理、文物与博物馆学等专业；内蒙古大学开设蒙语授课的历史、新闻、旅游管理、社会工作、法学、经济学、企业管理等专业；中央民族大学的藏汉法学专业等。无论是民族语言为主，还是专业方向为主，对原有的基础类专业进行了变革，增强了专业发展的应用性特征，为少数民族地区培养了大量应用性技能人才。

此外，一些民族地区的高校在专业发展模式上进行革新，注重以社会需求为导向，积极创设“订单式”人才培养模式。比如，云南民族大学对少数民族语言文学本科专业 13 个语种实施与当地政府“订单式”培养民汉双语人才，构建了专业培养的“一干多枝”模式。办学形式上突出“学校 + 政府”，先后与 31 家州、市、县签订双语人才培养协议，教学上强化“民语 + 汉语”的双语能力培养。

总体而言，各高校民族语言文学专业在改革与发展中不断前行，民族语言文学学科的专业知识体系不断成熟与完善。但是，综上发展模式的内部结构及其建设，仍然参差不齐，其“短板”无处不在。民族语文专业发展至今，无论从学科专业自身发展需要，还是从适应新时代民族地区社会发展需求来看，民族语言文学专业的建设任务仍然十分艰巨。

第三节　民族语文专业的师资队伍和学生状况

一、民族语文专业的师资队伍状况

从教师队伍的状况来看，依据民族语文专业设置状况，对全国高校进行调查，对样本学校的数据进行分析。据不完全统计，设置有民族语文专业的高校中，专任教师数为 874 人，占到教师队伍的 75.67%；兼任教师数为 160 人，占到教师队伍的 13.85%；行政人员有 121 人，占到教师队伍的 10.48%。从教师队伍的年龄结构来看，35 岁及以下的有 168 人，占到教师队伍的 16.87%；36—45 岁的有 371 人，占到教师队伍的 37.52%；46—55 岁的有 385 人，占到教师队伍的 38.65%；56 岁及以上的有 72 人，占到教师队伍的 7.23%。从教师的学历层次来看，专科学历的有 14 人，占到 1.41%；本科学历的有 217 人，占到 21.85%；研究生学历的有 369 人，占到 37.16%；拥有博士学位的有 393 人，占到 39.58%。从教师的职称结构来看，拥有初级职称的有 59 人，占到 5.98%；拥有中级职称的有 303 人，占到 30.70%；拥有副高职称的有 352 人，占到 35.7%；拥有高级职称的有 272 人，占到 27.59%。

从教师参加培训状况来看，根据样本学校的民族语文专业进行分析，据不完全统计，2013 年教师参与培训的次数平均每校为 2.52 次，培训人数平均每校为 38.86 人，教师出国人数平均每校为 3.14 人；2014 年教师参与培训的次数平均每校为 2.38 次，培训人数平均每校为 82 人，教师出国人数平均每校为 3.24 人；2015 年教师参与培训的次数平均每校为 3 次，培训人数平均每校为 66.57 人，教师出国人数平均每校为 3 人；2016 年教师参与培训的次数平均每校为 3.62 次，培训人数平均每校为 73.52 人，教师出国人数平均每校为 3.29 人；2017 年教师参与培训的次数平均每校为 4.62 次，培训人数平均每校为 122 人，教师出国人数平均每校为 4.38 人。

二、民族语文专业的学生状况

从学生状况来看，全国高校民族语文专业的学生包括专科生、本科生、硕士生以及博士生，根据书面调研报告的学生数据进行汇总。据不完全统计，专科阶段的学生为 1434 人，占到 7.16%；本科阶段的学生为 16964 人，占到 84.65%；硕士阶段的学生为 1496 人，占到 7.47%；博士阶段的学生为 236 人，占到 1.18%，所有阶段学生一共有 20130 人。

从学生的生源地分布来看，包含农村、牧区、乡镇和城市，据不完全统计，来自农村和牧区的学生有 14662 人，占到 79.94%；来自乡镇的学生有 2441 人，占到 13.31%；来自城市的学生有 1238 人，占到 6.75%。民族语文专业的学生主要来自于农村和牧区，占到近八成的比例。

从学生的民族成分来看，汉族学生有 1037 人，占到 4.59%；藏族学生有 13467 人，占到 59.54%；蒙古族学生有 3985 人，占到 17.62%；彝族学生有 2099 人，占到 9.28%；维吾尔族学生有 562 人，占到 2.48%；苗族学生有 203 人，占到 0.90%；土族学生有 73 人，占到 0.32%；纳西族学生有 145 人，占到 0.64%；傈僳族学生有 140 人，占到 0.62%；景颇族学生有 97 人，占到 0.43%；布依族学生有 45 人，占到 0.2%；侗族学生有 23 人，占到 0.1%；水族学生有 31 人，占到 0.14%；满族学生有 28 人，占到 0.12%；朝鲜族学生有 8 人，不足 0.1%；达斡尔族学生有 12 人，不足 0.1%；鄂温克族学生有 11 人，不足 0.1%；白族学生有 21 人，不足 0.1%；回族学生有 54 人，占到 0.24%；哈萨克族学生有 55 人，占到 0.24%；柯尔克孜族学生有 22 人，不足 0.1%；塔吉克孜族学生有 6 人，不足 0.1%；锡伯族学生有 5 人，不足 0.1%；东乡族学生有 4 人，不足 0.1%；土家族学生有 6 人，不足 0.1%；门巴族学生有 9 人，不足 0.1%；哈尼族学生有 138 人，占到 0.61%；傣族学生有 152 人，占到 0.67%；壮族学生有 77 人，占到 0.34%；拉祜族学生有 23 人，占到 0.1%；佤族学生有 63 人，占到 0.28%；乌兹别克族、瑶族学生有 3 人，不足 0.1%；俄罗斯族学生有 2 人，不足 0.1%；裕固族、怒族、珞巴族、畲族、普米族分别有 1 人，不足 0.1%。

从学生的毕业率和就业率来看，对 2013 年到 2017 年的数据进行不完全统计，2013 年民族语文专业的平均毕业率是 94.81%，平均就业率是 86.03%；2014 年的平均毕业率是 95.12%，平均就业率是 85.86%；2015 年的平均毕业率是 94.88%，平均就业率是 86.92%；2016 年的平均毕业率是 95.35%，平均就业率是 87.10%；2017 年的平均毕业率是 95.39%，平均就业率是 85.97%。

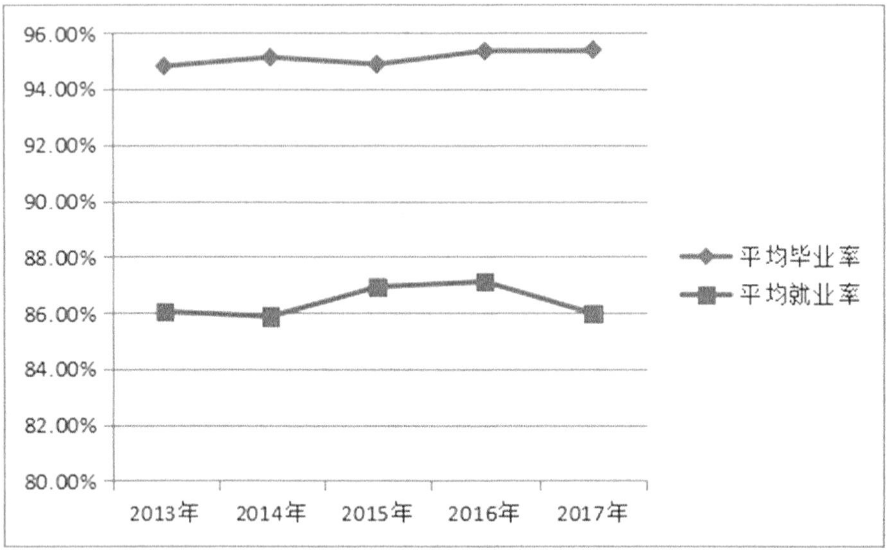

图 3-1　2013—2017 年民族语文专业学生平均毕业率和就业率

从就业单位类型来看，据样本学校的不完全统计，升学（含出国读书）的学生有 557 人，占到 11.21%；赴国外就业的学生有 24 人，占到 0.48%；从事政府公务员的有 647 人，占到 13.02%；在事业单位工作的有 655 人，占到 13.18%；在国企工作的有 411 人，占到 8.27%；在私企工作的有 1368 人，占到 27.54%；在大学 / 科研院所工作的有 129 人，占到 2.6%；在出版社 / 报社 / 杂志社 / 新闻媒体工作的有 39 人，占到 0.79%；在职业院校 / 中小学 / 其他学校工作的有 1077 人，占到 21.68%；自由职业（含创业）的有 337 人，占到 6.78%；未就业 / 待业的有 675 人，占到 13.59%。

从学生的培训状况来看，包括学习培养、就业培训、专业培训等，根据样本学校的民族语文专业进行分析，据不完全统计，2013 年针对学生培训的次数平均每校为 6.57 次，培训人数平均每校为 329.67 人；2014 年针对学生培训的次数平均每校为 7.38 次，培训人数平均每校为 359.71 人；2015 年针对学生培训的次数平均每校为 8.67 次，培训人数平均每校为 400 人；2016 年针对学生培训的次数平均每校为 9.33 次，培训人数平均每校为 487.9 人；2017 年针对学生培训的次数平均每校为 10.19 次，培训人数平均每校为 469.86 人。

第四章　高校民族语文专业的人才培养模式

第一节　调查样本的基本状况

一、民族语言种类的选择

在调查样本选择中，针对调研省区的选择主要基于两个因素。一是少数民族语文种类在各省区的分布情况；二是高校在这些少数民族语文种类覆盖省区的分布状况。除此而外还考虑了有文字的民族语文专业。主要按照我国少数民族语言分类状况，加上少数民族语种的具体分布区域。调查范围中有文字有语言的种类主要有七种，具体有维吾尔语、藏语、蒙古语、壮语、朝鲜语、彝语、哈萨克语。根据通用这些语言的少数民族分布区域选择主要的省区，具体包括新疆维吾尔自治区、西藏自治区、内蒙古自治区、广西壮族自治区、吉林省延边朝鲜族自治州、青海省等。

除了上述的七种少数民族语言分布外，还包括有其他使用人口较多的语言种类，具体有苗语、布依语、侗语、景颇语、傣语、柯尔克孜语等，这些少数民族的具体分布区域包括云南省、贵州省、新疆维吾尔自治区等。

结合上述语言种类分布，加上少数民族的具体分布区域，以及高校的分布状况，确定九个省或地区作为调研区域。具体包括：北京市（中央民族大学）、新疆维吾尔自治区、内蒙古自治区、广西壮族自治区、西藏自治区、四川省（西南民族大学）、甘肃省（西北民族大学）、青海省、吉林省。具体调研内容见下：

北京——维吾尔语文、藏语文、朝鲜语文、哈萨克语文、蒙古语文等；新疆——维吾尔语文、哈萨克语文、柯尔克孜语文等；内蒙古——蒙古语文；广西——壮语文；西藏——藏语文；四川——藏语文、彝语文等；甘肃——藏语文；青海——藏语文；吉林——朝鲜语文。

二、样本高校的选择

在选择具体的调研高校上，主要依据上述 9 个省区的高校分布，将设置有民族语文专业的高校作为潜在的研究对象。考虑到高校的类型、民族语文专业类别、专业的分布、人才培养层次以及办学特色等因素，分别在每个省区选择 3—4 个高校作为调研对象，依据调研提纲进行具体调研实施，力争全面揭示全国高校民族语文专业设置和人才培养质量状况。从不同的具体维度来看，主要利用李克特量表法，将学生对专业建设与人才培养的主观认同度细分为“非常不同意”“比较不同意”“不清楚”“比较同意”“非常同意”五个量度，分别用 1、2、3、4、5 分来代表不同量度。具体如下：

北京——中央民族大学、北京语言大学；新疆——新疆大学、新疆师范大学、新疆财经大学、伊犁师范学院、喀什大学；内蒙古——内蒙古大学、内蒙古师范大学、内蒙古民族大学、呼和浩特民族学院；广西——广西大学、广西师范大学、广西民族大学；西藏——西藏大学、拉萨师范高等专科学校；四川——西南民族大学、西昌学院、阿坝师范学院、四川民族学院；甘肃——西北民族大学、甘肃政法学院、甘肃民族师范学院；青海——青海师范大学、青海民族大学；吉林——延边大学。

通过在校生问卷调查以及毕业生追踪调查，主要从广西师范大学、广西民族大学、广西大学、西南民族大学、拉萨高等师范专科学校、延边大学、西藏大学、中央民族大学、西北民族大学等学校进行学生抽样调查，还进行民族语文及相关专业的毕业生追踪调查，对学生的基本情况进行全面调研。从学生抽样来看，总共发放了 4600 个学生样本，回收了 4536 份问卷，经过问卷筛选后有 4471 份有效问卷，有效回收率达到 97.2%。其中广西大学 21 个样本，广西民族大学 91 个样本，广西师范大学 36 个样本，拉萨高等师范专科学校 172 个样本，西南民族大学 1139 个样本，延边大学 247 个学生样本，西藏大学 843 个样本，西北民族大学 1133 个样本，中央民族大学 789 个样本。

三、在校生样本的基本情况

从学生样本的性别分布来看，男生有 1487 人，占到 33.3% 的比例；女生有 2885 人，占到 64.5% 的比例；缺失值有 99 人，占到 2.2%。从年级分布来看，大一学生有 1275 人，占到 28.5%；大二学生有 1073 人，占到 24.0%；大三学生有 1198 人，占到 26.8%；大四学生有 295 人，占到 6.6%；研一学生有 217 人，占到 4.9%；研二学生有 102 人，占到 2.3%；研三学生有 57 人，占到 1.3%；其他年级有 216 人，占到 4.8%；

缺失值有 38 人，占到 0.8%。从民族分布来看，汉族学生 370 人，占到 8.3%；维吾尔族学生 584 人，占到 13.1%；藏族学生 2009 人，占到 44.9%；蒙古族学生 457 人，占到 10.2%；壮族学生 75 人，占到 1.7%；回族学生 21 人，占到 0.5%；朝鲜族学生 371 人，占到 8.3%；哈萨克族学生 106 人，占到 2.4%；彝族学生 366 人，占到 8.2%；苗族学生 18 人，占到 0.4%；满族学生 12 人，占到 0.3%；柯尔克孜族学生 10 人，占到 0.2%；其他民族学生 57 人，占到 1.2%；缺失值有 15 人，占到 0.3%。

从学生的生源地来看，来自于城市的学生有 907 人，占到 20.3%；来自乡镇的学生有 738 人，占到 16.5%；来自农村的学生有 2222 人，占到 49.7%；来自牧区的学生有 593 人，占到 13.3%；缺失值有 11 人，占到 0.2%。从学生的父母受教育背景来看，父母都是大学毕业的学生有 331 人，占到 7.4%；父亲或母亲是大学毕业的学生有 502 人，占到 11.2%；父母都不是大学毕业的学生有 3581 人，占到 80.1%；缺失值有 57 人，占到 1.3%。从学生的家庭月收入来看，500 元以下的学生有 482 人，占到 10.8%；500—1000 元的学生有 1034 人，占到 23.1%；1000—3000 元的学生有 1130 人，占到 25.3%；3000—5000 元的学生有 765 人，占到 17.1%；5000—8000 元的学生有 412 人，占到 9.2%；8000—12000 元的学生有 352 人，占到 7.9%；12000—15000 元的学生有 117 人，占到 2.6%；15000 元以上的学生有 111 人，占到 2.5%；缺失值有 68 人，占到 1.5%。

从学生参加高考的类型来看，参加汉考汉的学生有 551 人，占到 12.3%；参加民考民的学生有 2811 人，占到 62.9%；参加民考汉的学生有 796 人，占到 17.8%；参加汉考民的学生有 152 人，占到 3.4%；缺失值有 161 人，占到 3.6%。从学生在高中的成绩水平来看，位于优等的学生有 1089 人，占到 24.4%；位于中上等的学生有 1782 人，占到 39.9%；位于中等的学生有 1371 人，占到 30.7%；位于中下等的学生有 158 人，占到 3.5%；位于差等的学生有 45 人，占到 1.0%；缺失值有 26 人，占到 0.6%。从高中类型来看，来自重点（示范）中学的学生有 1270 人，占到 28.4%；来自普通中学的学生有 3038 人，占到 67.9%；来自其他中学的学生有 114 人，占到 2.5%；缺失值有 49 人，占到 1.1%。从就读高中班级类型来看，民族地区汉语班的学生有 637 人，占到 14.2%；民族地区双语班的学生有 1601 人，占到 35.8%；民族地区民语班的学生有 1563 人，占到 35.0%；内地民语班的学生有 255 人，占到 5.7%；内地汉语班的学生有 386 人，占到 8.6%；缺失值有 29 人，占到 0.6%。

从学生入学前的民族语水平来看，完全零基础的学生有 541 人，占到 12.1%；不会口语，认识一点文字的学生有 203 人，占到 4.5%；会一点口语，不认识文字的学生有 704 人，占到 15.7%；文字口语都会一点的学生有 1064 人，占到 23.8%；文字口语都很熟练的学生有 1818 人，占到 40.7%；缺失值有 141 人，占到 3.2%。从学生选择民族语文专业的原因分布来看，认为“受家庭、亲友或师长的影响想学民族语”的学生有 749 人，占到 16.8%；认为“社会有需要，就业前景较好”的学生有 721 人，占到 16.1%；认为“这个专业免收学费”的学生有 195 人，占到 4.4%；认为“自己喜欢学民族语”的学生有 1405 人，占到 31.4%；认为“自己有语言天赋和兴趣”的学生有 440 人，占到 9.8%；认为“为确保能录取，专业只能服从调剂”的学生有 492 人，占到 11.0%；认为“这个专业推免保研的比例高”的学生有 67 人，占到 1.5%；认为“只要能上大学，学什么专业都无所谓”的学生有 179 人，占到 4.0%；认为“想先入学再转专业”的学生有 150 人，占到 3.4%；缺失值有 73 人，占到 1.6%。

四、毕业生追踪样本状况

此外，追踪调查针对已毕业的民族语文及相关专业的毕业生群体，通过邮件、微信等网络沟通方式，一共回收了 1041 份有效问卷。毕业生样本主要来自广西师范大学、广西民族大学、西藏大学、西北民族大学等。从毕业生的性别分布来看，男生有 341 人，占到 32.9%；女生有 662 人，占到 63.8%；缺失值有 34 人，占到 3.3%。从毕业生参加工作的年限来看，工作 1 年及以下的有 413 人，占到 39.8%；工作 2—3 年的有 386 人，占到 37.2%；工作 4—5 年的有 115 人，占到 11.1%；工作 6 年及以上的有 58 人，占到 5.6%；缺失值有 65 人，占到 6.3%。

从毕业生工作的单位性质来看，从事政府公务员的有 180 人，占到 17.4%；在事业单位工作的有 240 人，占到 23.1%；在国企工作的有 55 人，占到 5.3%；在私企工作的有 51 人，占到 4.9%；在大学、科研院所工作的有 127 人，占到 12.2%；在出版社、报社、杂志社、新闻媒体工作的有 81 人，占到 7.8%；在职业院校、中小学、其他学校工作的有 129 人，占到 12.4%；自由职业或创业的有 43 人，占到 4.1%；从事其他工作的有 65 人，占到 6.3%；缺失值有 66 人，占到 6.4%。

从毕业生的月薪水平分布来看，月工资 1000—2000 元的有 118 人，占到 11.4%；月工资 2001—4000 元的有 320 人，占到 30.9%；月工资 4001—6000 元的有 247 人，占到 23.8%；月工资 6001—8000 元的有 140 人，占到 13.5%；月工资 8001—10000 元的有 80 人，占到 7.7%；月工资 10001—12000 元的有 22 人，占到 2.1%；月工资 12000 元以上的有 22 人，占到 2.1%；缺失值有 88 人，占到 8.5%。从毕业生对于工作的满意度来看，觉得非常满意的有 383 人，占到 36.9%；觉得基本满意的有 473 人，占到

45.6%；觉得无所谓的有 67 人，占到 6.5%；觉得不满意的有 33 人，占到 3.2%；觉得极不满意的有 5 人，占到 0.5%；缺失值有 76 人，占到 7.3%。

从毕业生对工作的胜任度来看，感到完全胜任的有 419 人，占到 40.4%；感到基本胜任的有 499 人，占到 48.1%；感到不能胜任的有 40 人，占到 3.9%；感到完全不胜任的有 7 人，占到 0.7%；缺失值有 72 人，占到 6.9%。从所在单位对毕业生的态度来看，觉得十分重用的有 383 人，占到 36.9%；觉得比较重用的有 517 人，占到 49.9%；觉得不重用的有 46 人，占到 4.4%；觉得漠不关心的有 16 人，占到 1.5%；缺失值有 75 人，占到 7.2%。从毕业生所从事工作与所学专业的对口情况来看，认为完全一致的有 281 人，占到 27.1%；认为基本一致的有 463 人，占到 44.6%；认为不一致的有 154 人，占到 14.9%；认为完全不一致的有 66 人，占到 6.0%；缺失值有 77 人，占到 7.2%。

第二节　人才培养目标与专业实习状况

一、专业人才培养目标定位状况

从学生对专业培养目标的主观评价来看，包括学生对培养方案，还有专业实际培养状况的理解程度。根据学生对不同维度的认同程度，利用算术平均数对不同维度进行衡量，专业培养目标定位维度共包含 7 个题项，总体分值介于 7—35 分之间，学生样本的总体均值为 25.98 分，单个题项的均值为 3.71 分，学生的反应度介于“不清楚”与“比较同意”之间。从单个题项来看，学生对知识与技能学习的认同度较高，均值为 3.81，比较接近于“比较同意”的维度，而在自身培养与学习定位维度上认同度较低，均值为 3.57，分值低于总体平均值。具体数值见下表：

表 4–1　学生对专业培养目标定位的主观评价状况

学生对专业培养目标定位的主观评价	频度	均值	标准差
1. 我很赞同本专业培养方案中的目标定位	4469	3.76	1.015
2. 我很清楚学校要把我们培养成什么样的人	4469	3.57	1.023
3. 专业培养能够使我成为掌握多语种的复合型人才	4467	3.74	1.014
4. 相对于实践应用性能力养成，本专业更注重理论知识的传授	4469	3.73	1.025

续表

学生对专业培养目标定位的主观评价	频度	均值	标准差
5. 我所学的知识与技能适应民族地区的现实需求	4470	3.81	1.016
6. 专业培养方案符合实际发展需要，对我的学习帮助很大	4471	3.78	1.025
7. 经过专业学习与培养后，我具备了足够的专业能力	4469	3.60	1.071

二、专业实习与社会实践状况

从学生对专业实习的主观评价来看，包括学生对专业实习内容，还有社会实践状况的理解程度。根据学生对不同维度的认同程度，利用算术平均数对不同维度进行衡量，专业实习与社会实践维度共包含 8 个题项，总体分值介于 8—40 分之间，学生样本的总体均值为 29.60 分，单个题项的均值为 3.70 分，学生的反应度介于“不清楚”与“比较同意”之间。从单个题项来看，学生对院系组织活动以创设民族语环境的认同度较高，均值为 3.80，比较接近于“比较同意”的维度，而在自身参与到科研项目活动维度上认同度较低，均值为 3.62，分值低于总体平均值。具体数值见下表：

表 4–2　学生对专业实习与社会实践的主观评价状况

学生对专业实习与社会实践的主观评价	频度	均值	标准差
1. 课堂教学与专业实习安排合理，两者可以相互补充	4471	3.68	1.049
2. 本专业很重视民族语实习，很好地提升语言听说能力	4471	3.78	1.022
3. 各项保障措施到位使实习顺利开展，达到我的预期学习效果	4470	3.66	1.036
4. 院系经常组织诸如演讲比赛等课外活动创设民族语使用环境	4471	3.80	1.014
5. 学校经常举办就业指导、生涯规划、就业准备等培训活动	4470	3.70	1.038
6. 学生有较多的机会参与到科研项目与研究活动中	4471	3.62	1.076
7. 学校为学生提供了较多的专业实习机会与活动	4468	3.65	1.074
8. 在专业实习中我能够熟练地将民族语应用到工作实践中	4470	3.71	1.068

从学生参与的实际培训活动来看，包括学校或学院组织的职业规划、就业准备、求职培训、就业指导等相关活动，主要就学生参加的频率来进行调查，按照每学期参加的具体次数来统计。“几乎没有开展过”的有 591 人，占到 13.2%；“每学期 1—2 次”的有 2596 人，占到 58.1%；“每学期 3—4 次”的有 793 人，占到 17.7%；“每学期 5—

6 次”的有 222 人，占到 5.0%；“每学期多于 6 次”的有 181 人，占到 4.0%；缺失值有 88 人，占到 2.0%。

第三节　专业师资与硬件设施配备状况

一、专业师资配备状况

从学生对民族语文专业师资状况的主观认同度来看，包括学生对教师队伍素质，还有对教师教学、与学生交流的认同程度。根据学生对不同维度的反映，利用算术平均数对不同维度进行衡量，教师队伍认同度共包含 6 个题项，该维度总体分值介于 6—30 分之间，学生样本的总体均值为 22.79 分，单个题项的均值为 3.80 分，学生的反应度介于“不清楚”与“比较同意”之间。从单个题项来看，学生对教师应用民族语教学水平的认同度较高，均值为 3.97，介于“比较同意”与“非常同意”之间，而在教师额外指导以及学生辅导维度上认同度较低，均值为 3.65，分值低于总体平均值。具体数值见下表：

表 4–3　学生对教师队伍的主观认同状况

学生对教师队伍的主观认同	频度	均值	标准差
1. 教师的专业素养与知识储备充分，符合学生专业培养要求	4471	3.88	0.996
2. 教师的民族语教学水平高，对学生的学习产生积极作用	4469	3.97	0.975
3. 学生有较多的机会与教师进行交流，获得很多宝贵信息	4469	3.81	1.038
4. 学生能够与教师一起做课题研究，提升科学研究水平	4471	3.72	1.095
5. 学生能够与教师讨论职业规划与就业选择	4470	3.76	1.044
6. 教师经常对学生进行课外指导，给予额外的辅导	4471	3.65	1.131

二、硬件设施配备状况

从高校为民族语文专业所配备的硬件设施来看，主要包括教室资源、专业设备、图书资料以及数据库等，对教师与学生提供必要的学习条件。从教室资源来看，根据样本学校的情况进行不完全统计，平均每校配备的普通教室为 13.57 间，多媒体教室 38 间，微格教室 3.24 间，为学生提供 152.14 台计算机。从专业设施与条件来看，平均每所学校配备的语音实验室为 2.52 间，语言学实验室为 1.05 间，文字陈列馆为 0.29 间，古籍保护所为 0.48 间，图书阅览室为 5 间。从数据与资料库配备来看，平均每所学校配备档案文献库为 1.05 个、语言数据库为 1.1 个，语言音档库总共只有 2 个。从图书资料来看，平均每所学校拥有专业图书 204249 册，外文书籍为 8680 册，学术期刊为 218 册，外文期刊 7.81 种，报纸 141 份。

从学生对民族语文专业的硬件设施的主观评价来看，包括学生对硬件设施条件配置，还有对各种硬件设施利用的评价程度。根据学生对不同维度的评价状况，利用算术平均数对不同维度进行衡量，硬件设施建设维度共包含 7 个题项，总体分值介于 7—35 分之间，学生样本的总体均值为 25.0 分，单个题项的均值为 3.57 分，学生的反应度介于“不清楚”与“比较同意”之间。从单个题项来看，学生对专业配备教室、自习室数量的认同度较高，均值为 3.76，接近于“比较同意”的认同程度，而在现代化学习设施应用维度上认同度较低，均值为 3.27，分值低于总体平均值。具体数值见下表：

表 4–4　学生对专业硬件设施的主观评价状况

学生对专业硬件设施的主观评价	频度	均值	标准差
1. 我能经常接触到语言教学设备与设施条件	4471	3.44	1.108
2. 我能充分使用现代化学习设施，如语音实验室等	4469	3.27	1.203
3. 图书馆有充足的民族语文书籍以供查阅和学习	4471	3.74	1.107
4. 我能阅读到最新的学术期刊以促进专业学习	4471	3.60	1.117
5. 学校配备了足够的电脑以备专业学习使用	4468	3.51	1.181
6. 学校有足够的教室、自习室等来加强专业学习	4470	3.76	1.111
7. 院系拥有丰富的课外阅读资料、练习辅导资料供学生借阅	4467	3.69	1.146

第四节　课程设置体系与教学模式应用状况

一、专业课程设置体系

从高校民族语文专业的课程设置来看，主要包含课程模块构成、对应的学分设置，还有实践课程与特色课程的建立。根据样本高校的实际状况，包含专科阶段、本科阶段以及研究生阶段的课程体系，主要有公共必修课、公共选修课、专业必修课、专业选修课、实践教学课以及特色课程。据不完全统计，专科阶段的公共必修课平均每校为34.36个学分，公共选修课平均每校为8.57个学分，专业必修课平均每校为62.93个学分，专业选修课平均每校为13.79个学分，实践教学课平均每校为18.14个学分，特色课程平均每校为2个学分。专业必修和选修课程在所有课程学分中平均占到64.12%，而实践课程平均占到15.16%。

本科阶段的公共必修课平均每校为40.59个学分，公共选修课平均每校为12个学分，专业必修课平均每校为70.97个学分，专业选修课平均每校为19.56个学分，实践教学课平均每校为26.71个学分，特色课程平均每校为6.12个学分。专业必修和选修课程在所有课程学分中平均占到63.25%，而实践课程平均占到18.66%。

研究生阶段的公共必修课平均每校为7.75个学分，公共选修课平均每校为3.42个学分，专业必修课平均每校为14.33个学分，专业选修课平均每校为7.67个学分，实践教学课平均每校为4.25个学分，特色课程平均每校为1.67个学分。专业必修和选修课程在所有课程学分中平均占到66.32%，而实践课程平均占到12.81%。

从学生对专业课程设置的主观评价来看，包括学生对课程体系构成，还有课程目标、内容体系的认同程度。根据学生对不同维度的认同程度，利用算术平均数对不同维度进行衡量，课程设置维度共包含11个题项，总体分值介于11—55分之间，学生样本的总体均值为41.11分，单个题项的均值为3.74分，学生的反应度介于“不清楚”与“比较同意”之间。从单个题项来看，学生对课程为专业学习提供帮助的认同度较高，均值为3.90，接近于“比较同意”的程度，而在课程总量与负担维度上认同度较低，均值为3.53，分值低于总体平均值。具体数值见下表：

表 4–5　学生对专业课程设置的主观评价状况

学生对专业课程设置的主观评价	频度	均值	标准差
1. 本专业的课程总量合适，我觉得学习负担不重	4470	3.53	1.109
2. 公共课、专业课、跨专业选修课程所占比例合理	4471	3.56	1.089
3. 专业课程注重听、说和交际能力的训练	4470	3.75	1.034
4. 专业课程注重读、写和语法知识传授	4471	3.83	1.003
5. 专业课程安排合理、内容编排难易适中、前后内容衔接连贯	4470	3.72	1.036
6. 专业课程内容能够反映民族历史文化及新变化趋势	4471	3.76	1.028
7. 课程所学内容符合发展需求，为从事相关专业工作做了准备	4471	3.70	1.019
8. 专业课程的设置为民族语文学习提供了很大帮助	4471	3.90	1.005
9. 我能够在专业课上很好地理解所教授的内容	4471	3.75	1.045
10. 专业课程将民族语言和专业能力培养结合在一起	4471	3.76	1.056
11. 我能够从专业课程学习中获得专业知识与技能	4470	3.85	0.985

二、专业教学模式与方法应用状况

从学生对专业教学方法的主观评价来看，包括学生对教学模式，还有教学方法以及具体方式的认同程度。根据学生对不同维度的认同程度，利用算术平均数对不同维度进行衡量，教学模式与方法应用维度共包含 9 个题项，总体分值介于 9—45 分之间，学生样本的总体均值为 34.90 分，单个题项的均值为 3.88 分，学生的反应度接近于“比较同意”。从单个题项来看，学生对教师教学态度和责任性维度的认同度较高，均值为 4.01，介于“比较同意”与“非常同意”之间，而在教师教学灵活度与讲授方法维度上认同度较低，均值为 3.73，分值低于总体平均值。具体数值见下表：

表 4–6　学生对专业教学方法的主观评价状况

学生对专业教学方法的主观评价	频度	均值	标准差
1. 教师根据课程内容灵活运用不同的语言教学法，不拘泥于传统讲授	4467	3.73	1.031
2. 教师能够利用多种手段调动大家的学习兴趣，学生的课堂参与度高	4470	3.79	1.018
3. 教师教学态度端正，对学生认真负责	4471	4.01	0.967
4. 教师教学理念先进，能够及时更新知识	4468	3.96	0.971

续表

学生对专业教学方法的主观评价	频度	均值	标准差
5. 教师能关注到学生的基础和学习特点，教学比较有针对性	4469	3.85	1.022
6. 教师在教学中能及时向学生反馈学习效果，积极鼓励启发学生	4470	3.89	0.992
7. 教师了解民族语文学习的难点，能及时地给予学习指导和帮助	4467	3.91	0.983
8. 多数专业课教师能够运用视频、音像资料辅助语言教学	4470	3.85	1.018
9. 教师对教材理解到位，能够深入浅出地讲解教材内容	4469	3.95	0.980

从课堂教学培养的侧重点来看，教师在课堂教学中对学生实践应用能力的注重度，按照程度的不同分为不同的维度。教师“非常注重”的有 732 人，占到 16.4%；教师“比较注重”的有 1983 人，占到 44.4%；教师“一般注重”的有 1383 人，占到 30.9%；教师“很少涉及”的有 276 人，占到 6.2%；教师“完全没有涉及”的有 20 人，占到 0.4%；缺失值有 77 人，占到 1.7%。

三、教材体系建设与具体使用状况

从学生对专业教材体系的主观评价来看，包括学生对教材体系建设，还有教材内容与教材使用的认同程度。根据学生对不同维度的认同程度，利用算术平均数对不同维度进行衡量，教材建设与使用维度共包含 6 个题项，总体分值介于 6—30 分之间，学生样本的总体均值为 20.45 分，单个题项的均值为 3.41 分，学生的反应度介于“不清楚”与“比较同意”之间。从单个题项来看，学生对教材体系与专业学习符合的认同度较高，均值为 3.71，介于“不清楚”与“比较同意”之间，而在教材版本与教学符合维度上认同度较低，均值为 3.20，分值低于总体平均值。具体数值见下表：

表 4–7　学生对教材体系建设与使用的主观评价状况

学生对教材体系建设与使用的主观	频度	均值	标准差
1. 专业课程教材体系比较完备，符合专业学习要求	4471	3.71	1.059
2. 专业课程教材内容编写缺少针对性，远离学生现实状况	4471	3.46	1.167
3. 专业课程教材的版本比较陈旧，不能适应目前的教学需求	4471	3.20	1.171
4. 专业课程教材的编写难度较大，在专业学习中的参考性不高	4471	3.24	1.140
5. 专业课程教材内容体系零散化，不利于学生的专业学习	4471	3.24	1.197
6. 专业课程教材编写完备，内容更新及时	4471	3.60	1.068

从民族语文及相关专业的教材使用情况来看，包含不同的教材类型，围绕课程设置与课堂教学采用不同的教材。根据学生的回馈状况，可以看到教师在专业课程教学中，使用以自编教材为主的有 880 人，占到 19.7%；以经典教材为主的有 1260 人，占到 28.2%；以国家统编教材为主的有 1782 人，占到 39.9%；以地方编订教材为主的有 433 人，占到 9.7%；使用其他教材的有 31 人，占到 0.7%；缺失值有 85 人，占到 1.9%。

第五章　高校民族语文专业的人才培养质量状况

在人才培养质量的思考中，对质量概念的理解至关重要，学术界将质量定位为满足顾客需要和符合目的要求，其中暗含着对于服务对象与使用对象的满足与符合程度，体现出针对质量主客体二者之间的融合。[①] 质量评判的核心点便是学生发展，包括学生发展所面临的外部环境与条件，学生发展的过程，还有学生发展所带来的结果如何。针对人才培养质量的评价，学生是关键的评价维度，需要突出过程性与结果性特征，应围绕学生主体构建一套评价指标体系，将教育过程与结果因子纳入到其中。具体在指标设计中，学生群体对专业学习过程中的主观认同度，包括师资、课程、教学、教材等维度，无论是在校生还是毕业生，能够反映学生的培养过程，突出培养质量的过程性特征；而在校生通过专业学习所获得的学习成果，能直接能反映学生培养的结果状况，突出培养质量的结果性特征。牵涉到学生主观认同的题项主要利用李克特量表法，按照不同的认同程度细分为五个量度，分别用 1、2、3、4、5 来表示。

第一节　在校生对民族语文专业的满意度状况

从学生对民族语文相关专业的认同程度，还有就读过程中对于专业的满意度状况来看，包括总体评价以及各维度的具体评价。学生对所学专业的总体满意度较高，感到非常满意的有 991 人，占到 22.2%；感到比较满意的有 2062 人，占到 46.1%；感到一般的学生有 1195 人，占到 26.7%；感到不满意的有 121 人，占到 2.7%；感到很不满意的有 50 人，占到 1.1%；缺失值有 52 人，占到 1.2%。

① 陈玉琨、杨晓江，等：《高等教育质量保障体系概论》，59 页，北京，北京师范大学出版社，2004。

一、民族语文专业的认同程度

从学生对民族语文及相关专业的认同程度来看，主要是学生对专业的看法以及认可程度，其程度越高，学生的学习兴趣就越浓，专业学习的效果就更好。如果重新让学生选择专业，那么学生还会选择民族语文及相关专业的有 2889 人，占到 64.6%；不会选择该专业的学生有 1479 人，占到 33.1%；缺失值有 103 人，占到 2.3%。利用算术平均数对不同维度进行衡量，专业认同维度共包含 6 个题项，总体分值介于 6—30 分之间，学生样本的总体均值为 23.02 分，单个题项的均值为 3.84 分，学生的反应度介于“不清楚”与“比较同意”之间。从单个题项来看，学生对民族语文专业设置必要性的认同度较高，均值为 4.24，介于“比较同意”与“非常同意”之间，而在学校重视度和经费投入上认同度较低，均值为 3.57，分值低于总体平均值。具体数值见下表：

表 5–1　学生对民族语文专业的认同度状况

学生对民族语文专业的认同度	频度	均值	标准差
1. 我认为设置民族语文专业很有必要	4470	4.24	1.081
2. 学校对民族语文专业非常重视，对其的经费投入很大	4471	3.57	1.038
3. 院系十分重视民族语文专业，积极完善人才培养模式和条件	4467	3.87	1.042
4. 民族语文专业是我的高考第一志愿	4470	3.65	1.329
5. 我毕业后愿意从事与民族语文相关的工作	4471	3.91	1.139
6. 我还会选择民族语文专业继续学习深造	4470	3.78	1.179

二、专业培养环境的主观评价

从学生对专业培养环境的主观评价来看，包括学生对专业学习环境，还有生活环境的认同程度。根据学生对不同维度的认同程度，利用算术平均数对不同维度进行衡量，人才培养外部环境维度共包含 8 个题项，总体分值介于 6—40 分之间，学生样本的总体均值为 30.20 分，单个题项的均值为 3.78 分，学生的反应度介于“不清楚”与“比较同意”之间。从单个题项来看，学生对学校举行专家讲座的认同度较高，均值为 3.90，接近于“比较同意”的维度，而在住宿环境与经费资助维度上认同度较低，均值分别为 3.67 和 3.70，分值低于总体平均值。具体数值见下表：

表 5–2　学生对专业培养环境的主观评价状况

学生对专业培养环境的主观评价	频度	均值	标准差
1. 多民族混合住宿制度有利于民族语文学习	4471	3.67	1.140
2. 院系举办了丰富的民族文化活动帮助我了解民族语言文化	4469	3.81	1.033
3. 学校提供充足经费资助有助于学生专心学习民族语文	4471	3.70	1.071
4. 学校外部的学术研究环境对学生提供了很多支持	4471	3.71	1.044
5. 学校具有良好的外部学习环境与积极氛围	4471	3.78	1.048
6. 学校拥有良好的人际氛围以供积极交流	4471	3.81	1.017
7. 我能够经常与身边同学进行民族语言交流以促进学习	4471	3.82	1.042
8. 经常能听到专家讲座，获得更多的专业信息	4471	3.90	1.023

第二节　在校生对民族语文专业培养模式的认同度

从在校生对民族语文专业的认同程度，还有就读过程中对于专业学习的满意度状况来看，包括总体评价以及各维度的具体评价。在校生对所学专业的总体评价方面，感到非常满意的占 22.2%，感到比较满意的占 46.1%，两者总共占到 68.3%，而感到一般与不满意的占 31.7%。反映出学生对民族语文专业的主观认同度较高，大部分学生对专业学习的态度较为积极，对学习的过程感到比较满意。

一、学生对各方面的满意度分析

学生对课程设置的满意度较高，感到非常满意的有 733 人，占到 16.4%；感到比较满意的有 2025 人，占到 45.3%；感到一般的学生有 1428 人，占到 31.9%；感到不满意的有 178 人，占到 4.0%；感到很不满意的有 44 人，占到 1.0%；缺失值有 63 人，占到 1.4%。

在任课教师的满意度上，感到非常满意的有 1457 人，占到 32.6%；感到比较满意的有 2145 人，占到 48.0%；感到一般的学生有 756 人，占到 16.9%；感到不满意的有 48 人，占到 1.1%；感到很不满意的有 19 人，占到 0.4%；缺失值有 46 人，占到 1.0%。

在教学方法与效果的评价上，感到非常满意的有 901 人，占到 20.2%；感到比较满意的有 2139 人，占到 47.8%；感到一般的学生有 1254 人，占到 28.0%；感到不满意的有 99 人，占到 2.2%；感到很不满意的有 27 人，占到 0.6%，还有个别不表态等。

在专业教材使用的评价上，感到非常满意的有 875 人，占到 19.6%；感到比较满意的有 2133 人，占到 47.7%；感到一般的学生有 1193 人，占到 26.7%；感到不满意的有 178 人，占到 4.0%；感到很不满意的有 37 人，占到 0.8%；缺失值有 55 人，占到 1.2%。

表 5–3　在校生对民族语文专业学习的满意度

	课程设置	任课教师水平	教学方法应用	教材使用
非常满意	16.4%	32.6%	20.2%	19.6%
比较满意	45.3%	48.0%	47.8%	47.7%
一般	31.9%	16.9%	28.0%	26.7%
不满意	4.0%	1.1%	2.2%	4.0%
很不满意	1.0%	0.4%	0.6%	0.8%
缺失值	1.4%	1.0%	1.1%	1.2%

二、学生在专业学习中遇到的问题

从学生对民族语文及相关专业的认同程度来看，主要是学生对专业的看法以及认可程度，其程度越高，学生的学习兴趣就越浓，专业学习的效果就更好。如果重新让学生选择专业，那么学生还会选择民族语文及相关专业的有 2889 人，占到 64.6%；不会选择该专业的学生有 1479 人，占到 33.1%；缺失值有 103 人，占到 2.3%。

从学生在学习过程中所遇到的实际情形来看，经过统计分析显示，学生在专业学习中认为比较困难的包括：学科论文写作占 35.7%，民族语对话交流占 14.4%，民族语专业术语占 12.2%，民汉翻译占 9.0%，文学作品阅读、专业实习都占 7% 左右。究其原因，主要与学生生源质量以及所掌握的民族语文水平有着密切联系，学生生源大量来自农村以及牧区，所占比例为 63.0%，而就读的高中也大多是普通中学，所占比例为 67.9%。在学生对民族语文的掌握水平方面，文字口语熟练的占 40.7%，文字口语会一些的占 23.8%，只会口语的占 15.7%，完全零基础的占 12.1%。学生在进行专业学习之前的语言水平分布不均衡，只会口语以及完全零基础的占 27% 以上，所掌握语言文字的不熟练会影响到后续的专业学习。此外，学生认为教师在培养学生实践能力方面，认为非常注重的占 16.4%，认为比较注重的占 44.4%，认为一般以及不注重的比例达到 37% 以上。

第三节　在校生的学习成果获得状况

民族语文专业在人才培养上，注重学生多方面知识与技能的养成，在强化专业知识与技能培养的基础上，注重通识素养与能力的养成。针对在校生所获得学习成果的探究，可以通过学生对自身的发展状况进行自评价，根据评估结果来对人才培养质量进行衡量。学习成果是指学生在完成一系列课程或者培养计划之后，能够证明自身在知识、技能以及价值观念上具备了应有的能力。① 采用自评估量表的形式，让在校生对学习成果的获得程度进行自我评价。

一、学习成果的总体状况与各维度状况

从高校民族语文及相关专业的培养情况来看，主要对学生的知识与能力养成状况进行评价，通过学生对自身的养成状况进行自评价，根据评价结果来对学生的培养质量进行估计。根据学生在知识、技能、能力等维度的掌握情况，按照掌握的多少程度，将指标分为很少、一些、较多、很多四个维度，分别对其进行赋分，具体有 1、2、3、4 分。利用算术平均数对不同维度进行衡量，学生培养结果维度共包含 27 个题项，该维度总体分值介于 27—108 分之间，学生样本的总体均值为 78.70 分，单个题项的均值为 2.91 分，学生的反应度介于“一些”与“较多”之间。在学生培养维度上，具体包括专业知识、应用技能、情感价值观、通识素养等维度，对学生的综合素养进行有效评价。

表 5–4　人才培养质量评价的总体状况

	题项	总体均值	单项均值
总体维度	27	78.70	2.91
专业知识	5	13.85	2.77
应用技能	11	31.04	2.82

① George Kuh, Stanley Ikenberry. More Than You Think, Less Than We Need: Learning Outcomes Assessment in American Higher Education. National Institute for Learning Outcomes Assessment, October 2009: 13.

续表

	题项	总体均值	单项均值
情感价值观	6	18.58	3.10
通识素养	5	15.22	3.04

从学生掌握的专业知识来看，包括学生对通识素养、专业知识等的掌握程度。根据学生对不同维度的认同程度，利用算术平均数对不同维度进行衡量，专业知识维度共包含 5 个题项，总体分值介于 5—20 分之间，学生样本的总体均值为 13.85 分，单个题项的均值为 2.77 分，学生的反应度介于“一些”与“较多”之间。从单个题项来看，学生对获得民族语文专门知识维度的获得程度较高，比较接近于“较多”的维度，而在充分了解学科前沿知识与发展动态维度上认同度较低，分值低于平均值。具体数值见下表：

表 5–5　学生在专业知识维度的发展状况

学生在专业知识维度的发展	频度	均值	标准差
1. 充分地了解了学科前沿知识与发展动态	4471	2.67	0.890
2. 获得跨学科的知识与视野，包括语言学、文学、民族学等	4471	2.79	0.875
3. 获得民族语文相关的专门知识，能应用到与专业相关的工作中	4470	2.83	0.869
4. 掌握了不同领域的宽泛知识基础	4470	2.79	0.908
5. 熟悉了不同民族的历史知识与文化传统	4466	2.77	0.902

从学生掌握的应用技能来看，包括学生对专业技能、语言技能等的掌握程度。根据学生对不同维度的认同程度，利用算术平均数对不同维度进行衡量，应用技能维度共包含 11 个题项，总体分值介于 11—44 分之间，学生样本的总体均值为 31.04 分，单个题项的均值为 2.82 分，学生的反应度介于“一些”与“较多”之间。从单个题项来看，学生对听懂和说出民族语言、熟练应用国家通用语言的获得程度较高，比较接近于“较多”的维度，而在利用民族语开展学科教学能力的获得程度较低，分值低于平均值。具体数值见下表：

表 5–6　学生在应用技能维度的发展状况

学生在应用技能维度的发展	频度	均值	标准差
1. 具备熟练听懂和说出民族语言的能力	4471	2.93	0.898

续表

学生在应用技能维度的发展	频度	均值	标准差
2. 具备熟练阅读和写作民族语言的能力	4468	2.89	0.905
3. 能够在民族语言和国家通用语言间熟练的转换和翻译能力	4471	2.81	0.926
4. 具备较熟练地听、说、读、写国家通用语言的能力	4470	2.93	0.906
5. 能够熟练地运用计算机处理民族语言的能力	4469	2.77	0.937
6. 具备对民族文学作品的阅读与鉴赏能力	4471	2.85	0.898
7. 能够应用民族语言开展学科教学的能力，如数学等	4470	2.69	0.985
8. 能够开展民族语文相关学科的教学能力	4471	2.79	0.938
9. 具备开展民族语文相关专业的科研能力	4471	2.75	0.954
10. 能够胜任利用民族语言开展基层工作的能力	4470	2.82	0.932
11. 能够胜任到学校从事双语教育的专业能力	4471	2.81	0.952

从学生掌握的情感价值观来看，包括学生对情感维度、价值观等的掌握程度。根据学生对不同维度的认同程度，利用算术平均数对不同维度进行衡量，情感价值观维度共包含 6 个题项，总体分值介于 6—24 分之间，学生样本的总体均值为 18.58 分，单个题项的均值为 3.10 分，学生的反应度介于“较多”与“很多”之间。从单个题项来看，学生对做出贡献和责任担当意识的获得程度较高，比较接近于“很多”的维度，而在民族文学史观和价值理念的获得程度较低，分值低于平均值。具体数值见下表：

表 5–7　学生在情感价值观维度的发展状况

学生在情感价值观维度的发展	频度	均值	标准差
1. 拥有服务民族地区的强烈意识	4469	3.08	0.848
2. 为民族地区做贡献，具有责任担当意识	4471	3.14	0.836
3. 掌握多民族文学史观和价值理念	4471	3.05	0.849
4. 对民族多元文化的感悟与理解力	4471	3.11	0.828
5. 能够从不同的审美观和价值观来看待民族文化	4471	3.12	0.825
6. 毕业后从事民族语文相关工作的强烈意愿	4471	3.09	0.888

从学生掌握的通识素养来看，包括学生对通识观念、文化理念的掌握程度。根据学生对不同维度的认同程度，利用算术平均数对不同维度进行衡量，通识素养维度共包含 5 个题项，总体分值介于 5—20 分之间，学生样本的总体均值为 15.22 分，单个题项的均值为 3.04 分，学生的反应度介于“较多”与“很多”之间。从单个题项来看，

学生对良好学习和持续发展能力的获得程度较高，比较接近于“很多”的维度，而在沟通与组织协调能力的获得程度较低，分值低于平均值。具体数值见下表：

表 5–8 学生在通识素养维度的发展状况

学生在通识素养维度的发展	频度	均值	标准差
1. 具备良好的沟通与组织协调能力	4471	2.99	0.834
2. 具备良好的与人合作以及团队协作能力	4471	3.04	0.803
3. 具备良好的学习与持续发展能力	4471	3.07	0.802
4. 能够适应变化的能力，包括新的学习方式、新技术等	4471	3.06	0.818
5. 具有良好的信息搜索、分析以及表达能力	4468	3.07	0.831

学生对于学习成果的认可度越高，也就意味着学生对民族语文专业教育越认同，认为从中获得了很大的发展。总体来看，学生在情感价值观维度的塑造状况较好，而在专业知识维度的掌握情况相对较差。具体分析各指标构成，学生了解学科前沿知识的分值只有 2.64，利用民族语开展学科教学能力只有 2.67，开展相关专业的科研能力只有 2.72，这几项指标明显低于平均值水平。

二、学习成果在不同维度的差异分析

从年级维度来看，学习成果随着年级的增长而呈现出不断提高的趋势，从一年级到四年级产生了质的飞越。学习成果总值从一年级的 75.39 增长到四年级的 84.61，单项均值也从一年级的 2.79 增长到四年级的 3.13，学生对所获得的学习成果比较赞同，认为民族语文专业对自己进行了有利提升。从具体构成维度来看，专业知识维度的总增量为 2.18，单项增量为 0.44；应用技能的总增量为 4.59，单项增量为 0.42；情感价值观的总增量为 1.01，单项增量为 0.17；通识素养的总增量为 1.45，单项增量为 0.29。经过比较分析可以看出，学生在专业知识、应用技能维度的增值幅度相对较高，而情感价值观的增值幅度相对较低。

为进一步分析学生学习成果所呈现出的差异状况，故选择学生的个人背景作为分析维度，具体包括性别、年级、父母受教育程度以及生源地因素，以辨别学习成果均值在个人背景因素上是否呈现出显著差异。在性别、父母受教育程度与生源地维度，主要采用独立样本 t 检验（Independent t Test）的分析方法，发现学习成果在这些维度均呈现出极其显著的差异。从性别维度来看，男生在学习成果获得上显著高于女生，反映出男生在专业发展结果上明显优于女生，男生在评价自信度上明显高于女生，认为从专业学习中获得更多的成果。从父母受教育程度来看，第二代大学生显著高于第一代大学生，即接受过大学教育的父母在专业学习上对孩子产生更多的影响，反映出家庭文化资本对学生学习的推动作用。同样在生源地上也呈现出极其显著的差异，来自城镇的学生也显著高于来自农牧区的学生，主要与经济条件、文化条件密切相关，城镇生源的学生接受过良好的学校教育，在发展上会显著优于农牧区的学生。

表 5–9　学习成果在不同背景变量的均值差异分析

		人数	学习成果	专业知识	应用技能	情感价值观	通识素养
性别	男	1487	80.10	14.24	31.81	18.65	15.40
	女	2885	77.29	13.49	30.36	18.41	15.04
	t 值		5.03**	6.19**	5.47**	1.80	3.08**
父母受教育程度	第二代	833	80.94	14.47	32.12	18.60	15.75
	第一代	3581	77.56	13.56	30.55	18.45	15.00
	t 值		4.94**	6.10**	4.71**	0.94	5.27**
生源地	城镇	1645	79.66	14.16	31.49	18.46	15.55
	农牧区	2815	77.42	13.50	30.50	18.49	14.93
	t 值		4.12**	5.55**	3.66**	–0.23	5.55**
年级	大一	1275	75.39	13.10	29.38	18.16	14.74
	大二	1073	78.02	13.61	30.87	18.42	15.12
	大三	1198	79.76	14.14	31.59	18.71	15.32
	大四	295	84.61	15.28	33.97	19.17	16.19
	F 值		33.77**	40.25**	35.72**	7.41**	17.63**

注：** 表示 $p<0.01$，* 表示 $p<0.05$。

从年级维度来看，主要采用单因素方差分析（one-way ANOVA）的方法，在参考方差是否齐性的前提下，学习成果在不同年级呈现出极其显著的组内差异。通过 Post Hoc 事后检验表明，学习成果在年级之间呈现出极其显著的组间差异，主要表现在四年级与其他三个年级之间，四年级的均值明显高于其他年级。学生在接受民族语文专业学习的过程中，其学习成果的增值发展呈现出曲线上升的过程，在前三个年级的增长较为缓慢，逐渐适应专业学习之后进入到毕业季，由于继续接受教育、工作等方面的原因，对自身发展结果的认同度明显增高，学习成果出现持续性增长。具体构成的四个维度也在不同年级之间呈现出极其显著的组内与组间差异，四年级的均值显著高于其他三个年级。

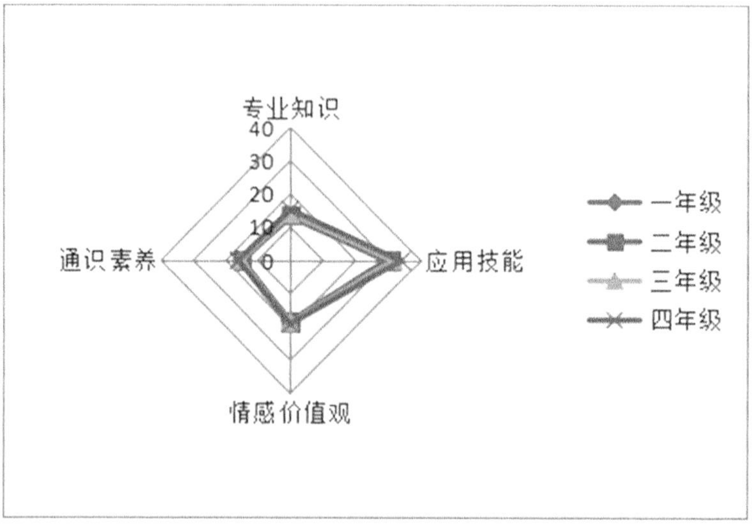

图 5-1　学生学习成果各维度的年级分布

第四节　针对毕业生专业学习状况的追踪分析

毕业生作为民族语文教育的接受者，直接受到专业教育的影响，对专业学习有着更为深刻的认知。根据调研数据统计，高校民族语文专业在 2017 年的平均毕业率是 95.39%，平均就业率是 85.97%，就业方向主要为公私企业、学校机构、政府部门、事业单位等，分别占 35.81%、24.28%、13.02% 和 13.18%。追踪调查结果也显示，大多数毕业生主要在政府部门、事业单位以及学校机构从事工作，共占到 70% 左右，学生的就业路径与方向比较集中单一。具体来看，政府机构的有 180 人，占到 17.4%；事业单位的有 240 人，占到 23.1%；国有企业的有 56 人，占到 5.3%；私有企业的有 52 人，占到 4.9%；大学与科研院所的有 127 人，占到 12.2%；出版社、报社、杂志社、新闻媒体的有 81 人，占到 7.8%；职业院校、中小学校、其他学校的有 129 人，占到 12.4%；自由职业的有 43 人，占到 4.1%；其他的有 65 人，占到 6.3%；缺失值有 66 人，占到 6.4%。

从毕业生从事工作与所学专业的对口情况来看，完全一致的有 281 人，占到

27.1%；基本一致的有 463 人，占到 44.6%；不一致的有 154 人，占到 14.9%；完全不一致的有 66 人，占到 6.0%；缺失值有 77 人，占到 7.2%。总共有 71.7% 的毕业生认为目前的工作与所学的专业比较对口，从毕业生对现有工作的胜任度来看，完全胜任的有 419 人，占到 40.4%；基本胜任的有 499 人，占到 48.1%；不能胜任的有 40 人，占到 3.9%；完全不胜任的有 7 人，占到 0.7%；缺失值有 72 人，占到 6.9%。总共有 88.5% 的毕业生表示能够胜任所从事的工作。大多数毕业生能够将所学专业知识与技能应用到日常工作中，基本能够胜任目前从事的工作岗位。在专业学习产生影响的评价方面，毕业生认为产生积极影响的有 403 人，占到 38.9%；起到一些作用的有 410 人，占到 39.5%；不清楚的有 30 人，占到 2.9%；产生作用较小的有 41 人，占到 4.0%；认为完全不起作用的有 55 人，占到 5.3%；缺失值有 98 人，占到 9.4%。总体来看，大多数毕业生认为专业学习产生了一定的积极作用。

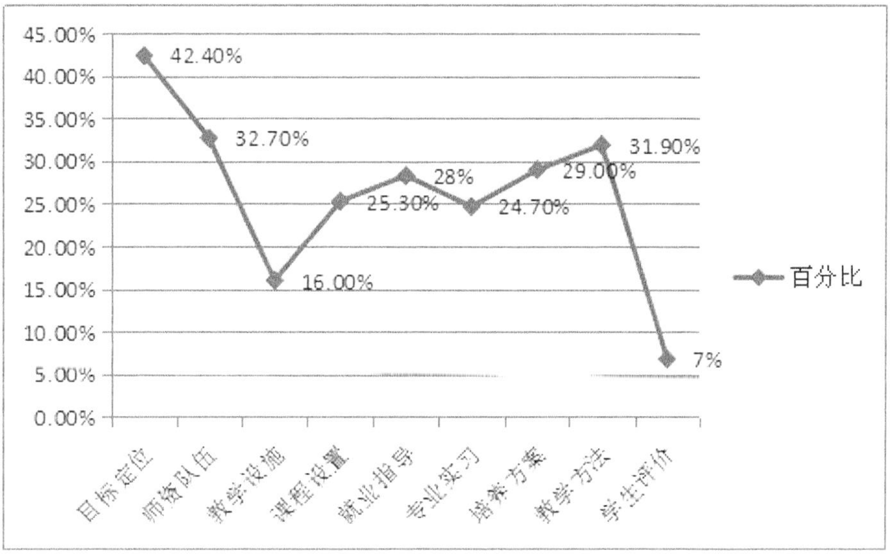

图 5-2　毕业生对民族语文专业发展变革维度的认同度（多选）

毕业生对于人才培养定位的评价方面，认为定位适中的占 60.9%，而认为定位过高、过低以及脱节的占 33.8%，其中近 20% 认为定位过高。针对课程设置的评价方面，43% 的毕业生认为课程设置不大合理，46.5% 认为理论课程太多，而实践课程太少，而近 27.2% 认为有些课程不必要开设。针对课堂教学的评价方面，38.3% 的毕业生认为以传统讲授法以及理论学习为主，22.1% 认为教学中缺乏问题探究，21.3% 认为没有形成突出的教学方法。针对专业实习评价方面，83.3% 的毕业生认为专业实习对实际工作产生了积极作用。而在实际工作开展中，35.6% 的毕业生认为缺乏专业应用技能，28.5% 认为缺乏创新与变革能力。此外，针对民族语文专业需要在哪些方面做出变革的调查结果显示，排在前面的维度包括培养目标定位、师资队伍建设、教学方法与模式，分别占 42.4%、32.7% 和 31.9%。

第五节　民族语文专业人才培养质量评价的个案分析

广西壮族自治区主要居住着壮、瑶、苗、侗等 11 个少数民族，区内民族语言文化丰富，位于该地区的高校也成为壮、瑶、侗等民族语言专门人才的培养基地，对民族语言文字的生存和发展以及民族文化的传承具有强有力的支撑作用。因此，有必要顺应新时代的发展要求，对广西高校民族语文专业的人才培养状况进行全面揭示，着重从人才培养质量的视角进行有效评价。具体包括：广西高校民族语文专业的学生对于专业学习的满意度情形如何？学生的毕业与就业状况如何？学生从专业学习中获得了怎样的学习收获？本个案分析基于实证调查数据，试图揭示广西高校民族语文专业的人才培养质量，发现其中存在的问题，并提出针对性的发展建议。

一、研究工具与研究样本

（一）研究工具

为了全面揭示广西高校民族语文专业的人才培养状况，主要采用实证调查的方式，选取开设有民族语文专业的高校进行调研，包括问卷、访谈等多种调查方式。研究工具为针对在校生与毕业生的调查问卷，在校生问卷包含个人背景、专业学习、培养模式以及学习成果 4 个部分，毕业生跟踪问卷包括个人背景、工作满意度以及专业发展建议 3 个部分。个人背景按照实际内容构成维度来进行设计，而主观态度与学习收获题项主要借鉴李克特量表法，在主观态度题目上设置 5 个量度，分别是很不同意、不同意、不清楚、比较同意和非常同意 5 个量度，分别赋值 1、2、3、4、5 分。而在学习成果维度上设置四个量表，分别是很少、一些、较多和很多 4 个量度，分别赋值 1、2、3、4 分。

（二）研究样本

在调查样本的选择上，主要对广西地区的高校进行调研，在开设有民族语文相关专业的三所高校开展实地调查，有广西大学、广西师范大学和广西民族大学。包括对本科生与研究生群体，共回收有效问卷 148 份，囊括了民族语文专业的大部分在校生。从高校分布来看，广西大学 21 人，占 14.2%；广西师范大学 36 人，占 24.3%；广西民族大学 91 人，占 61.5%。从性别分布来看，男生 37 人，占 25%；女生 111 人，占 75%，女生所占的比重较大。从民族类别来看，汉族 66 人，占 44.6%；壮族 62 人，占 41.9%；苗族 4 人，占 2.7%；维吾尔族 3 人，占 2%；彝族 2 人，占 1.4%；其他民族 11 人，占 7.4%，其中汉族与壮族学生占绝大部分。本科生 107 人，占 72.3%；研究生 41 人，占 27.7%，本科生所占的比重较大。

表 5–10　在校生样本的基本信息

	性别		民族			学历背景	
	男	女	汉族	壮族	其他	本科生	研究生
人数	37	111	66	62	20	107	41
比例	25%	75%	44.6%	41.9%	13.5%	72.3%	27.7%

（三）信效度分析

因为是自编问卷，在实地调研前对问卷进行了多次修订与完善，收集到样本数据之后，对问卷数据进行信效度分析。从信度分析来看，一般来说，信度系数值在 0.7 以上则指具有较高的信度，表示测量的是同一个事件。通过 SPSS25.0 应用软件的检验显示，在校生调查问卷的整体信度值为 0.968，表明问卷的总体信度非常高。人才培养模式的信度值为 0.972，学习收获的信度值为 0.945，都在 0.8 以上，显示出问卷具有良好的信度。在对效度进行检验时，利用探索性因子分析的方式，问卷总体抽样适当性的 KMO 值为 0.975，卡方值较大，P 值为 0.00，呈现极其显著的差异，系数值符合标准要求。

二、学生对于民族语文专业学习的认同度分析

人才培养在高等教育中居于核心位置，“培养什么样的人”一直是贯穿其间的主线，对质量的思考应置于宏观的人才培养体系中，而学生在整个体系中居于主体位置。

正如迈尔肯·弗雷泽（Malcolm Fraze）所指出："高等教育的质量首先是指学生发展质量，即学生在整个学习过程所学的东西，包括所知、所能做的及其态度。"① 因此，对于人才培养质量的评价，应突出质量评价的过程性与结果性特征，具体需要围绕学生的核心地位，关注学生发展所面临的外部环境与条件，学生发展的过程，还有学生发展所带来的结果如何。本研究着重从学生对专业学习过程中的主观认同度以及学生通过专业学习所获得的学习收获进行深入分析，前者突出人才培养质量的过程性特征，而后者强调结果性特征。

（一）在校生对专业学习的认同度

从在校生对民族语文相关专业的认同程度，还有就读过程中对于专业学习的满意度状况来看，包括总体评价以及各维度的具体评价。在校生对所学专业的总体评价方面，感到非常满意的占 9.5%，感到比较满意的占 58.8%，两者总共占到 68.3%，而感到一般、不满意以及很不满意的占 31.7%。反映出在校生对民族语文专业的主观认同度较高，大部分学生对专业学习的态度较为积极，对学习的过程感到比较满意。进一步分析在校生是否会再选择民族语文专业作为所修专业，统计显示有 60.5% 的学生表示愿意再选择目前就读的专业，而 39.5% 的学生表示不愿意就读目前专业，可以对前面学生的总体评价结果进行佐证。从具体构成维度来看，学生对课程设置感到非常满意和比较满意的占 68%，对任课教师水平感到非常满意和比较满意的占 96.6%，对教学方法应用感到非常满意和比较满意的占 73.6%，对教材使用感到非常满意和比较满意的占 73.6%。从上述分析看出，在校生对任课教师水平的满意度非常高，达到了 96% 以上，而对课程设置的满意度相对较低，感到一般和不满意的比例达到 32%，需要在未来发展上进行加强。

表 5–11　学生对民族语文专业学习的主观认同度

	专业评价	课程设置	任课教师水平	教学方法应用	教材使用
非常满意	9.5%	12.2%	33.1%	13.5%	10.8%
比较满意	58.8%	55.8%	63.5%	60.1%	62.8%
一般	29.7%	28.6%	3.4%	24.3%	25.7%
不满意	1.4%	2.0%	0.0%	1.4%	0.7%
很不满意	0.7%	1.4%	0.0%	0.7%	0.0%

① 陈玉琨、杨晓江，等：《高等教育质量保障体系概论》，59 页，北京，北京师范大学出版社，2004。

从学生在学习过程中所遇到的实际情形来看，经过分析显示，学生在专业学习中认为比较困难的包括：学科论文写作占 23.0%，民族语对话交流占 29.1%，民族语专业术语占 5.4%，民汉翻译占 6.8%，文学作品阅读占 5.4%，专业实习都占 6.1% 左右。究其原因，主要与学生生源质量以及所掌握的民族语文水平有着密切联系：学生生源大量来自农村以及牧区，所占比例为 48.6%，而所就读的高中也大多是普通中学，所占比例为 42.9%。而学生对民族语文的掌握水平方面，文字口语熟练的占 5.4%，文字口语会一些的占 10.8%，只会口语的占 37.2%，完全零基础的占 46.6%。学生在进行专业学习之前的语言水平分布不均衡，完全零基础的占 40% 以上，所掌握语言文字的不熟练会影响到后续的专业学习。此外，学生认为教师在培养学生实践能力方面，认为非常注重的占 18.2%，认为比较注重的占 52.7%，认为一般以及不注重的比例达到 26.4%。而在不愿意从事与专业相关的职业上，学生所考虑的主要因素是专业类工作岗位太少，不容易找工作，占到 40.7%；另外一个因素是专业类工作要求太高，很难满足要求，占到 31%。

（二）在校生对学习成果的认同状况

在校生的学习认同度是作为人才培养质量评价的重要指标。研究中的学习成果是根据得到广泛认可和应用的美国教育评价标准联合会所提出的概念来实现可操作化，即学习收获应包含知识与理解力、实际技能、态度与价值观及个体行为四个方面。[①] 通过分析显示，学习收获的总均值为 65.84（共 25 小题，满分 100 分），题项均值为 2.63，介于“一些”和“较多”之间。从具体维度来看，专业知识维度包含 4 小题，题项均值为 2.72；应用技能维度包含 11 小题，题项均值为 2.27；情感价值观维度包含 5 小题，均值为 3.10；通识素养维度包含 5 小题，题项均值为 2.97。按高低排序依次为：情感价值观、通识素养、专业知识维度、应用技能。从结果数据来看，情感价值观维度的认同度最高，达到了“较多”；应用技能维度的认同度最低，有待提升。

表 5–12　在校生对学习成果的认同度

维度	项目数	人数	分项均值	总均值
专业知识	4	148	2.72	10.89
应用技能	11	148	2.27	24.99

① HU S P, KUH G D. Maximizing what students get out of college: testing a learning productivity model. Journal of college student development, 2003(2): 185–203。

续表

维度	项目数	人数	分项均值	总均值
情感价值观	5	148	3.10	15.11
通识素养	5	148	2.97	14.85

为进一步研究广西高校民族语文专业学生的学习收获认同特点，主要采用独立样本 t 检验（Independent t test）或单因素方差分析（one-way ANOVA）的方式，选择学生背景因素进行差异分析。结果发现，对于学生的总体学习成果与各维度状况，生源在城市与父母接受过大学教育的学生的认同度分别都比生源在农村、父母没接受过大学教育的学生更高。而且，在生源背景变量下，学生的总体成果与专业知识维度呈现极其显著的差异，应用技能维度呈现显著差异；在父母受教育程度背景变量下，学生的总体成果呈现极其显著的差异，应用技能维度呈现显著差异。这些反映出家庭文化与经济条件等家庭资本对学生学习与发展的重要推动作用。除此以外，在学生性别、民族、高考类型等背景变量下，学生学习收获及各维度都不呈现显著差异。

表 5–13　学习收获在不同背景变量下的差异分析

		人数	学习成果	专业知识	应用技能	情感价值观	通识素养
生源地	城市	40	72.05	12.38	28.38	15.60	15.70
	农村	104	63.54	10.33	23.74	14.93	14.54
	t 值		3.309^{**}	4.372^{**}	2.973^{*}	1.038	1.875
父母是否接受大学教育	接受	39	70.88	11.58	28.38	15.33	15.60
	未接受	105	63.70	10.61	23.58	14.93	14.57
	t 值		2.737^{**}	1.945	3.057^{*}	0.597	1.635

注：** 表示 $p < 0.01$，* 表示 $p < 0.05$。

（三）毕业生对专业学习的认同度

毕业生作为民族语文教育的接受者，直接受到专业教育的影响，对专业学习有着更为深刻的认知。根据不完全统计，2017 年民族语文专业的平均毕业率是 100%，平均就业率是 92.31%，就业方向主要为学校机构、公私企业、政府部门、事业单位等，分别占 30.77%、23.08%、11.54% 和 9.62%。问卷调查显示，大多数毕业生主要在政府部门、事业单位以及学校机构从事工作，共占到 85% 左右，学生的就业路径与方向比较集中单一。53.6% 的毕业生认为目前的工作与所学专业比较对口，60.7% 的毕业生表示能够完全胜任，39.3% 表示基本能够胜任所从事的工作，绝大多数毕业生能够将所学专业知识与技能应用到日常工作中。在毕业生对专业学习产生影响的评价方面，认为产生积极影响的占 21.4%，起到一些作用的占 78.6%，绝大多数毕业生认为专业学习产生了一定的积极作用。

在毕业生对人才培养定位的评价方面，认为定位适中的占 78.6%，而认为定位过高、过低以及与社会需求脱节的占 21.4%。针对课程设置的评价方面，60.7% 的毕业生认为课程设置不大合理，82.1% 认为理论课程太多，而实践课程太少，而近 14.3% 认为需要补开一些课程。针对课堂教学的评价方面，21.4% 的毕业生认为以传统讲授法以及理论学习为主，14.3% 认为教学中缺乏问题探究，46.4% 认为没有形成突出的教学方法。针对专业实习的评价方面，53.6% 的毕业生认为专业实习对实际工作产生了积极作用。而在实际工作开展中，53.6% 的毕业生认为缺乏综合通识素养，42.9% 认为缺乏专业基础知识，42.9% 认为缺乏创新与变革能力。此外，针对民族语文专业在哪些方面需要变革方面，排在前面的维度包括培养目标定位、培养方案、学生评价，分别占到 64.3%、57.1% 和 35.7%。

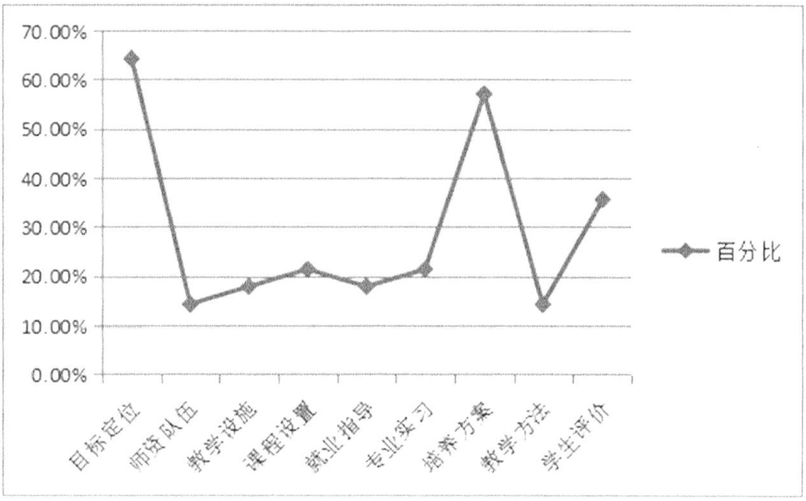

图 5–3 毕业生对民族语文专业发展变革维度的认同度（多选）

三、研究结论与发展建议

（一）研究结论

第一，学生对专业学习的认同度较高，但具体方面还需调整和优化。通过对在校生和毕业生的调查，分析得出学生们对民族语文专业的学习条件和培养模式各维度的满意度都主要集中在“比较满意”程度，在总体上呈较高水平，但在具体方面还有较大的提升空间。例如，在校生中对课程设置，感到一般和不满意的比例近三分之一，大多数毕业生认为课程设置不合理，太过于理论化，实践课程太少，影响实践技能和应用能力的培养等。而在校生在学习中感到困难的地方恰好集中在学科论文写作、民族语对话交流等实践操作性方面，因此，在课程设置和教学方向方面需要调整和优化。

第二，学生学习收获处于一些与较多之间，有较大的提升空间。学生学习收获认同度得分总均值为 65.84，题项均值为 2.63，表明学生的学习收获处于中上水平，但还有较大的提升空间。其中情感价值观认同高分值高于 3 分，达到“较高”程度；通识素养接近“较高”程度，专业知识高于平均分。而应用技能的学习收获在各维度中分值最低，只有 2.27 分，低于平均分，接近“一些”。同时这也反映了学生在学习收获各维度出现不均衡，在民族意识和文化理解等情感价值观方面收获较多，在科研、教学等应用技能方面的收获不足，需要重点提升。

第三，专业学习对学生产生一定的积极作用，但就业质量有待提高。民族语文专业的毕业生平均就业率较高，绝大多数毕业生认为能够将所学专业知识与技能应用到日常工作中，专业学习产生了一定的积极作用。但近一半的在校生因为与民族语文专业对应的工作岗位太少，而不愿意从事与专业相关的职业岗位；毕业生的就业领域主要集中在政府和事业单位，从事行政、教学等工作，就业路径和方式都较为单一；超过五分之一的毕业生认为人才培养定位过高、过低以及与社会需求脱节，很大一部分的毕业生认为在实际工作中缺乏综合通识素养、专业基础知识和缺乏创新与变革能力，从总体上反映出学生的就业质量还需要得到提升。

第四，家庭背景对学生的学习和发展影响显著。学生的学习收获在性别、民族等维度不呈现显著差异，而在家庭、生源地等维度呈现显著差异。在生源地变量（来自城市或农村）和父母受教育程度（父母是否接受过大学教育）变量下，学生的学习收获呈现显著差异，来自城市的学生与父母接受过大学教育的学生在学习收获均分上都比来自农村的学生和父母没接受过大学教育的学生高，这符合布迪厄的“文化生产理论”，说明家庭文化、经济条件等家庭资本对学生的学习和发展具有积极的促进作用。

（二）发展建议

第一，精准定位人才培养目标，调整人才培养方案。随着时代的发展，民族语文专业的学生不仅需要“民汉兼通”，还需将民族语文与其他专业结合起来，如经济、法律、计算机等，甚至还需要与国际接轨。因此，高校要结合广西及其周边地区的民族特色与优势，转变单一的培养目标，注重学生的综合素质发展，注重专业知识与应用技能的结合，培养能适应广西及周边地区社会经济发展所需要的高素质复合型的少数民族人才。与之相衔接的就是调整专业人才培养方案，制定新的人才培养细则。此外，政府和高校可以联合培养民族语文人才，采取订单式培养模式，保障高校人才培养与社会及人才市场需求的一致性。

第二，优化课程体系设计，革新教学模式与方法。专业是人才培养的载体，而课程与教学是人才培养的手段及过程，学生们对课程设置的满意度有待提高，需要对课程体系进行优化。具体可包括增强专业与课程的匹配度，将课程体系与培养目标定位、培养模式等要素紧密结合；增加实用性课程的设置，培养学生的应用能力；打造特色精品课程，加强数字资源的开发与利用。与此同时，也要在教学模式和方法上进行革新，突破只重视理论教授的教学模式与方法，充分利用教育技术手段，开发线上教学资源。特别是有疫情情况时，要更为积极地探索线上线下相结合的教学方式，丰富课堂教学，保障学生的课后学习条件，提高人才培养质量。

第三，联动专业实习与社会实践教育，加强学生实践能力培养。由于民族语文的特性，该类专业学生的就业选择范围较窄，而且学生在实践方面的能力较为薄弱，就业竞争方面处于劣势地位。因此，高校更应重视民族语文专业学生的专业实习和社会实践教育，提高学生的就业竞争力。具体包括：适当调整实践教学在总课程中的比例，着重提升学生读写等语言应用能力；提高职业生涯规划和创业就业指导等教学质量，为学生的就业和创业保驾护航；加强实践教育教学基地的建设，为学生提供和创造丰富且高质量的实习和社会实践机会，以此优化就业保障条件。

第四，着重改进教学条件，构建良好的校园环境。环境是个体发展的客观条件，对学生的学习与发展具有支撑性作用。因此，广西高校应构建良好的校园环境。一方面，加强民族语文专业的硬件设施建设，改进教学条件。例如，更新语言教学等现代化教学设备以适应学生学习需求，增购民族语文书籍和期刊等阅读资料以满足学生学习需求，提供足够的语言教室和自习室以供学生参与实践性学习等。另一方面，要重视和加强校园文化的建设，这是大学教育影响学生的主要途径之一。例如，营造良好的人际氛围以供学生积极开展语言交流和习得语言文化，构建多元的文化环境，促进学生社会性和多元文化理念的发展。

第六章　高校民族语文专业发展中存在的问题与不足

根据样本学校的书面调研和实地调研，还有针对教师的访谈和学生的问卷调查，从专业定位、人才培养、课程教学、学生就业、培养结果等维度进行全面考察与思考，反映出高校民族语文专业建设与人才培养状况。高校在取得发展成就以及建设特色之外，还在现实发展中遇到了一些问题与瓶颈，需要引起足够的重视，在未来发展中需要进行积极应对，解决其中存在的不足，促进民族语文专业长久持续的发展。

第一节　民族语文学科与专业定位的问题

一、支持民族语文专业建设经费不足

民族语文专业主要开设在民族院校、师范院校以及民族地区高校，这些学校多数位于低线城市、欠发达地区以及边远的民族地区，高校的发展区位优势不明显。这些学校远离中心城市，社会经济发展水平低，学校办学受到诸多限制，特别是在优秀人才以及高端人才吸引上缺乏吸引力，造成教师队伍的更新过慢以及老龄化问题。尤其是位于高原地区的高校，学校地处高原地带，自然条件恶劣，对学校发展所需高端人才的吸引力不够，对于专业人才的吸引力不够。同时，主管部门、学校、学院等对民族语文相关专业支持的政策措施较少，包括教育政策、经费政策、人才政策、评估政策等，对民族语文专业的支持力度不够。

其中比较突出的是针对高校以及民族语文专业的经费投入与支持呈现出不足，近年来针对民族语文专业有了一定的经费投入，但数量还远远不够，特别是在多层次办

学体系建立起来后，经费面临短缺的情况，希望后期加大建设经费投入。民族语文专业在培养上具有自身的特色，一方面民族语种比较多，所开设的专业方向较多，需要投入相应的培养经费；另一方面由于专业方向较多致使小班化的教学方式，需要配备足够的硬件设施和师资资源。高校民族语文专业在人才培养上出现经费短缺的问题，在没有获得足够专项经费支持情况下，对于学生学习生活费的减免与补助，对于专业实习所需费用，教师培训等方面产生消极影响。比如广西等地，地方政府对于民族语文专业的重视度不够，在政策制定和经费支持上有待加强，比较影响高校日常培养活动的开展。在高校经费投入不足的情况下，会造成学校软硬件建设跟不上发展步伐，教学经费出现紧张，实践教学基地建设缓慢，与民族语相配套的图书资料缺乏，双语教师培训经费不足，外出学习培训的机会缺乏等问题。

二、民族语文专业所属学科分类过低，学科与专业发展优势不足

针对高校的民族语文及相关专业的设置，主要包括以各类民族语言为主干的少数民族语言文学专业，还有加上其他专业发展方向，形成了民族语加专业方向，所涵盖的学科方向比较多。在学科分级分类上，教育部《普通高等学校本科专业目录》（2012 年）中已没有以少数民族命名的专业，05 文学学科门类下，一级学科为 0501 中国语言文学类，在其下设有汉语言文学、中国少数民族语言文学、语言学及应用语言学等 9 个二级学科，这实际上，使得具体的各民族语文专业则成为中国少数民族语言文学专业下的一个方向。从学科从属类型来看，大部分高校将民族语文及相关专业归属到中国语言文学这个一级学科，尤其是将各种民族语言方向为主的少数民族语言文学归到该学科下面的二级学科。

因此，高校在民族语文专业发展模式上应该也按照中国语言文学的学科性质进行构建，对学科的建设与评估也按照一级学科的逻辑，使得民族语文专业的特点和特色充分体现出来。但限于学科分类过低，所制定的培养方案、专业评估指标均按照中国语言文学标准衡量， 少数民族文字发表的科研成果也无法进行统一的专业评估，很难得到有效认定。少数民族语言文学及少数民族语文类专业特色与优势无法凸显，使民族语文类课程弱化，失去了民族特色与双语优势。尤其是“双一流”建设的背景下，民族院校以及其他类型高校的民族语文专业不能归类于一级学科进行发展，在学科建设平台以及学科评估中占到劣势。从总体发展趋势而言，高校对民族语文专业的发展定位与特色建设比较模糊，不利于获得学校层面宏观的政策支持，包括经费、人力、

物力资源的扶助，使民族语文的学科优势发挥不出来。

第二节 民族语文专业培养定位与投入的问题

一、民族语文专业发展模式过于单一，人才培养特色得不到突显

学科建设与专业发展是相辅相成的，学科的地位与建设思路对民族语文相关专业的发展可以起到良好的支撑作用。由于少数民族语言文学专业与汉语言文学专业一样，不属于一级学科，对相关专业的发展很难产生有效支持，学科建设对相关专业发展的推进力度不够大，特色与优势专业还需要得到强化，专业内涵建设还有待进一步加强。少数民族语言文学和汉语言文学两个专业，由于学科地位的尴尬和专业特色的不明确，造成专业发展口径比较单一，需要得到进一步拓展。目前，高校民族语文及相关专业主要集中在对学生本民族语文基础知识和基本技能方面的培养，学生知识结构较为单一。而随着时代的发展，民族地区社会经济发展亟须既懂得本民族语言文化，又能掌握现代科学技术的复合型人才，特别是理工科人才。面对新形势下民族地区的人才需求，专业结构需更进一步优化。面对激烈的人才竞争市场，学生就业面窄，就业压力大。专业办学难度增大，传统学科的优势特色很难得到强化。

高校民族语文相关专业的发展速度较快，不仅包含少数民族语言类专业，也包括民族语言加专业方向，语言类与方向类专业的扩张较快，在数量规模上达到了比较高的程度。在专业准入与退出机制上又不够完善，高校在对新专业的把关和管理上出现不严的状况，新语种和新专业的增长速度过快。从样本高校的情况来看，民族语文专业包含21种民族语言类型，本专科所开设专业方向有50个以上。对相关专业的评估制度不够够完善，没有严格的专业退出机制，专业评估结果与专业预警退出机制的联动不到位，退出机制不够完善，专业限招、停招、停办的评审指标不够全面和科学。因此，很多新专业的人才培养目标定位不够准确，人才培养方案不够合理完善，没有突显专业特色，人才培养模式单一。导致办学资源分散，造成部分专业办学力量不集中，致使人才培养效果难以得到有效保障，人才培养目标达成度不高。在专业评估制度上不够完善，专业培养效果的评估实效性不高，不能全面反映专业的建设与发展情况。

二、民族语文专业招生数量缩减，生源质量差导致培养难度增大

针对高校民族语文专业的生源来看，主要考虑学生的招生规模，生源的基本素质以及培养适当性。民族语文专业的招生规模较小，少数民族学生的生源数量在下降。从调研学校的生源状况来看，贵州近年来招收少数民族学生的规模较小，2016、2017年都招收300名少数民族预科生，其中民汉双语班只有不到50人，学生层次低。内蒙古的民族语文专业生源逐渐减少，少数学生入学后转入其他专业继续学习深造。青海民考民藏汉双语考生录取率一直低于全省高考平均录取率，且省内外藏汉双语各专业的合计录取率还不到整个民考民上线考生人数的30%，绝大多数民考民藏汉双语考生则通过分数转换录取被录取到普通院校。由于招生规模小，苗、布依、侗、彝、水五个语种每年才30人的计划，一些语种（比如彝语）多年只有一名学生，瑶语、仡佬语每年都有考生参加口试，但招不到学生。造成高校民汉双语人才培养供给不足与民族地区实际需求之间出现了严重的“脱节”。

除了在专业招生数量与规模上呈现不足，生源质量也难以得到有效保障，使得学生的学习与培养效果不佳。民族语文专业所招收的学生大多来自边远民族地区，尤其农牧区、贫困地区学生数量比较大，而当地的基础教育相对比较薄弱，教育水平层次偏低，学生的学习基础较为薄弱。从样本学校数据统计来看，近80%的学生来自于农村或牧区，来自城镇的生源只有20%多。阿坝师专98%左右的生源来自阿坝和甘孜两州农牧区的偏远学校，生源质量不高。学生的生源结构发生变化，包括双语教育模式与民族语培养模式的差别，有的学生汉语较差，有的学生民族语基础不过关，但是又在高校接受同样的专业学习，致使语言基础、学科基础差异十分明显。云南的民族语文专业学生来自贫困山区和“直过民族”①，云南民族大学有90%的学生来自上述两种类型，家庭困难和经济落后给学生的学习和生活产生了很大的消极影响，给家庭经济困难少数民族学生带来很大的经济压力。总体来看，民族语文专业生源质量不高，高考录取分数普遍偏低，学生的综合素质与能力不足，其文化基础较差，知识基础偏低，在培养过程中出现学习不积极，学生语言、学科基础能力水平参差不齐，培养难度大等问题。从学生样本调查来看，学生就读大学前在高中班级的成绩水平位于中等及以下的占到35%左右，需要在四年的时间里养成“专业过硬、能力较强”，“靠得住、用得上”的双语人才是一项重大挑战。

① “直过民族”是指新中国成立后，未经民主改革，直接由原始社会奴隶（农奴）社会跨越几种社会形态过渡到社会主义社会的民族。

三、民族语文专业教师数量呈现不足，职称与年龄结构出现不合理

人才培养的质量很大程度上取决于师资队伍的整体素质，培养和造就一支高水平的师资队伍是人才培养的关键因素之一。近年来民族语文专业师资队伍总量仍显不足，教师队伍的学缘结构、学历结构、职称结构、年龄结构等还不能很好地满足专业人才培养的需要，有待进一步优化。据调查结果显示，民族语文专业所在的高校由于区位发展的因素，很难吸引到优秀人才从教，造成教师队伍数量的不足，随着专业与学生发展规模的壮大，生师比逐年出现上涨的趋势。甘肃高校的藏汉双语教师不足，广西、贵州、云南的人数较少民族语种的教师数量缺乏，比如侗语、布依语、哈尼语、纳西语、苗语等，黑龙江的满语教师人才出现断层的危险，青藏地区高校的师资力量比较薄弱，尤其是缺乏藏汉双语教师。

民族语文专业师资队伍的缺乏与教师队伍年龄老化有着密切联系，由于青年教师比较难引入，导致教师队伍的更新速度减慢，中青年教师在专业领域难以有效支持专业发展，教师队伍的老龄化现象比较严重。目前，从调研高校的数据显示，教师队伍老龄化成为普遍的趋势。从具体的学校个案来看，甘肃民族师范学院在 5 年内 50 多名的藏汉双语教师面临着退休；青海师范大学在未来五年内有 24 位教职工面临退休，五个专业教师平均缺口 5 名左右，尤其是藏语言文学、数学、汉语教师缺口达到 5—10 名；西北民族大学的民族语文专业教师存在老龄化现象，高级职称教师年龄偏高，和青年教师之间出现“断层”，教师队伍缺乏中坚力量；拉萨师专的藏文专业教师队伍年龄结构不合理，年龄偏大，这两年陆续退休教师人数较多；西藏大学的藏语言文学专业师资队伍老龄化，梯队不合理。专任教师年龄结构上看，50—59 岁之间 30 人，占 57%；中央民族大学的维吾尔语、哈萨克语方向教师的老龄化严重，缺乏青年教师来顶替。

教师队伍建设的另一个问题是现有教师的学历层次不高，高学历人才的缺乏，比较难吸引高层次专业人才，也致使教师队伍数量出现不足。一方面民族语文专业高学历人才培养的单位较少；另一方面现有的高层次人才比较有限，而设置民族语文专业的高校由于各种因素，对高层次人才的吸引力比较缺乏，很难引进优秀的高层次人才。从调研学校的反馈来看，很多高校都反映很难吸引到优秀人才，引进高层次人才出现困难。从具体的学校个案来看，甘肃民族师范学院除引进几名藏语言文学及相关专业的博士生外，很少能引进藏汉双语理科专业高层次人才；西北民族大学的理工科和一

些专业师资严重缺乏，学校虽然开办了法律、数学与应用数学等民汉双语专业，但无法引进高学历、高职称的具有学科专业背景的双语人才；拉萨师专的藏文师资引进渠道较窄，引进困难，造成了藏文师资数量的严重短缺；西藏大学的藏语言文学学科建设难度大，缺乏学科领军人才，其主要原因是过去许多领军人才已退休；云南师范大学缺少优秀少数民族高端研究人才，教师队伍基本满足工作需求，缺口数在 1—3 人，缺中国少数民族语言文学专业、民间文学专业，缺优秀少数民族高端研究人才；中央民族大学少数民族语言文学系、蒙古语方向、哈萨克语方向、维吾尔语方向都比较难吸引优秀高端人才，主要受到住房、职称评定等因素的影响。

第三节　民族语文专业在人才培养过程中存在的问题

一、专业课程体系构建不够完善，特色与精品课程数量偏少

课程体系是人才培养计划的主要构成部分，是实现人才培养目标的主要载体，课程资源是提高学校教学质量的重要保证。民族语文专业的课程设置比例与其他专业也比较类似，按照国家和教育部的统一要求，在公共课、专业课、通识课等比例构成上比较一致，但在专业必修与选修上有一定的变通余地。从民族语文专业的课程设置状况来看，高校在课程设置与资源建设上存在一定问题，学校和学院层对课程资源规划落实不够，对课程建设的指导、考核、验收不到位。课程资源相对不足，尤其是专业必修和选修课的设置较少，学生样本反映在学期间没有学到足够的专业知识与技能。根据样本学校的调查数据，专科阶段的专业课程学分占到 64.12%，本科阶段占到 63.25%，研究生阶段占到 66.32%；而在特色课程上，专科阶段平均每所学校只有 2 个学分，本科阶段为 6 个学分，而研究生阶段不到 2 个学分，课程的数量比较少。从培养方案中也可看出，公共与专业选修课程数量没有达到要求，前沿课程、交叉课课程较少，调查中也体现出课程体系建设较落后，专业知识内容偏陈旧，学科前沿知识较少，不能及时掌握比较新的专业内容。

此外，课程资源建设制度不完善，课程建设上的投入不足，专业特色课程设置比较少。在具体课程设置上仍存在“因人设课”的现象，部分专业（语种）的课程体系没有按照专业（语种）方向设置课程，选修课程根据本专业（语种）教师学科背景和

研究领域来设置。在课程结构优化、课程内容更新、教学方法改革等方面缺乏具体措施，教学团队与课程负责人制度落实也不到位，导致课程和教材建设仍处于“单打独斗”状态，不利于出产高质量的课程和自编教材。同时，民族语文专业的课程资源建设投入不够，在专业特色课程建设上呈现不足，调研高校中建立特色课程的案例比较少。课程的信息化程度不高，没有建立比较完善的在线开放课程，各级各类精品开放课程推广使用的效果不理想。

二、民族语文专业的教学模式比较单一，实践教学环节比较薄弱

从民族语文专业学生培养过程来看，专业教学模式以及专业实习实践训练至关重要，对于学生专业技能与实践能力养成起到很大的促进作用。高校在专业教学过程中出现较多问题，教学模式比较单一，使用的方法较为简单，而且在实践教学与专业实习构建并不完善，影响到学生的专业学习。专业教师的教学理念更新速度较慢，部分教师还拘泥于“以教师为中心”的传统教学模式，独占讲台扮演着表演者的角色，未全面而深刻地认识混合型教学改革的重要性。教学资源单一，缺乏国家级教学共享平台，现代化教学水平低，这些问题多年来不能得到很好的解决，影响到教学质量。民族语文专业在教学信息资源共享与利用方面仍有不足，主要是对信息资源的共享与利用的认识不足。在信息化建设中对信息资源缺乏前瞻性的思考与研究，对信息化的推广认识不够，存在需求与使用相脱节的问题，教学管理、学生管理等方面的信息资源得不到充分的共享与利用。

此外，实践教学环节相对薄弱，学生实践能力有待进一步加强，学生培养离学习能力、实践能力以及良好素养的培养目标存在着一定的差距。实践教学是专业学习的重要环节，民族语文相关专业特别是零基础班和翻译班，需要通过大量的实践教学提高语言的应用能力和技能，学生们不仅要有良好的语言沟通能力，还要掌握好所学的专业。从样本学生的统计数据来看，专科阶段每所学校开设实践教学课程占到 15%，本科阶段占到 18%，研究生阶段只占到 12% 左右。目前，学生的实践环节主要为课程实习和毕业实习，专业实践教学基地建设不够完善，专业实习设施设置不足。课程实习由于时间较短、学校和社会缺乏互动，效果不是很明显。从学生样本调查来看，没有参与过实际培训活动的比例有 16%，每学期参加过实际培训活动只有 1—2 次的有将近 60%。毕业实习学生多采取分散、自主实习结合的方式，对学生实习过程缺乏一定指导，无法完全达到预期效果。

三、民族语文专业教材开发能力不足，缺乏统一规范与权威教材

教材建设与课程建设是相互支持的，教材的编订与完善是对课程体系建设的有效补充，能够对课程教学提供足够的支持。从实地调研中，学校、教师与学生反映比较多的问题便是教材的编写与使用，没有形成比较完备的教材体系，对专业学习产生比较消极的影响。专业统一与权威教材的缺乏，体现在不同的民族语种，也体现在不同的专业，专业领域的民族语应用也缺乏足够的人才，几乎成为影响民族语文学科发展的关键问题。民族语和国家通用语言并重的双语教材比较缺乏，类似的教材改造升级缓慢，对实际教学工作的开展产生消极影响。由于双语类专业规模小，加之师资力量不足，造成双语类专业教材建设困难，专业教材的种类与数量都很少，成了制约双语专业发展的重要因素，比如藏汉双语教材。教材体系不够完善，双语教材以及民族语教材不能满足教学的需要是民族院校的共性，主要原因包括不同方言种类、专业人才缺乏等，双语教材和工具书不是从未出版就是已经绝版。

此外，国家对于教材编写、使用要求越来越严格，质量要求越来越高，而民族语文类教材编写由于没能及时跟进时代发展，高质量、特色鲜明的教材数量偏少。从学生样本的调查结果显示，使用国家统编教材为主的比例为40%左右，其以自编教材、地方编订教材以及其他教材为主。高校在开展民族语文教学工作中，大多数教师采用自编教材，但受制于教师队伍的语言与专业能力，致使教材编写周期较长，教材编写不规范，加上外在的教材质量监控体系不健全，对自编教材的质量评价无法有效开展。学校在自编教材体系中，没有承担起完全的责任，对教材建设缺乏组织与引导，教师编写教材还仍处于自发阶段，激励措施效果不明显，高水平自编教材未纳入职称考核指标。教师投入课程和教材的积极性不够，高水平自编教材较少。同时，民族语＋专业方向的教材编写也呈现出不足，由于不同专业术语的翻译不够统一和规范，加上不同语种之间的转换缺乏，学生理解方面也会出现困难，使得专业领域的民族语教材比较缺乏。具体包括蒙古语专业教材、藏汉法律教材、民族语理科教材等，都出现欠缺的状态。

第四节　民族语文专业人才培养结果存在的问题

一、民族语文专业毕业生就业路径单一，总体就业状况不理想

从民族语文专业的人才培养来看，毕业生就业成为培养结果部分，学生在接受了若干年的专业训练之后，所掌握的专业知识与技能需要得到就业市场的检验。从近些年的就业来看，开设民族语文专业的高校位于西部地区，社会经济发展水平欠发达，可给毕业生提供就业岗位的用人单位较少，使得民族语文专业的毕业生就业较为困难，特别是民族地区的少数民族学生就业困难。从样本高校的统计数据来看，对其进行加总和平均，在本调查实施前的几年中，从2013年到2017年样本高校总体的平均就业率分别为86.03%、85.86%、86.92%、87.10%和85.97%，总体就业率不是很理想，而个别专业的就业比率更低。由于民族语文专业学生就业观念相对保守，就业主要集中在公务员和事业单位，到其他行业就业的相对较少，民族语文类专业毕业生面临的就业压力较其他专业更大。尤其在双语人才培养上，由于受制于入学时语言水平和学业水平的差异，毕业时还存在一些“双语不双”“专业不专”的实际问题，就业压力更加突出。双语专业学生主要集中于师范类专业，民族语言类在现行教师资格国家考试中设置于中国语言文学内，个别地方理解成了少数民族语言文学专业不包括在内，使得这些地方的民语类专业的学生要考取教师资格证必须参加国家通用语考试，通过率很低，严重影响了学生的就业状况。

整体分析民族语文专业的学生就业，可以看到存在若干条主要原因，其中包括：一是毕业生就业缺乏地方性的政策支持，民族语文相关专业是特殊专业，毕业生的适用面窄，社会对民语专业学生的认识不够，各种岗位招考受到限制，学生除了考研究生的路子和一些很特殊的岗位（如双语教师）招考外，民语学生在其他的社会招考中缺乏竞争力。二是相应的就业岗位少，民族语文类毕业生的专业性比较强，比较理想的工作便是专业对口的民语岗位，但目前毕业生招聘时少数民族语言专业招聘岗位少，民族地区基层一线岗位中双语要求的不少，但资格限定又多，导致就业竞争中失去优势，学生就业压力大，这对于民族语文类专业的发展带来了一定的影响。三是学生的就业观念比较保守落后，学生认可的就业是体制内就业，希望找到专业对口的岗位，

并且就业方向集中于政府、学校以及事业单位，就业渠道单一，造成就业竞争力不强。仍然有相当一部分毕业生存在“铁饭碗”意识，这与现行的就业形势和就业政策有较大差距。

二、民族语文专业就业的政策扶持不足，就业门槛与资格限定较多

高校民族语文专业的毕业生就业很容易受到政府政策的影响，需要得到宏观政策的引导与支持，才能有效保障毕业生的就业选项。目前，国家与地方政府层面对于民族语文专业的就业扶持呈现不足，致使专业人才培养与相关就业政策之间的不匹配。社会单位和部门对民族语文教育重要性和必要性的重视与宣传不够，地方政府在就业优惠政策没有跟上。民族语文专业在毕业生就业上出现与政府政策不配套的问题，包括对于学科性质与地位的认可度，就业资格与门槛不符合，教师资格证考试制度变革等方面，对该类型专业毕业生产生了诸多限制，造成就业困难和发展瓶颈。少数民族民族语言文学专业的社会认可度有限，加上对政策的误读，许多用人单位在设置报考条件时都不把该专业视为是中国语言文学下的一个二级学科，从而限制了该专业学生的报考资格，影响了该专业学生的积极性和就业可能。政府部门以及事业单位在进行人才招聘时，对于考试资格以及人才聘任上，采用“一刀切”的选拔录用制度，民族语文类相关专业的毕业生都受到限制，不利于学生的顺利就业，在就业竞争上完全处于弱势地位。

民族语文专业有很多毕业生从事教师工作岗位，由于近两年教师资格证考试进行了改革，进行国家统一考试制度。而在许多地方的现行教师资格国家考试中又没有设置民族语言类别，使得许多地方的民语类专业的学生要考取教师资格必须参加汉语类考试，与普通学生考取教师资格证的政策一样，出现学生培养标准和资格证考核标准的不一致。学生考取教师资格证的难度大，通过率很低，很多人无法考取教师资格证，严重影响了学生的就业状况。此外，民族语以及民汉双语人才的培养，与实际单位招聘的需求出现不一致，教师岗位需要有具体的学科方向，比如学科教育、小学教育、学前教育等，而政府部门需要民汉兼通的专门人才，高校目前培养的毕业生还不能完全达到用人要求，造成毕业生的就业压力较大。

三、学生获得的学习成果均值较高，专业知识与应用技能需要提升

学生在接受民族语文教育的过程中，对所获得的学习成果有着直观的体验，能够

反映出自身的实际发展状况。学习成果的单项均值为2.9，学生的反应度接近于“较多”，表示学生对学习成果的获得认可度较高。从具体维度来看，情感价值观与通识素养的单项均值都超过了3.0，意味着达到了“较多”层面，而专业知识与应用技能的单项均值低于平均水平，还需要得到重点强调与有效提升。学生在一些关键指标上表现较差，比如对学科前沿知识的掌握、利用民族语开展学科教学能力以及开展相关专业的科研能力，其均值明显低于平均水平，在未来发展上还需要得到加强。

学习成果在不同背景呈现出显著差异，其增值发展随年级增长而不断增加。学生通过民族语文专业学习所获得的学习成果，在性别、年级、父母受教育程度以及生源地上都呈现出极其显著的差异。男生的均值显著高于女生，四年级显著高于其他年级，第二代大学生高于第一代大学生，来自城镇的学生也高于来自农牧区的学生。具体的情感价值观维度在学生群体间没有呈现出显著差异，学生在价值观认同上比较一致，而其他三个维度都体现出显著差异。尤其是年级维度，学习成果随年级增长而出现不断增加，四年级在各维度发展上都显著高于其他年级，体现出民族语文专业对学生发展产生了比较积极的影响。

第七章　促进新时代高校民族语文专业发展的政策性建议

针对高校民族语文专业发展中存在的问题与不足，需要结合我国的宏观发展环境，根据民族地区发展需求，在一定的社会经济条件下，为民族语文专业发展提供必要的支持，奠定比较良好的基础。在发展建议与措施上，需要从多个层面出发共同努力，包括宏观政策、学科规划、专业定位、课程教学、教师队伍、教材建设、实践教学等维度，建设与发展民族语文及相关专业。

第一节　民族语文专业建设的目标定位要科学准确

习近平总书记指出，我国高等教育的发展方向就是要为人民服务，为中国共产党治国理政服务，为巩固和发展中国特色社会主义制度服务，为改革开放和社会主义现代化建设服务。这“四个服务”是习近平教育思想的重要内容，是新时代中国高等教育的新使命。高校如何做好这“四个服务”，核心在于培养人才。高校设置民族语文专业就是专门为服务民族地区各项事业的发展而设置的。习近平多次提到，“语言相通是人与人相通的重要环节，语言不通就难以沟通，不沟通就难以达成理解，就难以形成认同。在一些民族地区推行双语教育，既要求少数民族群众学习国家通用语言，也鼓励在民族地区生活的汉族群众学习少数民族语言”。高校是民族语文人才培养的主阵地，是包括双语人才在内的各行各类人才的重要“供给侧”。因此，加强民族语文专业建设是高校特别是民族高校在新时代深化教育改革、提高发展水平的重要组成部分，是高校服务民族地区发展的重要任务，也是关系民族地区双语人才队伍建设供给侧改革和相关专业毕业生就业发展的重要方面。对不断促进各民族的交往交流交融，推进民族地区的发展，铸牢中华民族共同体意识，实现各民族共同团结奋斗、共同繁荣发展具有重要的意义。

2015 年，国务院颁布的《统筹推进世界一流大学和一流学科建设总体方案》明确指出，推进世界一流大学和一流学科建设要大力建设一流本科，将建设一流本科教育列入“双一流”建设实施方案，加以整体推进。时任教育部副部长林蕙青认为，一流大学要办好一流本科教育。① 中国教育学会原会长钟秉林认为，一流本科教育是“双一流”建设的核心任务和重要基础。② 在“双一流”建设背景下，就是要发展一流的本科专业和一流的学科，才能培养出一流的人才。因此，我们必须把建设一流专业作为高校建设的重要任务，才能实现高校的内涵式发展，才能不断提高和增强高校的“四个服务”能力。在教育部公布的“双一流”建设高校名单中，不同层次的高校共有 42 所，在招生目录里列出“中国少数民族语言文学”二级学科或学科方向的学校占到了“双一流”建设高校中一定的比例。这些高校均开设有民族语言文学专业和方向，注重民族语文教学与学术研究，培养民族语文专业人才。在未来的学科建设中，这些高水平大学将重点突出自身的学科优势，同时利用优势学科带动其他学科，共同促进学科体系的整体发展。尽管我们很多民族院校和民族地区高校没有在“双一流”高校及建设学科名单之中，但是我们必须从各高校自身实际出发，以建设一流专业为目标，不断提高民族语言文学专业人才培养质量，进而不断推进各高校全面实现内涵式发展的进程。

一、从实际出发，确定民族语言文学专业的建设目标

建设一流的民族语言文学专业，首先要确定民族语言文学专业的建设目标。这是民族高校及相关高校为服务少数民族地区培养一流人才的坚实基础和基本前提。从目前各高校民族语言文学专业人才的培养模式来看，民族语言文学专业建设目标仍然存在不少问题，既有同质化问题，又有人才培养目标定位不准确、不合理等问题。我们认为，不同的高校在建设一流民族语言文学专业目标上应有不同类型和层次的区别要求。从不同层次上看，“双一流”或高水平重点大学的民族语言文学专业往往是本校的优势、特色和重点学科专业，其建设目标应该要有国际或者国内领先的要求；一般地方本科院校，少数条件具备的也要有国内领先或区域和专业领先之要求。从不同类型

① 林蕙青:《一流大学要办好一流本科教育》，载《光明日报》，2016-05-17（13）。

② 钟秉林、方芳:《一流本科教育是“双一流”建设的重要内涵》，载《中国大学教学》，2016（4），4-16 页。

而言，“双一流”或高水平重点大学应侧重培养学术理论型人才；地方本科院校应侧重培养应用型人才；民族地区部分高等职业技术学院的民族语言文学专业则应侧重培养岗位技能型人才。但这个目标并不应该是绝对性的要求，为了充分考虑民族地区社会发展的需求和民族语言文学专业的特殊性，“双一流”或高水平重点大学在侧重培养学术理论型人才的同时，也要培养民族地区急需的各种应用型专业人才；地方本科院校也应侧重培养应用型人才的同时，结合专业长远发展考虑，根据需要与可能适当培养理论型人才。不同类型大学民族语言文学专业的人才培养应有不同的目标定位，其专业建设的目标和路径也应有所差别和不同。

二、要充分认识民族语言文学专业的特殊性

确定建设目标，还要充分考虑专业的特点。由于民族语言文学专业兼具有基础性和应用性的特殊性，需要科学处理它们之间的关系。一是民族语言文学专业属于人文社科专业，担负着文化传承和人文涵养的重要任务，不能过于强调民族语言文学专业人才培养的应用性，而削弱了其学科专业的属性，这样会有损民族语言文学专业的特性。二是也不能过分强调民族语言文学专业的基础性，而削弱了民族语言文学具有应用性的特性。因此，既要保持它的基础性，同时也要发展其应用性。三是科学把握好“厚基础”和“宽口径”之间的度。民族语言文学专业面向少数民族地区就业面比较宽泛，70 多年来，民族语言文学专业的毕业生能胜任民族地区的各级党政机关、司法机关、教育、新闻、出版以及企事业单位等多个行业，所以民族语言文学专业不能只强调某一方面的能力而忽略了另一方面的能力，必须尽可能做到有的放矢的“厚基础”和“宽口径”的培养。

第二节　正确选择民族语文专业建设的目标路径

民族语言文学专业要在双一流背景下实现预期的目标，就必须具有较强的专业核心竞争力，这个核心竞争力包括它的学科架构、知识体系、课程体系以及人才培养的专业活力。根据各高校民族语言文学专业建设的目标实际，如何选择其建设路径？我们认为，应突出一种理念，做好两项建设，即坚持立德树人和突出人才培养质量为核

心的建设理念，科学合理构建民族语言文学专业课程体系、加强民族语言文学专业师资队伍建设等。

一、牢固树立立德树人和突出人才培养质量为核心的理念

高校要为民族地区社会发展培养“靠得住、用得上、留得下”的人才，就必须牢固树立立德树人和突出人才培养质量为核心的理念。就是要在人才培养过程中既要注重立德树人，又要突出人才培养质量，做到育人和育才的辩证统一，这样才能培养出“又红又专”全面发展的民族语文专业人才。要把立德树人贯穿于民族语言文学专业人才培养中的政治思想教育、专业知识教育、社会实践教育等环节的全过程，同时必须坚持突出人才培养质量，通过专业内涵建设、课程建设、加强教学过程建设与管理等，培养能较好地掌握马克思主义基本理论，热爱党，热爱祖国，遵纪守法，品德良好，专业基础扎实，能主动适应国家的宏观发展战略，适应少数民族和民族地区经济社会发展需要的德智体全面发展的人才。

二、改革课程体系，全面提升服务民族地区社会发展的能力

民族语言文学专业的课程体系是民族语言文学专业内涵的直接体现。一个专业的培养目标能否实现，关键在于其专业课程体系是否科学、课程结构是否合理。因此，民族语言文学专业课程体系的改革与建设是民族语言文学专业建设的核心和关键。它不仅关系着高校民族语言文学专业教育质量的普遍提升，担负起服务民族地区社会发展的责任；也关系到民族语言文学专业的科学发展问题。

建设什么样的民族语言文学专业的课程体系，各高校应根据各自不同的目标和使命，结合各自民族语言文学专业目标、特点和本科人才培养的实践经验，建设各自的课程体系。但各类高校民族语言文学专业的课程体系建设必须遵循的原则有两条：一是要秉持从各自学校的类型层次目标实际出发的原则；二是要坚持基础理论与应用能力培养相结合的原则。针对按大类招生的高校，需要整合全校的教学资源，建设适应大类招生和人才培养需要的民族语言文学专业的课程体系；针对还没有实现大类招生的高校，重点是要建设体现中国语言文学学科特点的民族语言文学专业核心知识内容的专业特色课程，并“从学生知识结构和课程体系整体优化的角度，平衡好通识课程与专业课程、理论教学与实践教学、学科专业基础与职业技能训练之间的关系”，建设

好民族语言文学专业的课程体系。

一是创新设计通识课程。通识课程一直是我国高校的“短板”，更是民族语文专业的弱项。通识课程的核心任务是提高学生的人文素养，增强学生掌握解释事物的方法和能力。如何提高民族语言文学专业学生的人文素养，最根本的还是要看人文科学，如哲学、历史等，人文科学是现代化需要的精神支柱，精神是最深层的，现代化需要人文科学来保障。哲学和中国通史等课程应该是民族语言文学专业通识课中最主要的内容。中国通史课既是人文科学，又是国情国学教育的主要内容。还可适当安排一些中国语言文学学科经典导读在通识课中，让学生通过阅读这些经典著作，与自己的问题意识相重叠，启发学生发现问题和找到解决问题的方法。为了让学生能广泛适应民族地区的工作，也可安排如法律、管理等通识选修课程。

二是科学设计专业必修课程。如何确定民族语言文学专业的必修课程，这是目前较难解决的一个问题，这个问题解决不好，将影响民族语言文学专业的建设水平，进而影响所培养的人才对民族地区社会发展的需要的适应。从目前我们调研到的各类高校开设的民族语言文学专业必修课程来看，显然是不能完全适应民族地区社会发展的需要，有必要进行改革与建设。改革的目标就是要不断适应新时代民族地区社会发展的需要。新时代民族地区社会发展既需要“下得去”能与少数民族群众沟通，又能参与民族地区治理现代化建设的“宽口径、厚基础”的双语双文人才。因此，专业必修课程一是要彰显民族语言文学专业核心知识内容的专业课程；二是为了培养“宽口径、厚基础”的双语双文人才，要坚持体现中国语言文学学科特点。民族语言文学专业要确定古代民族语、现代民族语、古代民族文学、现当代民族文学等民族语文专业核心课程的基础上，要保障高等学校中国语言文学学科教学指导委员会所确定的文学概论、古代文学、现当代文学、外国文学、古代汉语、现代汉语、语言学概论等七门主干课程。当然这七门课中如文学概论、中国古代文学、外国文学可根据各高校的实际，可适当降低标准。这样形成的民族语言文学专业必修课程，可以提高本专业人才的基础理论水平和应用能力，通过学习体现中国语言文学学科特色课程，可以反观民族语言文学的研究方法；还可以提高本专业双语双文水平，突出学生民汉语言与文学理论水平和应用能力的培养，使本专业人才的适应面更宽更广。

“民族语＋专业”的专业必修课如何建设？“民族语＋专业”可分为两类：一类为“民族语＋外语和汉语等双语类专业”；一类为“民族语＋其他专业”。我们可根据“民族语＋专业”的专业类别来建设其专业必修课程。“民族语＋外语和汉语等双语类专业”的专业必修课程应尽量保留民族语文的主干课程；“民族语＋其他专业”的专业必修课可适当减少民族语文主干课程，但要确立1—2门“民汉双语专业术语课程”等与民族语文专业有一定融合度的课程，这类课程从目前各高校的发展来看，需要加快建设。

三是要精心设计专业选修课程。我们从各高校的调研情况来看，由于受师资等条件的制约，民族语言文学专业选修课程一直以来也是民族语言文学专业课程体系建设中的短板。专业选修课担负着进一步培养学生的科研和创新能力的任务，担负着促进学生全面发展的使命，是一种启发学生形成以独特的思想观点、研究角度和方法进行知识创新的学习过程。因此，民族语言文学专业选修课的设置，既要充分考虑学生专业知识结构的合理性，也要尊重学生专业特长的自由发展。专业选修课可设语言学研究类、文学研究类、跨学科民族文化研究类等系列。在语言学研究类可开设训诂、文字、方言等研究课程；文学研究类可开设比较文学、民族散文研究、民族小说研究、民族影视研究、外国文学专题等课程。总体要求是这些选修课程应具有与学生个人特长全面发展相适应的序列性的系统课程，且与专业课程有一定的呼应性。

三、强化专业师资队伍建设，从根本上保障民族语言文学专业的办学质量和效益

专业内涵建设除课程体系建设外，另一重要的内涵建设就是专业的师资队伍建设。因此，要保障提升民族语言文学专业的教学质量和办学效益，就必须建设一支高水平的专业师资队伍。目前，从全国各类高校民族语言文学专业的师资队伍来看，仍然喜忧参半，需要及时加强建设。

一是需要采取特殊政策，才能建设高质量的教学团队。目前，全国民族语文学科专业队伍人数不少，但许多高校民族语文专业又引不“进”人才。这个矛盾需要各高校采取特殊政策来解决，可以从各地各高校的实际出发，制定积极的人才政策，采用引进、兼职、互聘、返聘等专兼职结合等方式，加强各高校之间和高校与科研院所的合作，聘请有一定影响的专家学者作为学科领军人物或兼职教授，吸纳校外优质人才资源，形成各自的教学团队。

二是主干课程教授副教授化。实事求是讲，民族语言文学专业主干课程师资不敢提名师化，但要尽可能地实现教授化。要让教授和副教授担任民族语言文学专业本科生的主讲教师，保障校内校外优质师资担任本科课程教学，引领学生专业发展。同时也要加强教学管理，保障任课教师有充足的时间和精力投入本科教学。“双一流”建设

高校和有条件的高校可将教师的科研项目与教学有机结合，使民族语言文学专业的本科生提前涉足学术研究，培养学生的科研素养和创新意识，提升学生解决实际问题的能力。

三是加强教学团队与以老带新制度的建设。实施在职教师培训进修访问计划，这是民族语言文学专业师资队伍建设的主要途径，通过在职教师培训进修访问，跟踪国际国内学科前沿和发展趋势，使之不断茁壮成长；恢复或坚持以老带新制度，实施青年教师教学能力提升计划，确保青年教师快速成长，尽快成为民族语言文学专业的优秀教师。

第三节　针对民族语文专业发展的政策与资源投入

一、国家应加强对于民族语文专业的政策支持，增加专项经费投入

民族语文专业的发展与国家宏观政策的支持密切相关，既要适应外部社会经济环境要求，也要符合高校内部人才培养规律。国家需要从宏观层面上出台相应的配套政策，推进民族语文相关专业建设的意见和措施，各级政府应加以统筹、加大支持力度。具体的政策包括经费投入、招生、教师准入、学生就业等方面，为民族语文专业提供良好的发展平台，促进专业的全面发展。为保证民族语文专业的经费投入，国家和地方政府应安排专项资金，保证和加强相关专业建设的资金投入，促进学校加强适应地方经济社会发展的人才需求。为了调动学校层面对于民族语文专业的经费支持，抵消学科地位和建设对相关专业产生的冲击，需要打破学校的经费拨款方式，按照专项事业经费和学生培养经费来进行拨付，调动学院培养人才的积极性和实际需求。政府层面应出台针对民族语文专业建设的政策性文件，包括高考、研究生招生中的民族考生优惠政策，在录取分数线、学费、就业等方面加以倾斜。对在校大学生进行资助，民族语文专业的学生大多数来自农牧区，家庭收入普遍偏低，应扩大在校生的经费资助力度，提供专项经费补助，包括减免学费和提供奖助学金等方式。此外，还应在课程建设、教材建设、教师编制、师资培训等方面制定相应支持性政策，完善民族语文专业原有的发展状况，为进一步提升专业发展奠定基础。

二、对民族语文学科进行分类"升级"，建立专业的动态调整机制

以少数民族语言文学为主的民族语文相关专业对于国家与民族地区发展做出了重要贡献，需要进一步强化民族语文专业的地位，加强专业层面的建设与发展。国家应整合民族院校的资源，规划专业布局，花大力气建设重点学科。首先，针对民族语文专业的学科级数划分，目前处于中国语言文学一级学科下属的二级学科，需要对民族语文专业进行升级，将"中国少数民族语言文学"和"汉语言文学"设置为"文学"类学科门类下的一级学科。高校对于民族语文专业的发展与评价，按照少数民族语言文学一级学科的办学逻辑来进行，在下属的二级学科中将不同民族语言方向放在其中，还包括一些相关的专业方向。为了突出民族语文的专业方向性，突出民族语与专业方向的叠加，在学科目录规定上建议使用民族语教学的专业后加上具体方向，比如数学与应用数学（藏）。除了七种主要的民族语言种类外，还包含一些使用人数较多的民族语，在未来的社会经济发展中应该予以良好保存，继续培养专业人才以延续民族语言以及文化的传承。积极保留人数较少的民族语文专业，每年给予一定的招生、就业名额，让其专业发展能够予以保存，具体包括瑶语、苗语、侗语、布依语等语种。

以学科建设为重要起点，需要在专业建设上着力，对民族语文专业建立准入与淘汰机制，加强对于专业发展的评价，促进民族语文专业的内涵发展。建立民族语文专业准入与退出的动态调整机制，做好少数民族语言文学专业新语种发展规划，各高校应在"十四五"专业建设与发展规划中，规划未来 5 年专业（语种）布局和发展方向，并按照规划有步骤有计划地申报新语种，杜绝盲目增设语种的现象。健全新专业建设评估指标标准体系，严格按照申报时设定的专业建设目标进行考核。根据评估结果，强化专业建设的针对性，推动专业发展。同时，建立专业建设水平内部评价机制，依托学校学科专业优势，调整优化专业结构，加大特色专业、优势专业的建设。在科研评价、学位点评估等指标体系中，列入使用民族语言发表学术论文和著作的指标。在对高校和管理上，要逐步建立分类评估、指导与管理的模式，不能和非民族高校"一刀切"，特别是在考核、拨款等方面要有特殊政策。进一步加强专业内涵建设，提升专业竞争力，需要明确人才培养目标定位，优化人才培养方案，加强课程体系、教学内容、教材、教学方法和手段等方面的改革与建设，提高教学质量。

三、将高学历人才培养与高层次人才引进结合，改善教师队伍的年龄与职称结构

针对民族语文专业教师队伍数量不足，生师比例过高，老龄化严重等问题，需要从源头上解决师资队伍建设问题，要从教师培养与招聘、高端人才引入以及教师职称评审上着力，将自身培养与外部引入相结合，从多方面增加教师队伍数量，提升现有教师职称水平，使之能够顶替即将退休教师的岗位。民族语文在人文科学中具有特殊地位，又是一门冷门学科，所以在宏观上对教师选择与聘任应予以特殊倾斜，而不能“一刀切”。按照民族语文专业设置的具体情况，结合现有教师队伍的年龄结构，给予一定的教师岗位，建立具有梯次的教师队伍，符合人才培养的实际需求。由于民族语文专业高学历培养单位较少，国家要加大对已有民族语文相关专业博士点高校的支持，加大相关专业高层次人才的培养力度，能够保障高学历人才的供给数量。定向跟踪少数民族母语人本科、研究生毕业读博的在校生，主动联系他们并鼓励回到母校任教。针对一些特殊学科与方向，适当放宽权限，按照适当比例，允许高校自己通过考核，把每年毕业的优秀硕士、博士研究生留校任教。

除了自身培养与选聘外，还可以积极的引进人才，从外部引进高端人才，对现有教师队伍进行升级。由于设置民族语文专业的高校存在着区位竞争优势不足的问题，在吸引优秀高端人才上处于不利地位，但可以通过一些特殊政策以及适当的人才交流机制来对高端人才引入进行补充。地方政府与高校要制定特殊的照顾政策，包括编制要求、任职资格以及经费资助，从外部引入高层次人才。探索运用兼职、互聘、返聘等多种形式，加强与其他大学的合作，聘请有影响的专家学者作为领军人物或兼职教授，吸纳外部优质人才资源。由国家制定民族语文专业人才流动机制，鼓励中东部高校的学者和教师定期流动到西部高校，对当地高校的师资队伍进行有利补充。建立民族语文相关专业师资或专家信息库，及时动态地掌握和了解相关专业专家教学、科研和社会服务等情况，建立师资或专家柔性流动机制与平台。此外，邀请不同层次和领域的专家、学者、社会名流，通过举办讲座、课堂教学、指导实习实训等形式，强化专业实践教学等。

最后是对于教师的职称评审，目前存在着“一刀切”的做法，将民族语文专业和其他专业等同看待，造成同等条件下教师的职称评审不通过，很难有效提升现有教师队伍的职称，青年教师难以升级以顶替中老年教师队伍。从地方政府、高校层面，制

定有倾向性的支持政策，在职称评审标准上给予民族语文专业以倾斜，尤其是将民族语文类期刊纳入到评审标准中，或者将该行业里有影响力的刊物纳入到评审中。尤其是教师以民族语言发表的刊物，进一步完善用民族语言发表的相关学术成果的评价体系，在职称评定、工资待遇、进修提高等方面给予政策支持。此外，应对在职教师进行培训，加强教师的在职培训、进修和国内外访学，尤其是加强国际交流和访学，提升教师的知识结构和业务能力，学习和掌握民族语文专业办学经验，交流学习和取长补短。

第四节　针对民族语文专业培养模式的改进建议

一、强调复合型人才目标定位，建立“民族语 + 专业方向”培养模式

对民族语文专业的促进发展需要重点关注人才培养目标与模式，对原有的人才培养机制进行革新，强调在新时期里的新型培养任务，以适应外在社会经济发展的现实需求。改变以往只注重培养民族语言人才为主的做法，强调突出专业方向，将民族语和专业领域相结合，由单一培养目标向复合培养目标迈进。对人才培养目标定位进行升级，注重培养高素质复合型创新人才，以民汉双语为基本载体，突出多学科应用型人才的定位，特别是理工类人才。加强民族语文专业与应用性学科专业的交叉联合培养，确立以民族语言为主体，注重于教育、管理、文化及农技等方面的知识渗透和学科融合，培养一批懂民族语言的计算机、网络、经济、管理、双语师资、法律、新闻等复合型人才，着力打造民族地区急需的少数民族人才。在具体构建中，以学科为重点的教育思想，树立整体化知识与通识素养培养的教育观念，协调发展智力与非智力因素，着重培养学生的创新精神和创新能力，将学习、做事与做人几个方面结合起来。

为了实现复合型、创新型的人才培养目标，需要在人才培养模式上进行革新，强调培养模式与培养目标的相互对应，突出重点培养目标，拓宽现有专业发展口径。注重建立“民族语言 + 专业方向”的人才培养模式，形成“一干 N 枝”的培养特点，这个专业方向所包含的范围比较广，既有不同学科教育与专业技能方向，又有不同的语言学习方向。为了培养双语师资，可以突出民族语和国家通用语言并重，以民汉双语加上学科教育方向，比如语文、数学、物理、历史、地理等学科教学领域；为了培养

语言人才，突破原有单一民族语为主的做法，将民族语、国家通用语言和外语相结合，注重培养复合型的语言人才；为了培养专业型人才，强调掌握民族语和国家通用语言，在一定的专业领域具备专业知识与技能，包括法律、管理、文学、新闻及理工类等专业领域。在具体的模式构建中，包含“民族语言＋专业技能”“民族语言＋外国语言”“民汉双语＋学科教学”等不同模式，强调不同阶段年限的构成，突出不同阶段的培养目标。

此外，在人才培养模式上还可以推动一些小尝试，使得现有模式发展变得更加多元化。在培养过程中强调小班教学和小规模培养，建立专业基地班的模式，提高对于人才培养的高学历要求，采用本硕贯通培养的方式，为学科、社会培养高端精英人才和研究型人才。推进高校与地方政府的合作，积极探索“订单式”的培养模式，培养民汉双语专业人才，包括法律、管理、师资等领域，主要面向艰苦边远地区，与当地的人才需求“无缝对接”。在定向培养上做功夫，构建如同“公费师范生”的培养模式，将人才的供给和需求结合起来，实现学校与雇佣方的定向服务，为边疆经济、文化发展贡献力量。

二、对专业课程体系进行优化设计，加强精品课程与特色课程建设

针对于课程体系的改革与发展，需要改变以往存在的问题与弊端，包括课程资源建设不完善，对专业课程的投入呈现不足，精品课程、前沿课程和交叉课程较少等问题。教育部应制定专业课程标准，根据不同民族语言种类，召集对应的专家团队，拟定统一的课程标准，对民族语文专业课程进行标准化要求。针对已有课程体系存在的问题，对民族语文专业的课程进行顶层设计，统筹规划课程资源建设的方向和发展目标，制定不同语种课程设置的优化方案，尤其是专业课程设置。在保障公共课程的适当比例的前提下，对专业必修与选修课程进行有效整合，按照人才培养模式的特点，对专业课程不同模块之间进行调整，突出不同课程之间的层次性。改变以往重复设置课程，因人设课的做法，将课程体系建设与人才培养目标定位、培养模式之间进行匹配。在专业课程体系内还要加强汉语言文学课程的比重，突出中国语言文学专业的培养方向，加强语言学及文学通识课程的要求，包括补充中国历史、文学通论、语言学概论、大学语文、古代文学、现当代文学、汉语写作等课程，将民族语文和文学通识课程相结合。同时增加一些实用性课程，包括教师资格证课程、公务员考试课程、实用技能课程等，以公共选修课的形式为学生提供实用技能培训，增加学生的就业竞争力。

在精品课程与特色课程建设上需要加强，由政府、高校以及社会机构合作，召集课程专家、教师资源、信息技术专家，建立数字化双语课程资源，建设一批具有重要影响力，具有权威性的特色精品课程。加强教学团队建设，组建高水平教师带头的学术造诣深、理论水平高、教学经验足的课程资源建设队伍，吸引行业人士参与，加强协同创新，强化精品和特色。以精品课程建设为手段，抓好课堂教学环节，提高课堂教学效率，可以有效提升学生培养质量。此外，推动教学与信息的深度融合，加大对课程资源建设的投入，提高信息化程度。加强课程信息化建设，特别是在线开放课程可采取“先建设、后认定”的方式加快建建设，并积极参与学校课程联盟工作，推广优质课程资源，扩大学院影响力。

三、加大专业教材的统一编写力度，积极改善教学设施与条件

教材建设与课程建设是相互支持的，教材问题是课程体系建设的衍生品，教材编写与体系建设是对课程建设的良好补充，目前民族语文专业的教材体系建设存在着以教师自编教材为主，缺乏权威教材，教材使用质量不佳的问题。在未来发展中，需要加大民族语文相关专业教材建设力度，完善民族语文相关专业的统编教材体系，统一教材的编订，加强对于教材质量的评估，建设一批具有权威性的精品教材，提高语文专业学生使用教材的质量。加强政府与高校的合作，建立由学者、教师、专业人士等组成的教材编写团队，按照民族语言种类着重编写专业教材，对教材体系、内容层次进行统一要求，建设一批具有权威性的专业教材，强调教材编写质量。在一些特色教材制定上，需要加强教材选用和自编教材的管理，学校应加强对教材建设方面的投入，广泛组织教材编写团队，鼓励教师的积极参与，做到集思广益，将积累的教学经验和教学研究成果选入教材内容，保证教材选用和编写的优质化。注重对于教材质量的有效评估，政府与学校应强化对于教材的管理与评估，除了编订一些高质量的教材外，对现有教材体系进行有效甄别与选择，淘汰一批低质量、内容过时、效果评价差以及使用不佳的教材，实现专业教材的不断优化。

在教材建设的基础上，通过经费投入与项目运作，在权威教材中构建若干国家级、省部级精品教材，以一批精品课程与教材来引导课堂教学的开展，整体优化课程结构，更新教学内容，改进教学方法，提高专业教学水平。

第五节　针对民族语文专业人才培养质量的建议

一、积极制定倾斜性的就业扶持政策，移除就业路径与资格的限定

民族语文专业学生就业存在着政策导向，所培养的语言类人才具有特殊性，在就业的过程中需要得到国家、社会的倾斜性照顾，从就业政策到就业指导，给予学生就业足够的支持力度。民语毕业生是国家特殊专业人才，在毕业出口上有政策支持，应拓宽民族语文专业学生的就业途径，地方政府在就业渠道、就业途径方面应给予特殊政策与安排。人事部门对民族语文专业毕业生制定配套就业政策，解决学生的“出口”问题，让更多毕业生到急需人才的边疆民族地区工作，如双语师资、双语法官等岗位。其中，增设使用民族语言工作的岗位，为学生提供就业保障；在国考、省考、招聘考试等各类考试中保证民族语文专业学生的比例；为面向艰苦边远地区招聘人才实施单独招录考试，实现专业对口的就业路径。还应借鉴构建定向培养模式，开展“学校+政府”的合作办学形式，实施人才培养的“订单式”服务。实现人才培养供给与地方需求之间的结合，民族语文专业学生毕业后由地方政府根据需要安排到相关的部门和岗位就业，既能满足地方对紧缺专门人才的需求，又能较好地解决毕业生就业难的问题。

针对培养与就业过程中配套政策不足的问题，需要有效解决政策、制度以及资格限定问题，为民族语文专业毕业生就业扫平阻碍。在公务员以及事业单位招考过程中，需要让各地重新理解民族语文相关专业的学科属性问题，要理解中国语言文学学科下包括涵盖有汉语言文学和中国少数民族语言文学，或者说中国少数民族语言文学和汉语言文学一起构成中国语言文学。而且在招考要求与学科属性上，应放宽特定专业的要求标准，给予民族语文专业毕业生以同等的待遇，能够通过资格审定进入到实际招聘考试中。在教师资格证考试中，考虑民族地区对双语人才的需求，可单列民族语言类考试类别，鼓励双语类大学生从事教育事业，能够顺利拿到从事教师行业的资格证书。在研究生招生或推免研究生方面给予大力支持，可以降低对于学生的外语师资要求，制定特殊的政策照顾，使得民族语言能力很强且汉语水平较高的学生能顺利进行更高层次进行培养。

最后在学生的培养过程中，对学生的就业意向进行调查，对毕业后愿意到民族地

区以及基层工作的学生，给予学费减免或生活费用补贴，从而吸引优秀的学生生源。对于定向培养的学生，包括双语师资等，应享受与公费师范生同等的待遇，享有相应的就业政策保障，学生可以在入学之际签订服务合同，规定毕业之后需要到少数民族地区基层服务若干年才可调动工作等。要积极转变学生的就业观念，进一步加强分类指导，完善就业创业政策宣传，加强毕业生思想教育，采取切实有效的措施引导毕业生树立市场化择业意识，鼓励学生通过市场“双向选择”、自主创业实现就业。多渠道收集就业岗位信息，加大就业宣传力度，进一步提高毕业生就业率。针对学生所学专业的实际情况，加强就业服务和就业指导，帮助学生建立市场就业观念，对学生就业进行积极分流。

二、加强民族语文专业实习基地建设，增强学生专业实践能力培养

从民族语文专业人才培养来看，注重学生实践能力以及实用技能的养成，对于增强学生就业竞争力，促进学生素质提升而言起到关键作用。专业教学模式以及专业实习实践训练至关重要，对于学生专业技能与实践能力养成起到有利的促进作用。在民族语文专业发展中，需要构建比较完备的专业实习基地，强调在课堂教学中突出实践能力养成，强化学生专业实践能力的培养。在实际中构建功能完善、设施齐全，各具特色的教学实习和专业实训基地，满足了专业实践和提高学生实践能力的需要。应注重用科学的现代教育观指导教育教学实践，适当调整实践教学比例，将传统的比例构成提高到新的高度。把语音室建设和实践基地建设作为专业建设的重点，为学生提供丰富的实践资源，全面提高学生实践动手能力。积极推动教学实习、实训基地建设，不断提高学生的语言沟通能力和专业水平。积极鼓励学生通过社会调查等形式开展社会实践和教学活动，利用寒暑假期社会调查等途径开展社会实践和教学实训活动，使学生将理论知识应用到实践中去。结合课程内容和特点，到农村、牧区等少数民族地区开展专业实习实践、社会调查、采集素材、翻译资料等实践活动，在强化专业学习的同时锻炼语言的听、说能力。

第八章 “双一流”高校民族语文专业发展与人才培养的路径选择——以中央民族大学为例

据初步统计，全国目前开设有民族语文专业或方向的高校200多所。可以说高校是民族语文人才培养的主阵地，是包括双语人才在内的各行各类人才的重要“供给侧”。民族语文专业建设是高校在新时代深化教育改革、提高发展水平的重要组成部分，是关系民族地区双语人才队伍建设供给侧改革和有关专业毕业生就业发展的重要方面。设置民族语文专业的高校包含着多种不同类型，作为“211工程”“985工程”“双一流”高校的代表，中央民族大学是开设民族语文专业高校的重要代表，其学科与专业发展在“双一流”高校中居于佼佼者，对其进行个案分析具有重要意义。近年来，结合中央民族大学“国家民委中国民族语言文字应用研究院”研究团队的力量，长时间对中央民族大学的民族语文专业进行跟踪调研，结合书面和实地调研情况，采取座谈汇报、问卷调查以及师生访谈等形式，对学校相关部门负责人、相关院系和专业负责人、一线教师、在校学生进行访谈，收集了广泛的量化与定性数据。专门针对中央民族大学民族语文专业的人才培养模式以及培养结果状况进行实证调查，并对其人才培养的质量状况进行科学评价，探究中央民族大学民族语文专业在人才培养中实际存在的问题与不足。意在进一步推动中央民族大学民族语文专业人才培养模式的有效改进，对原有的人才培养模式进行创新，寻找到合适的发展路径与有效策略。

第一节 民族语文专业的设置现状

一、民族语文专业发展的历史回顾

1950 年开始，中央民族学院筹备组就根据党中央《筹建中央民族学院方案》，一成立就创办了政治系、语文系和预科。并根据中央的指示精神，确定语文系的主要任务是进行民族语文专业的教育，要求本科学生毕业后能熟练掌握一种少数民族语文和汉文，并能掌握马列主义基础知识和语言科学知识。在语文系下曾先后举办有 23 个少数民族语言专业的本科、专科、研究班以及汉语言文学专业。

1964 年 7 月成立汉语言文学系，原语文系的汉语言文学专业并入该系，语文系自此改为少数民族语文系。

1986 年 2 月，少数民族语文系分为三个系：少数民族语言文学一系、少数民族语言文学二系、少数民族语言文学三系。共下设九个专业。少数民族语言文学一系下设有蒙古语言文学、朝鲜语言文学专业、藏语言文学等专业。少数民族语言文学二系下设有维吾尔语言文学、哈萨克语言文学等专业。少数民族语言文学三系与 1980 年成立的民族语言研究所系所合一，下设有壮语言文学、彝语言文学、彝文古籍、民族语言学等专业，还建有汉语教研室。而且对各专业的课程设置做了专门的规定（如蒙古语专业：语言学概论、文学概论、美学、汉语文选与写作、现代汉语、古代汉语、中国现代文学史、中国当代文学史、外国文学史、民俗学、中国通史、现代蒙古语、古代蒙古语、蒙古语文选与写作、蒙古族古代、近现代文学史、蒙古国蒙文等）。

在此期间，各系设置的课程体系既体现了中国语言文学学科特点，又体现了各民族语言文学专业的特点。曾经和目前活跃在全国民族语言文学的教学、研究、管理领域，基本上是学校那个时代的毕业生。他们当中大多成为国际国内有影响的杰出学者和各地本领域的骨干力量。

1995—2019 年，在少数民族语言文学一系、少数民族语言文学二系、少数民族语言文学三系的基础上成立中国少数民族语言文学学院。下设有少数民族语言文学系、蒙古语言文学系、维吾尔语言文学系、哈萨克语言文学系、朝鲜语言文学系、中国少数民族语言与古籍研究所（后又改为语言与古籍研究院）及学院院部（含汉语文教学部）。

这一时期的民族语文专业在规模上有了很大的拓展，学科水平也有了很大的提升。但随着语言文学学科的发展，存在的问题也越来越突出。一是由于专业单位设置太细，学科发展只向分化方向发展，而少有综合的机会，学科的科学发展是在学科的不断综合和分化的基础上进行的，因此不利于整个学科的发展；二是没有对各专业课程设置进行规定，造成了各专业课程体系各行其是，因人设课严重，各专业课程体系的学科性不够，科学性不足，课程结构不合理，既提高了教学成本，又不利于教学质量的提高；三是有的专业教师人数少，但整个学院的编制限制又无法满足各专业人才发展的需求，这种现象完全不利于学科人才队伍的建设，等等。

2019 年成立了中国语言文学学部，下设中国少数民族语言文学学院、汉语言文学学院、少数民族语言研究院等。中国少数民族语言文学学院下设南方少数民族语言文学系、蒙古语言文学系、朝鲜语言文学系、维吾尔语言文学系、哈萨克语言文学系、藏语言文学系等多个教学系，在学院下统筹推动统一的课程体系和师资队伍建设。

二、民族语文专业的设置现状

中国少数民族语言文学专业一直以来是中央民族大学最早创办的传统优势学科专业，属国家级重点学科和国家级特色专业。20 世纪 90 年代初就成为教育部确定的全国 29 个国家级教学科研重点基地（中央民族大学占到了两个，包括历史学和语言学），民族语言方面全国只有两个，另一个是内蒙古大学，说明当时中央民族大学的语言文学专业就是全国顶尖的一流专业。凡属该基地的至今仍保留本科生允许保送 50% 读研的政策。

2017 年，中国少数民族语言文学专业优先进入学校“一流学科”建设行列。涉及本科、硕士和博士三个层次的全日制学生。考生包括普通高考、民考民、民考汉、汉考民、双语生等多种类别。2019 年后，形成 6 个教学系：南方少数民族语言文学系、蒙古语言文学系、朝鲜语言文学系、维吾尔语言文学系、哈萨克语言文学系和藏语言文学系，统辖于中国少数民族语言文学学院。具体专业设置见下表。

表 8–1　中央民族大学民族语文专业的设置状况

学院	系	专业（方向）
中国少数民族语言文学学院	南方民族语言文学系	南方民族语言文学专业
	蒙古语言文学系	蒙古语言文学专业
	朝鲜语言文学系	朝鲜语言文学专业
	维吾尔语言文学系	维吾尔语言文学专业
	哈萨克语言文学系	哈萨克语言文学专业
	藏语言文学系	藏语言文学专业

经过近 70 年的建设和发展，中央民族大学民族语文专业培养了大批精通各种少数民族语言和文学的高级专门人才，既懂民族语又懂汉语。从建立民族语文专业以来至 2019 年，一共培养了专科生 410 人，本科生 8153 人，硕士生 1682 人，博士生 543 人。这些毕业生从中国最高的学术殿堂之一到民族地区的基层机构，他们为少数民族地区的解放，民主改革，社会主义建设，少数民族语言调查，少数民族文字的创制、普及和发展，科学研究和文化教育等方面起到了特殊的作用。在开拓和发展中国民族语文的研究和工作等方面取得了巨大的成就。第一，巩固了新中国政权与促进了民族地区稳定，所培养的专业人才大多数下到社会基层，对民族地区的解放、发展和稳定做出了突出贡献；第二，中央民族大学已成为中国民族语文人才培养和民族语文科学研究的策源地，培养了数以千计的民族语文杰出人才，他们是民族语文各条战线的骨干和享誉国内外的著名专家，为各民族、各时期的民族语文工作发挥了应有的作用；第三，成为中国少数民族语言文学学科建设的高地，该学科目前已跃居世界先进领域，不断贡献出重大的学术研究成果，令国际学术界瞩目；第四，不断推动了语言研究水平的有效提升，为今后民族语文相关学科的可持续发展提供坚实的基础；第五，有利于民族团结和民族和谐，推动本民族经济建设和文化的发展，提高群众的文化素质，促进民族地区的安定团结，在铸牢中华民族共同体意识方面不断发挥应有的作用。

第二节 民族语文专业的人才培养模式

一、经费投入与硬件设施状况

根据中央民族大学的统计数据显示，民族语文专业在2014—2017年的经费投入，中央高校教改专项经费共477万元，平均每年投入约119万元；院系的教学经费分别为各系每年50—80万元。学校还配备了相应的硬件设施，主要包括教室资源、专业设备、图书资料以及数据库等，为教师与学生提供必要的研究与学习条件。从具体数据来看，一共有多媒体教室15间，图书阅览数2间，配备有教学计算机3台，专业图书6772册，外文图书880册，此外还有学术期刊、电子图书等。但在语音实验室、语言学实验室、文字陈列馆、古籍保护室等硬件设施上几乎没有配备。

二、专业课程设置体系

从民族语文专业的课程设置来看，主要包含课程模块构成，对应学分设置，还建立有实践课程与特色课程。根据中央民族大学的实际状况，包含本科阶段与研究生阶段的课程体系，主要有公共必修课、公共选修课、专业必修课、专业选修课、实践教学课以及特色课程。

本科阶段的公共必修课平均每个方向为37.83个学分，公共选修课平均每个方向为11.33个学分，专业必修课平均每个方向为50.33个学分，专业选修课平均每个方向为32.66个学分，实践教学课平均每个方向为13.5个学分，特色课程平均每个方向为4.66个学分。专业必修和选修课程在所有课程学分中平均占到55.21%，而实践课程平均只占到8.98%。

研究生阶段的公共必修课平均每个方向为4.8个学分，公共选修课平均每个方向为1.4个学分，专业必修课平均每个方向为16.8个学分，专业选修课平均每个方向为5.6个学分，实践教学课平均每个方向为2.8个学分，特色课程平均每个方向为1.2个学分。专业必修和选修课程在所有课程学分中平均占到68.71%，而实践课程平均只占到8.59%。

三、专业教师队伍状况

中国少数民族语言文学专业现共有专任教师 101 人，行政人员 34 人（包括双肩挑教师）。其中，教授 26 人，副教授 21 人，讲师 45 人，其他 9 人。按民族成分占比从高到低依次包含：蒙古族、藏族、维吾尔族、朝鲜族、汉族、哈萨克族、壮族、彝族、苗族、布依族、回族、土家族、柯尔克孜族、黎族、达斡尔族、拉祜族、白族、满族。按照年龄分布，35 岁以下教师 22 人，36—45 岁教师 32 人，46—55 岁教师 35 人，56 岁及以上教师 12 人。按照学历分布，71 人拥有博士学位，25 人拥有硕士学位，5 人拥有学士学位，硕士学位以上的教师占比达 95% 以上。具有人才称号的教师中有长江学者 1 人，新世纪百千万人才工程国家级人选 2 人，北京市教学名师 1 人，教育部新世纪优秀人才 3 人，北京市优秀教师获得者 2 人，宝钢优秀教师特等奖提名奖获得者 1 人，全国百篇优秀博士论文奖获得者 1 人。从总体状况来看，专业教师队伍的整体素质较高，大多数教师的教学效果良好，教师的整体科研能力较强，承担了数量较多的国家级和省部级课题项目。

四、专业教材体系状况

经过近几年的探索与实践，各民族语文专业方向的教材建设和课程建设工作，取得初步成效。各专业方向都组织编写并出版了自身的专业教材，形成了具有自身特色的教材体系，少数民族语言文学各系所开设的民族语课程都有自己编写的教材。2010 年以前，全部必修课程均建成了合格课程，2013 年部分民族语课程和专业必修课程建成了优秀课程，2016 年少数民族文学主干课程“中国少数民族民间文学概论”建成了北京市精品课程。民族语文专业所使用的专业教材包含不同种类，围绕课程设置与课堂教学采用不同的教材。

五、专业教学与实践状况

经过不断的探索与实践，民族语文专业形成了特有的教学与实践模式，长时间前往民族地区实习是提高学生民族语言运用能力，促进学生全面了解民族地区的有效途径之一。为此，各民族语文专业不断强化语言和社会实践活动，着力提高学生的语言应用能力。在课堂教学活动中，教学活动、教学内容更多地围绕听、说、读、写等方面来展开，更多开设语言实践、民汉互译课程，开展各类民族语言竞赛活动，让学生在参与活动中熟悉民族语。在社会实践中，要求学生前往民族地区进行语言文化社会实践。学生深入农牧区，与农牧民同吃、同住，开展民族地区语言实践活动。在毕业实习中，各专业方向的学生下到民族地区开展文化实践、语言实践活动，经过长时间的实习与学习，加强了对学生语言实践能力的培养，有效地帮助学生学习、掌握和实践民族语，提升了听、说、读、写的能力。

第三节 民族语文专业学生的培养质量状况

一、学生培养状况

从民族语文专业的学生培养来看，本项目实施时，开设民族语文专业的高校相关在校生人数为 1758 人，其中本科生 1194 人，硕士研究生 383 人，博士研究生 181 人。学生民族成分包括蒙古族、维吾尔族、朝鲜族、藏族、汉族、哈萨克族、彝族、苗族、壮族、回族、布依族、白族、侗族等 27 个民族。从生源地分布来看，包含有农村、牧区、乡镇和城市，从所占比例可以看出学生的家庭经济条件。来自牧区的学生占 5.6%；来自农村的学生占 30.6%；来自乡镇的学生占 23.4%；来自城市的学生占 40.3%。民族语文专业的学生主要来自于乡镇及以下的农牧区。

从 2015 2019 年以来的就业情况来看，2015 年的就业率为 84.31%，2016 年的就业率为 93.30%，2017 年的就业率为 91.93%，2018 年的就业率为 91.15%，2019 年的就业率为 84.56%。可以看出，研究生的就业率水平明显高于本科生，近年来的就业率水平有一定的起伏，主要受到外在宏观环境的影响作用。

表 8–2 2015–2019 年以来的就业率分布状况

	2015 年	2016 年	2017 年	2018 年	2019 年
本科生	75.50%	92.06%	89.19%	88.64%	79.01%
研究生	98.11%	95.95%	96.67%	96.86%	93.02%
总就业率	84.31%	93.30%	91.93%	91.15%	84.56%

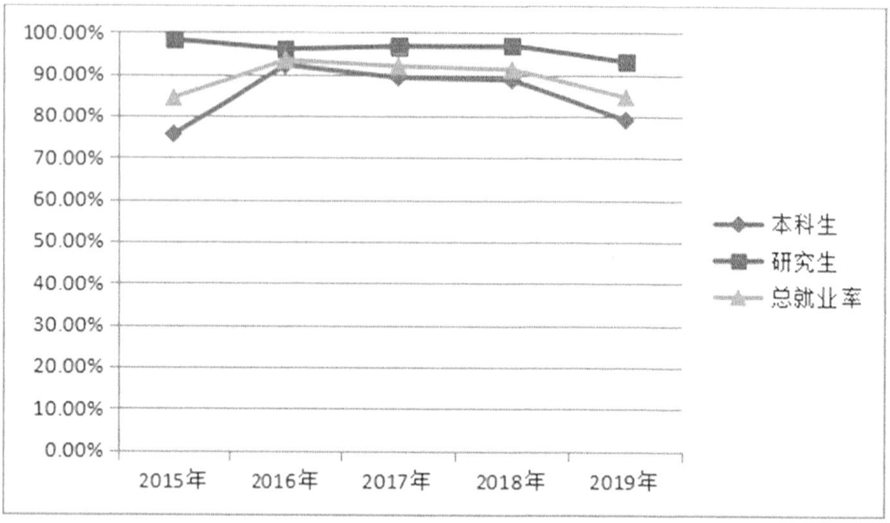

图 8–1　近五年来的就业率分布状况

从就业单位类型来看，我们取最近几年中平均数适中的某年统计数据，本科生的就业情况包括：升学（含出国读书）的有 93 人，占 33.57%；在国企与私企工作的有 60 人，占 21.66%；在政府与事业单位工作的有 41 人，占 14.8%；在各类学校机构工作的有 30 人，占 10.83%；在新闻媒体工作的有 22 人，占 7.94%；自由职业与未就业的有 31 人，占 11.19%。研究生的就业情况包括：在大学与科研院所工作的有 70 人，占 43.21%；在政府与事业单位工作的有 30 人，占 18.52%；升学（含出国读书）的有 20 人，占 12.35%；在新闻媒体工作的有 14 人，占 8.64%；在国企与私企工作的有 12 人，占 7.41%；在各类学校机构工作的有 11 人，占 6.79%；自由职业与未就业的有 5 人，占 3.09%。

二、学生获得的发展成果

学生学习成果包括专业知识、应用技能、情感价值观、通识素养等维度，主要针对学生的知识与能力养成状况进行评价，通过学生自评估的形式来实现。根据学生在知识、技能、能力等维度的掌握情况，按照掌握的多少程度，将指标分为：很少、一些、较多、很多四个维度，分别对其进行赋分，具体有 1、2、3、4 分。利用算术平均数对不同维度进行衡量，学生学习成果维度共包含 27 个题项，该维度总体分值介于 27—108 分之间，学生样本的总体均值为 81.70 分，单项均值为 3.03 分，达到了“较多”的程度。从不同维度构成来看，情感价值观维度的发展程度较多，单向均值达到

3.17 分，而专业知识维度的发展程度较少，单向均值只有 2.85 分。学生在专业发展上收获较多，情感价值观维度的发展最优，而专业知识维度的发展较差。

表 8–3　学生发展结果的总体状况

	题项	总体均值	单项均值
总体维度	27	81.70	3.03
专业知识	5	14.25	2.85
应用技能	11	32.60	2.96
情感价值观	6	18.99	3.17
通识素养	5	15.86	3.16

学生在专业发展方面随年级增长而增加，培养质量得到了有效提升。从学生调查来看，主要就学生培养结果状况进行评价，包括专业知识、应用技能、情感价值观等。无论是本科生还是研究生，其专业发展维度随着年级增长而不断增加，本科生从一年级的 78.26 分增加到四年级的 88.94 分，而研究生从一年级的 83.79 分增加到三年级的 85.12 分，都得到了有效提升。

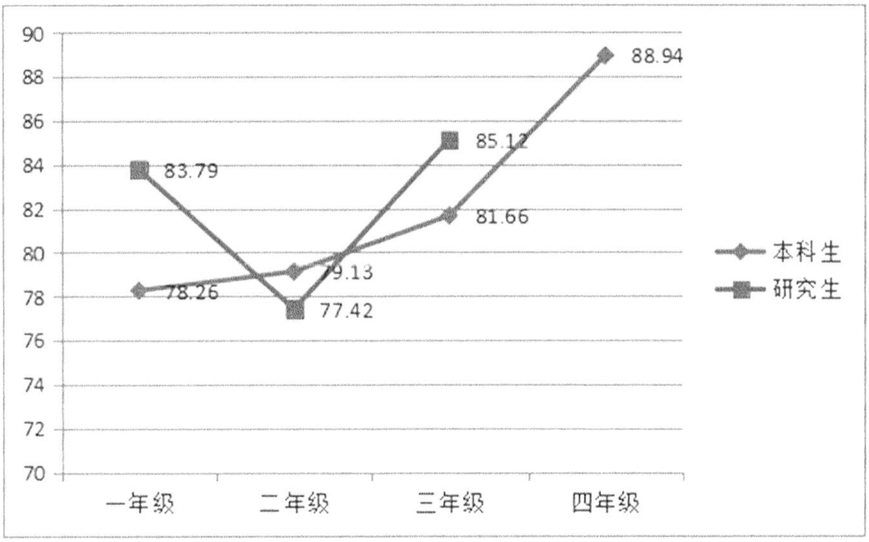

图 8–2　学生培养结果的增长状况

三、民族语文专业学生满意度分析

学生满意度分析是基于问卷调查所进行的，主要针对在校本科生、硕士生与博士生发放专业建设与人才培养问卷，一共发放了 820 份问卷，回收了 805 份，其中有效问卷为 785 份，有效回收率为 95.73%。从研究样本的分布来看，本科生有 583 人，占 74.27%；研究生有 202 人，占 25.73%。从性别分布来看，男生有 194 人，占 24.71%；女生有 591 人，占 75.29%。从专业分布来看，藏语言文学方向有 135 人，朝鲜语言文学方向有 144 人，哈萨克语言文学方向有 86 人，维吾尔语言文学方向有 170 人，蒙古语言文学方向有 26 人，少数民族语言文学方向有 94 人，语言学与文学方向有 130 人。问卷调查的实施时间为 2018 年，所以这里反映的学生满意度分析主要针对院系调整以前的民族语文专业。但其反映的大部分数据与院系调整无关，仍有很高的参考价值。

（一）学生对专业的满意度状况

民族语文专业发展状况可以通过在校生的专业满意度来进行评价，包含在校生对专业总体、课程设置、教师配备、教学方法以及教材使用的满意程度，分为非常满意到非常不满意五个层次。从总体来看，在校生对专业发展的满意度超过七成的比例，尤其在教师配备的满意度较高。从数据分析来看，70.7% 的学生对专业发展感到比较满意及非常满意，对课程设置的满意度为 64%，对教师配备的满意度为 81.2%，对教学方法的满意度为 69.9%，对教材使用的满意度为 69.4%。学生对教师配备的满意度最高，超过了八成的比例，而对课程设置的满意度最低，只占到六成的比例。专业认同度主要是学生对专业的看法以及认可程度，其程度越高，学生的学习兴趣就越浓，专业学习的效果就更好。从学生是否愿意重新选择民族语文专业来看，有 61.9% 的学生明确表示愿意，而 38.1% 的学生明确表示不愿意，超过六成的学生对民族语文专业有着比较强的归属感与忠诚度。

表 8–4　学生满意度调查结果分析

	专业总体评价	课程设置	教师配备	教学方法	专业教材
非常满意	21.6%	17.4%	32.2%	21.4%	20.2%
比较满意	49.1%	46.6%	49.0%	48.5%	49.2%
一般	26.1%	30.4%	16.7%	26.1%	25.8%

续表

	专业总体评价	课程设置	教师配备	教学方法	专业教材
不满意	2.3%	4.6%	1.4%	3.0%	3.7%
很不满意	0.8%	1.0%	0.8%	0.9%	1.1%

（二）学生对专业培养模式的评价分析

从在校生对于民族语文专业的评价来看，主要从培养模式的具体构成部分进行分析，包括对专业的主观认同、人才培养目标、专业课程设置、硬件设施条件、师资队伍建设、教学方法应用、专业教材体系、专业实践实习以及外在培养环境等因素。在问卷题项设计中采用李克特量表法，按照学生的主观认同度分为非常不同意、比较不同意、不清楚、比较同意、非常同意五个量度，分别赋分 1、2、3、4、5 分。根据问卷调查结果，学生对于教学方法应用评价的单项均值最高，达到 3.92 分，接近于比较同意；而对专业教材体系评价的单项均值最低，只有 3.34 分，对专业学习中教材应用的认同度较低。

表 8-5 学生对培养模式各维度的认同状况

	项目数量	最小值	最大值	总体均值	单项均值	标准差
专业认同	6	6	30	23.16	3.86	5.21
培养目标	7	7	35	25.92	3.70	5.73
课程设置	11	11	55	41.55	3.78	8.44
硬件设施	7	7	35	25.09	3.58	6.26
师资队伍	6	6	30	22.99	3.83	5.05
教学方法	9	9	45	35.26	3.92	7.19
专业教材	6	6	30	20.01	3.34	5.09
专业实践	8	8	40	29.71	3.71	6.56
培养环境	8	8	40	30.90	3.86	6.72

从学生对民族语文专业的评价来看，主要是学生对专业的看法以及认同程度，其程度越高，学生的学习兴趣就越浓，专业学习的效果就更好。利用算术平均数对不同维度进行衡量，专业认同维度共包含 6 个题项，总体分值介于 6—30 分之间，学生样本的总体均值为 23.16 分，单个题项的均值为 3.86 分，学生的反应度介于“不清楚”与“比较同意”之间。从单个题项来看，学生对民族语文专业设置必要性的认同度较高，均值达

到 4.4 分，86% 的学生表示赞同；而在民族语文专业是第一志愿以及会继续从事民族语文的学习上，分别只有 3.59 分与 3.64 分，分别有 60% 与 57% 的学生表示赞同。

从学生对师资队伍的评价来看，包括学生对教师队伍素质，还有对教师教学、与学生交流的认同程度。利用算术平均数对不同维度进行衡量，教师队伍认同共包含 6 个题项，总体分值介于 6—30 分之间，学生样本的总体均值为 22.99 分，单个题项的均值为 3.83 分，学生的反应度介于“不清楚”与“比较同意”之间。从单个题项来看，学生对教师应用民族语教学水平的认同度较高，均值达到 4.02 分，78% 的学生表示赞同；而在教师额外指导以及学生辅导维度上认同度较低，均值只有 3.6 分，只有 59% 的学生表示赞同。

从学生对硬件设施状况的评价来看，包括学生对硬件设施条件配置，还有对各种硬件设施利用的评价程度。利用算术平均数对不同维度进行衡量，硬件设施建设维度共包含 7 个题项，总体分值介于 7—35 分之间，总体均值为 25.09 分，单个题项的均值为 3.58 分，学生的反应度介于“不清楚”与“比较同意”之间。从单个题项来看，学生对图书馆有充足的相关专业书籍的认同度较高，均值为 3.81 分，70% 的学生表示赞同；而在现代化学习设施应用维度上认同度较低，均值只有 3.26 分，只有 48% 的学生表示赞同。

从学生对课程设置的评价来看，包括学生对课程体系构成，还有课程目标、内容体系的认同程度。利用算术平均数对不同维度进行衡量，课程设置维度共包含 11 个题项，总体分值介于 11—55 分之间，学生样本的总体均值为 41.55 分，单个题项的均值为 3.78 分，学生的反应度介于“不清楚”与“比较同意”之间。从单个题项来看，学生对课程注重读、写和语法知识传授的认同度较高，均值有 3.95 分，66% 的学生表示赞同；而在课程总量与负担维度上认同度较低，均值只有 3.59 分，62% 的学生表示赞同。

从学生对教学方法的评价来看，包括学生对教学模式，还有教学方法以及具体方式的认同程度。利用算术平均数对不同维度进行衡量，教学模式与方法应用维度共包含 9 个题项，总体分值介于 9—45 分之间，学生样本的总体均值为 35.26 分，单个题项的均值为 3.92 分，学生的反应度接近于“比较同意”。从单个题项来看，学生对教师教学态度和责任性维度的认同度较高，均值达到 4.09 分，81% 的学生表示赞同；而在教师利用多种手段调动学生兴趣维度上的认同度较低，均值有 3.76 分，69% 的学生表示赞同。

从学生对教材体系的评价来看，包括学生对教材体系建设，还有教材内容与教材使用的认同程度。根据学生对不同维度的认同程度，利用算术平均数对不同维度进行衡量，教材建设与使用维度共包含 6 个题项，总体分值介于 6—30 分之间，学生样本的总体均值为 20.01 分，单个题项的均值为 3.34 分，学生的反应度介于“不清楚”与

“比较同意”之间。从单个题项来看，学生对教材体系与专业学习符合的认同度较高，均值有 3.76 分，67% 的学生表示赞同；而在教材内容与专业学习符合维度上认同度较低，均值只有 3.09 分，只有 40% 的学生表示赞同。

从学生对培养环境的评价来看，包括学生对专业学习环境，还有生活环境的认同程度。利用算术平均数对不同维度进行衡量，人才培养外部环境维度共包含 8 个题项，总体分值介于 8—40 分之间，学生样本的总体均值为 30.90 分，单个题项的均值为 3.86 分，学生的反应度介于“不清楚”与“比较同意”之间。从单个题项来看，学生对学校举行专家讲座的认同度较高，均值有 4.0 分，75% 的学生表示赞同；而在多民族混合住宿利于专业学习维度上认同度较低，均值有 3.76 分，65% 的学生表示赞同。

从学生对培养目标的评价来看，包括学生对培养方案，还有专业实际培养状况的理解程度。利用算术平均数对不同维度进行衡量，培养目标定位维度共包含 7 个题项，总体分值介于 7—35 分之间，学生样本的总体均值为 25.92 分，单个题项的均值为 3.70 分，学生的反应度介于“不清楚”与“比较同意”之间。从单个题项来看，学生对专业更注重理论知识传授的认同度较高，均值有 3.8 分，68% 的学生表示赞同；而在经过专业学习后具备足够专业能力维度上认同度较低，均值有 3.62 分，60% 的学生表示赞同。

从学生对专业实践的评价来看，包括学生对专业实践内容，还有社会实践状况的理解程度。利用算术平均数对不同维度进行衡量，专业实习与社会实践维度共包含 8 个题项，总体分值介于 8—40 分之间，学生样本的总体均值为 29.71 分，单个题项的均值为 3.71 分，学生的反应度介于“不清楚”与“比较同意”之间。从单个题项来看，学生对学院重视专业实习并提升了能力的认同度较高，均值有 3.82 分，68% 的学生表示赞同；而在学生参与到科研项目与研究活动维度上认同度较低，均值有 3.63 分，60% 的学生表示赞同。

第四节 民族语文专业发展中呈现出的问题与不足

一、专业发展模式过于单一，人才培养特色不够突出

民族语文专业是中央民族大学最早创办的传统优势学科专业之一，属国家级重点学科和国家级特色专业。从其历史演进来看，大致已形成了以北方维吾尔、藏、蒙古、

朝鲜、哈萨克以及南方彝、土、壮、侗、苗、瑶、布依等少数民族语言文学为主的专业结构体系，但在整体的改革幅度上呈现不足，所构建的人才培养模式比较单一，单纯的民族语言文学方向较多，缺乏统一整合或交叉、或支撑。随着新时代的到来，民族地区社会经济发展亟须既懂得本民族语言文化，又有掌握现代科学技术、科学管理专业的复合型人才，特别是应用类人才。相关专业在人才培养上只注重本民族语文基础知识和基本技能的培养，学生知识结构较为单一、面窄，面对激烈的人才竞争市场，学生发展的空间较小，就业压力大。在外部环境的挑战下，专业办学难度增大，传统学科的优势特色受到不同程度的削弱。

二、专任教师数量不足，年龄结构偏老化，语种缺项严重

由于民族语文专业所配备师资的要求，需要特殊的高学历语言类人才，随着专业发展与学生规模的壮大，造成教师队伍数量的不足，生师比出现逐年上升的趋势。教育部 2004 年颁布的《普通高等学校基本办学条件指标（试行）》中，规定了综合、师范、民族院校的合格办学标准，生师比例为 18：1。目前民族语文专业的本科在校生为 1194 人，专任教师数为 97 人，与标准比例相比偏低。但是加上在读研究生，在校生共有 1758 人，生师比重偏高。由于教师队伍的更新速度减慢，教师队伍的年龄结构呈现老龄化倾向。在所有教师中，45 岁及以下的教师占 51.89%，而 46 岁及以上的教师占 48.11%，中老年教师所占的教师比重接近一半，教师队伍如果得不到及时更新的话，会出现人才年龄断档的局面。在现有教师队伍中，教师队伍的整体素质较高，高层次人才相对其他专业稍显更多一些，但教师的学历结构还需要得到进一步提升，现有教师中具有博士学位的比重占 70%，而研究生学历及以下的占近 30%，与其他一流学科专业相比还有些差距。

南方少数民族语言文学系师生比较高，教师仅有 18 人，学生近 300 人（本科生 120 多人，研究生 170 多人）；年龄结构趋于老化，40 岁以下有 4 人，41 岁—50 岁有 6 人，51 岁以上有 8 人；学历结构中博士所占比重仅为 66%，博士学位有 12 人，硕士学位有 5 人，学士学位有 1 人；职称结构更不合理，教授有 3 人，副教授有 2 人，讲师多达 12 人；语种结构缺项更严重，有语种的教师：壮语为 3 人，彝语为 1 人，台湾阿美语为 1 人，苗语为 1 人，蒙古语为 1 人，拉祜语为 1 人。值得注意和需要引起警觉的是，中央民族大学自创办以来，一直在国际国内影响力较大的是汉藏语系语言研究及其人才培养，而南方语言文学系承担的就是除藏语以外的其他汉藏语系语言，还

包括南岛语系语言和南亚语系部分语言的教学与研究。从目前的发展状况来看，其形势非常严峻。

三、专业课程体系构建不够完善，实践与特色课程数量较少

民族语文专业课程按照教育部统一要求，在公共课程、专业课程、通识课程等构成比例上比较一致，但在专业必修与选修课程上有一定的变通余地。目前的课程顶层设计还存在一定问题，缺乏统一的、系统的课程分层次、分等级设计，造成专业课程资源相对不足，学生反映在学期间没有学到足够的专业知识与技能。无论是公共课程还是专业课程，主要缺乏通识类课程，通识课程主要以提高学生的人文素养为目的，比如人文科学的哲学、历史、艺术等课程，造成学生的人文素养提升不足。在专业课程设置上存在着“因人设课”的现象，部分专业（语种）的课程体系没有按照专业（语种）方向设置课程，选修课程根据本专业（语种）教师学科背景和研究领域来设置。同时，专业课程资源建设投入不够，在特色课程建设上呈现不足，学校建立特色课程的案例比较少。每个专业方向的本科课程为 4.66 个学分，而研究生课程为 1.2 个学分，特色课程的数量比较少。实践教学课程也偏少，每个专业方向的本科课程为 13.5 个学分，研究生课程为 2.8 个学分。总体来看，学校和学院层面对专业课程资源规划落实不到位，公共与专业选修课程没有达到要求，通识课程、前沿课程、交叉课课程较少，专业课程体系建设较落后，专业知识内容偏陈旧，学科前沿知识较少，不能及时掌握比较新的专业内容。

四、专业教材开发能力不足，缺乏统一规范与权威教材

从实地调研来看，学校、教师与学生反映比较多的问题便是教材的编写与使用，没有形成比较完备的教材体系，对教学与学习产生比较消极的影响。主要体现在专业统一与权威教材比较缺乏，双语教材的种类与数量偏少，类似的教材改造升级缓慢，对实际教学工作的开展产生不利作用。双语教材以及民族语教材不能满足教学的实际需要已成为民族院校的共性。主要原因包括不同语言方言种类多，双语类专业规模小，专业人才缺乏等，造成双语类专业教材建设困难，双语教材和工具书不是从未出版就是已经绝版。民族语 + 专业方向的教材编写更呈现出不足，由于不同专业术语的翻译不够统一和规范，加上没有认真研究这类专业的课程设置，因此，呈现出缺乏对专业

融合度较高的民族语文教材。同时，民族语文专业还存在着使用自编自用教材较多的现象，教师使用自编教材的比重达到27.5%，国家统编教材与经典教材的使用比例不高。但受制于教师队伍的语言与专业能力，致使教材编写周期较长，教材编写不规范，加上外在的教材质量监控体系不健全，对自编教材的质量评价无法有效开展。

五、毕业生的就业率和就业水平不高，就业路径呈现出单一化

从2015—2019年的就业状况来看，民族语文专业总体的平均就业率为89.59%，2013—2019年分别为88.81%、89.66%、84.07%、92.72%、92.18%、92.71%、90.48%。前两年呈现上升趋势，2017年又有下降，有的专业达100%，但有的专业就业率不高，使总体就业率不是很理想。从专业类型的就业来看，单一的民族语言文学专业就业率会相对低一些，而偏应用性的专业就业率会高一些。学生的就业路径相对单一，从2017年的就业数据来看，学生的主要就业方向为政府公务员、各类学校、公私企业、新闻媒体等机构，此外还有一些学生升学继续接受教育。大部分毕业生都从事与专业相关的工作，占到近七成的比例。究其原因，一是毕业生就业缺乏政策支持，相应的就业岗位少，各种岗位招考受到限制，这与当地人事部门对政策理解有误差相关；二是学生的就业观念比较保守落后，学生认可的就业是体制内就业，希望找到专业对口的岗位，就业渠道单一，造成就业竞争力不强。

六、经费与学生管理呈现区隔化，专业方向之间的协调不充分

近几年来，民族语文专业在人才培养上尝试做出了调整与完善，试图创建创新人才培养模式，对原有的人才培养模式进行革新。在实践中构建民族语言的应用性人才培养目标，但在相关院系与应用专业的相关院系之间缺乏有效沟通与衔接，在专业方向之间的管理上呈现脱节。一是在人才培养目标上，涉及不同学院与专业之间的协同，尤其是民族语文专业与应用型专业的共同商议，目前不同学院之间的协作较少，人才培养目标拟定不统一，课程与教学上不能进行有效协调；二是培养经费拨付与管理上，学院与专业之间仍然是各自管理各自的，难以进行跨学院与跨专业的共同管理，实际负责人才培养的单位掌握不到实际的运行经费，不易调动培养单位的积极性；三是教学管理与学生管理上，现有的学生管理模式不符合应用型人才培养的目标定位，学生的专业调整与分配，学生的日常教学管理安排都难以实施，需要进行统一安排与管理。

第五节 政策建议与发展措施

语言文学专业虽然进行了较大的机构调整，但是民族语文专业的建设和学科建设才刚刚开始，其任务十分艰巨。特别是人才培养模式、师资队伍建设、课程体系改革、教材建设、学生管理等问题要被当作头等大事来抓好，快速突出重围，否则，将落后于全国其他高校民族语文专业的发展步伐。

一、强调复合型人才培养目标定位，构建多元化培养模式

坚持树立高校为服务少数民族地区培养一流人才的目标，要为民族地区社会发展培养“靠得住、用得上、留得下、干得好”的人才，牢固树立立德树人和突出人才培养质量为核心的理念。在民族语文专业发展上，突出多学科应用型人才的培养，将民族语和专业领域相结合，由单一培养目标向复合培养目标迈进，注重养成高素质复合型创新人才，尽可能做到有的放矢的“厚基础”和“宽口径”培养特征。围绕国家“一带一路”倡议和国家民族团结进步事业发展的需要，加强少数民族语言文学专业与应用性专业的交叉联合培养，突出多语多文种的特点，培养一大批懂民族语言的计算机、网络、经济、管理、双语师资、法律、新闻等复合型人才，在专业方向上成熟一个然后再开设一个。

为了实现复合型、创新型的人才培养目标，需要在人才培养模式上进行革新，强调目标定位与培养模式的相互契合，拓宽现有专业培养口径。注重建立“专业方向＋民族语言”的人才培养模式，形成“一杆N枝”的培养特点，使现有模式变得更加多元化。在具体的模式构建中，强调不同阶段年限的构成，突出不同阶段的培养目标。在人才培养模式上还可以推动一些小改革，在培养过程中强调小班教学和小规模培养，突出学生民族语言文学能力和汉语应用能力的培养。建立专业基地班的模式，提高对于人才培养的高学历要求，采用本硕贯通培养的方式，为学科、社会培养高端精英人才和研究型人才。

二、对专业课程体系进行优化设计，加强通识课程与特色课程建设

针对已有课程体系存在的问题，学校和学院层面应对民族语文专业的课程体系进行顶层设计，统筹并明确规划课程资源建设的方向和发展目标，制定不同语种课程设置的改革优化方案。在保障公共课程的适当比例的前提下，按照人才培养模式的特点，对专业课程不同模块之间进行调整，突出不同课程之间的层次性。改变以往重复设置课程、因人设课的做法，将课程体系建设与人才培养目标定位、培养模式之间进行匹配。加强人文科学通识课程的比重，强化民汉双语教学的要求，增加一些实用性课程，包括教师资格证、公务员考试、实用技能课程等。加强与政府、社会机构之间的充分合作，召集课程专家、教师队伍、信息技术专家，建设一批具有重要影响力，具有权威性的特色精品课程。

从具体改革举措来看，一是创新设计通识课程，主要目标是提高学生的人文素养，增强学生掌握解释事物的方法和能力，包括设立哲学、中国通史等课程，还可开设如法律、管理等通识选修课程；二是科学设计专业必修课程，主要目标是培养“宽口径、厚基础”的双语双文人才，确定古代民族语、现代民族语、古代民族文学、现当代民族文学等民族语文专业核心基础课程，构建好文学概论、古代文学、现当代文学、外国文学、古代汉语、现代汉语、语言学概论等7门主干课程；三是要精心设计专业选修课程，主要目标是启发学生形成以独特的思想观点、研究角度和方法进行知识创新，可开设训诂、文字、方言等语言学研究类课程，还可开设比较文学、民族散文研究、民族小说研究、民族影视研究、外国文学专题等文学研究类课程等。

三、加大专业教材的统一编写力度，建立一批权威精品教材

学校应积极加强与政府机构的合作，建立由学者、教师、专业人士等组成的教材编写团队，按照民族语言种类着重编写专业教材，对教材体系、内容层次进行统一要求，吸收新的研究成果和方法，建设一批具有权威性的精品教材，强调教材的编写质量。在权威教材中构建若干国家级、省部级精品教材，以一批精品课程与教材来引导课堂教学的开展，整体优化课程结构，更新教学内容，改进教学方法，提高专业教学水平。在一些特色教材制定上，需要加强教材选用和自编教材的管理，学校应加强对教材建设方面的投入，广泛组织教材编写团队，鼓励教师的积极参与，做到集思广益，

将积累的教学经验和研究成果选入教材内容，保证教材选用和编写的优质化。除了编订一些高质量的教材外，需要加强对于教材质量的评估，要建立健全自编教材的审查机制。对现有教材体系进行有效甄别与选择，淘汰一批低质量、内容过时、效果评价差以及使用不佳的教材，实现专业教材的不断优化提升。

四、积极培养与引进相结合，尽快改善教师队伍的年龄、职称和语种结构

要保障提升民族语文专业的建设水平，提高教学质量和办学效益，学校必须着力建设一支高水平的民族语文专业师资队伍。鉴于民族语文专业在人文科学中的特殊地位，又是一门冷门学科，所以需要在人才培养上予以特殊倾斜。针对特殊专业方向和语种，适当放宽权限，按照适当比例，允许各学科与专业通过考核，把每年毕业的优秀博士研究生留校任教。除了自身培养与选聘外，还可以制定积极的人才政策，从外部引进高端人才，对现有教师队伍进行升级。主要采用引进、兼职、互聘、返聘等专兼职结合等方式，加强学校与其他高校、科研院所的合作，聘请有一定影响的专家学者作为学科领军人物或兼职教授，吸纳校外优质人才资源，形成各自的教学团队。

针对教师的职称评审，目前存在着“一刀切”的做法，将民族语文专业和其他专业等同看待，学校应制定适当的支持政策，在职称评审标准上给予民族语文专业以倾斜，将跨界语种的国际性民族语文类期刊纳入到评审标准中，或者收录该行业里有影响力的刊物。进一步完善使用民族语言发表的相关学术成果的评价体系，建立专业同行评价机制，在职称评定、进修提高等方面给予政策支持。此外，加强教学团队与以老带新制度的建设，实施在职教师培训进修访问计划，加强教师的在职培训、进修和国内外访学，跟踪国际国内学科前沿和发展趋势，使之不断茁壮成长。恢复或坚持以老带新制度，实施青年教师教学能力提升计划，确保青年教师快速成长，尽快成为民族语文专业的优秀教师。

五、对招生生源进行有效的质量把控，加强不同专业方向学生的管理

民族语文专业的人才培养质量主要受到招生来源的影响，尤其是学生的综合素质与民族语言水平会影响到学生的培养水平，因此需要在招生生源与日常管理上进行改革。在招生管理环节，依据学校就业信息及人才输送布局规划调整招生计划与方式，

根据人才培养需要实施特色招生。根据办学宗旨与培养定位，结合学校地处北京的区位优势，民族语文专业招收的学生应是具有一定汉语基础和较高民族语水平的学生，应进一步明确提出对考生的民族语水平和汉语水平的标准与要求。在招生的过程中，应开展严格的民族语测试工作，适度增加少数民族语言文学专业与应用性专业联合培养的招生人数，加强民族语文应用型人才的培养。

学校层面应借鉴定向培养模式，可根据语种及方言与各省和地区协商试办订单式培养人才。开展“学校+政府”的合作办学形式，构建人才培养的“订单式”服务，由地方政府提出人才需求，学校负责实际培养，实现人才培养供给与地方需求之间的结合。对毕业后愿意到民族地区以及基层工作的学生，给予学费减免或生活费用补贴，包括签订服务合同，享受公费生的待遇，保障基层服务年限，工作到年限后可自由调动工作等。

此外，学校要给予研究生招生或免试推荐研究生方面的大力支持，民族语文专业学生的母语是民族语，汉语是第二种习得语言，英语或其他外语是第三种习得语言，但在具体招生中英语是重要考察环节。因此，需要有特殊的政策使得民族语言能力很强且汉语水平较高的学生能顺利进入更高层次进行培养，应给予更多的免试推荐硕士研究生名额。

要加强对在校生的管理，尤其是应用型人才的培养上，根据前期法学、新闻学、计算机、信息科学与技术专业在藏族学生培养的探索与经验，学生由应用型专业所在院系管理更为合适。对学生的培养与教学工作需要几个院系共同完成，应打破现行学校的经费拨款方式，承担主要教学任务的院系也应该有相应的经费，以便调动院系的积极性以及满足人才培养的实际需求。

六、积极建言就业扶持政策，消除学生就业资格限定与障碍

民族地区基层急需懂民族语的各种专业人才，但能考到民族地区基层工作的，懂民族语的又微乎其微。民族语文专业所培养的语言类人才具有特殊性，在就业的过程中需要得到国家、社会的倾斜性照顾，从就业政策到就业指导，给予毕业生足够的支持力度。这需要政府层面的积极支持，制定配套就业政策，让更多毕业生到急需人才的民族边疆地区工作，如双语师资、双语法官等岗位。还要在就业渠道、就业途径方面进行积极拓宽，有效解决政策、制度以及资格限定问题，为毕业生减少就业的障碍。在招聘考试与学科属性上，有的省市州对中国语言文学理解有误，认为中国语言文学

只指汉语言文学，不让民族语文学生准入考试。因此，要向有关部门反映这一情况，虽然教育部的教师资格证的考试上做了纠正，但其他部门还未有反映，应给予民族语文专业毕业生以同等的学科待遇，能够通过资格审查进入到招聘考试中。

还要积极转变学生的就业观念，进一步加强分类指导，完善就业创业政策宣传，采取切实有效的措施引导毕业生进行积极分流，鼓励学生通过市场“双向选择”，甚至自主创业以实现就业。

第九章　民族地区高校民族语文专业发展与人才培养的路径选择——以西藏大学为例

民族语文专业与民族地区的政治、经济、文化发展密切相关，尤其是处于民族地区的高校，所开设的民族语文专业对当地的发展起到重要的作用。2015 年，教育部、国家发展改革委和财政部联合发布的《关于引导部分地方普通本科高校向应用型转变的指导意见》指出："生产服务一线紧缺的应用型、复合型、创新型人才培养机制尚未完全建立，人才培养结构和质量尚不适应经济结构调整和产业升级的要求……各地各高校要推动转型发展高校把办学思路真正转到服务地方经济社会发展、产教融合与校企合作、培养应用型技术技能型人才上来。"① 这一要求使人们再一次重视教育与社会的关系，尤其是社会所需要的复合型、应用型人才的培养需要高校各个专业来实现。

本章主要选择位于边疆民族地区的西藏大学作为个案，以藏语言文学专业为分析对象，对其专业发展与人才培养进行具体探究。藏语言文学专业人才培养对藏族聚居区经济、政治建设发挥着重要作用。不仅能培养藏族聚居区各行各业所需要的民族干部、更能培养一批具备从事藏语言文字、创作、研究等工作的专门人才。但是随着当前社会形势的转变，高校培养的藏语言文学专业人才不能完全适应社会需求，具体体现在毕业生难就业和企业难求应用型人才的现象并存②，毕业生社会适应能力弱、人际交往困难以及处理问题欠妥等，这些问题影响社会的发展，亟待解决。因此，本章旨在以社会的发展和需求为背景，以学生发展为中心，对藏语言文学专业进行探究，发现当前专业发展与人才培养的不足，进而提出改进意见，促进藏语言文学专业的发展

① 中华人民共和国教育部：《关于引导部分地方普通本科高校向应用型转变的指导意见》，http://www.moe.edu.cn/srcsite/A03/moe_1892/moe_630/201511/t20151113_218942.html，2015 年 10 月 23 日。

② 赵英刚：《地方本科院校转型发展中传统专业转型路径探究——以保定学院汉语言文学专业为例》，保定：河北大学，2017。

以及人才的培养，从而加快社会发展进程。

第一，藏语言文学专业的发展与贡献。学校藏语言文学专业最初是在20世纪50年代正式发展起来的，从专业建立至今有60多年的历史，期间经历始发、调整、上升和蓬勃阶段，目前发展成为受藏族聚居区学生欢迎的专业之一。随着社会的发展，从最初的几所大学到现在有几十所大学开设有藏语言文学及其相关专业。中央民族大学、西南民族大学、西藏大学、青海民族大学、青海师范大学等多所高校均开设此专业，教师主要是来自藏族聚居区的懂藏语的老师，很多毕业于中央民族大学和其他民族大学的藏语言文学专业，他们培养了一大批藏族聚居区社会所需要的人才，包括藏汉翻译人才、藏语文人才以及藏汉双语干部，他们不计辛劳与报酬，甘愿奉献于祖国的边疆地区，为民族事业蓬勃发展任劳任怨，正是他们的付出，守护了少数民族地区的稳定与繁荣。他们多数从事与藏语文相关的媒体工作，成为这些行业的领军人物。[①] 今天，他们仍然是民族地区各行各业的生力军，更是凭借着忠诚与坚持，为藏语言文学专业的健康持续发展夯实了基础。[②]

第二，社会转型，藏族聚居区人才需求发生改变。党的十九大以来，社会各领域发生着重大变化，经济结构不断优化，新兴动能蓬勃发展，对外开放持续扩大，思想文化面貌焕然一新。但是，随着社会的转型发展，社会对于人才的发展提出了更加严格的要求，也对人才规格有了进一步的标准，不管是人才培养的类型，还是人才所具备的各种能力。在民族地区面临着同样的问题，在党和国家的关怀支持下，藏族聚居区逐渐发展起来，社会岗位日益丰富，且各岗位人才需求量大，要求质量高，对人才的要求转向藏汉双语类型的复合型、应用型以及创新型人才。

第三，藏族聚居区社会需求与藏语文专业人才不对接。传统的藏语言文学专业的学生具有一定的语言和文字功底，能够在毕业后胜任教师、秘书、编辑等基本的岗位。但是社会的转型发展使得传统劳动力遭到淘汰，藏语文的一些传统岗位也面临前所未有的危机，相反，一些新兴行业如行政管理以及翻译还有理工类等如雨后春笋般生根发芽，对应的岗位需求逐步扩大。但是传统藏语文培养的人才未能满足其发展需求，尤其是“有知识无能力”的毕业生不能很好地融入社会的发展，造成学校供给和社会需求不对接的状况，致使学生面临严重的就业危机。其次，传统岗位如教师供不应求。藏族聚居区中小学依然存在师资紧缺状况，主要表现为中学各科老师结构性短缺，一个老师可能带两门甚至多门课程，还有双语师资短缺，教师经验不足等，这就需要具

① 周炜：《西藏自治区大专院校60年藏语文教学研究》，载《中国藏学》，2015（4）。
② 傅千吉：《民族高校藏汉双语教育现状及其发展研究》，载《当代教育与文化》，2011（4）。

备各种不同知识与能力的人才，为学校培养人才提出了挑战。

第四，人才变革，藏语文课程体系亟待改进。课程是人才培养的关键环节，藏语文专业培养人才不能适应社会需求，一定程度是由于学校课程设置落后，内容与时代发展相脱节造成的，尤其是在语言方面存在极大的挑战，其中汉语水平的不达标使得毕业生在工作岗位交流受限。因此，课程设置既要考虑人才的专业化，也要考虑知识的基础性；既要考虑知识的先进性，也要考虑传统文化的传承；既要考虑本地区的发展，也要为国家贡献人才。

第一节　民族语文专业的历史发展沿革

藏语言文学专业的发展为藏族聚居区培养众多高级人才，促进当地经济社会的发展。但是藏语言文学专业的发展并非一帆风顺。“极左”思潮的影响，认为共产主义都要实现了，还学这些“落后”的文字干嘛。因此这一时期的民族语文发展普遍缓慢，甚至曾一度被取消。但是随后经过纠正，民族语文逐渐回到正轨，藏语言文学作为民族语文的较大组成部分，得到各方重视，也逐渐发展兴盛。通过对搜集的资料进行梳理，本章将藏族聚居区高等教育藏语言文学专业课程体系的相关发展以及西藏大学藏语文的重点发展历程归为始发、调整、上升和蓬勃发展四个阶段，具体表现如下。

一、新中国成立初期——20 世纪 70 年代

这一时期的藏语文发展初具雏形，主要表现为通过成立学校以及设置相关专业来推动藏语文的发展。西藏师范学院作为西藏大学的前身，与藏语文有着不解之缘，其在 1951 年开办藏文干部班为藏语文培养人才开辟了崭新的道路。但是由于发展初期没有得到足够的重视，且发展条件不成熟，不论从课程还是教材方面都没有得到完全的保障，他们采用最简单的讲授法进行教学，讲授内容也主要以扫盲为主，却仍然对当时的干部和军人大有裨益。经过六年的发展，西藏最终决定成立内地班，自此西藏公学在陕西省咸阳市成立并设立藏语文专修科，开辟了民族教育内地办学的先河，为此后藏语文的进一步发展奠定了基础。1965 年，西藏公学又更名为西藏民族学院，并且设立藏语文系，标志着藏语文正式跻身大学教育行列，对于藏语文的研究也逐渐提上

了日程。不仅是藏文系关注藏语文的发展，学校本身对于藏语文也是相当重视，特设置专门的公共课来提高学生的水平。并且值得一提的是，当时的生源已经涉及藏族以外的民族，他们毕业后大都由学校分配到基层工作，包括基层的领导干部、服务人员、教师等，为后续的人才培养提供契机。

这一时期藏语文专业整体发展尚处于始发阶段，探索中的藏语文表现出总体的不成熟状态，首先是教育对象不成体系，主要针对干部和军人，覆盖面狭窄。藏族和汉族学生不作区分，毕业去向单一。其次是课程设置简单，考虑到学习对象以及时代背景的特殊性，主要以初级藏语言学习为主，且教学方式为简单的讲授。但值得一提的是出现了藏语文的公共课教学，对于藏语文推动作用有目共睹。最后是藏语文教学范围有所扩大，从藏族聚居区逐渐向内地过渡，从基础教育向高等教育过渡，发展逐渐步入正轨。

二、20 世纪 70—80 年代

藏语文教育的第一个调整期大致发生在 1978—1985 年近十年的时间里。这一时期，重点关注两个学校相关系所的发展情况，分别为西藏民族学院藏文系以及西藏师范学院语文系。两所学校发展情况不同，西藏师范学院语文系 1965 年开始招生，设立藏语文专业，其他学院相继设立相关公共课，逐步扩大藏语的学习范围。1980 年设立四个专业类别：藏语言文学、藏汉翻译、藏文文秘和藏语新闻，培养的人才更加细致且具有针对性，并且教师多数来自本土，懂藏语。

西藏民族学院虽然也在藏语文专业和公共课方面有所建树，但是其侧重点更偏向于将课程体系分类设置。1982 年，藏语文专业的培养目标转为以培养翻译人才和基层干部为主，相应课程分为藏语类、中文类和哲学政治类。由于其招生对象包括藏族和汉族学生，因此课程内容又有所差别：藏族学生课程基本模仿中央民族学院藏语系课程而设立，而汉族学生课程倾向于藏语语法、写作、口语、翻译以及文学类。

这一时期藏语文专业调整表现出藏族聚居区对于藏语文专业的重视程度逐渐上升，主要表现为培养人才更加细致化。不管是从专业设置的增多还是课程设置更具针对性，无不体现藏语文所培养的人才适用范围扩大，不仅局限于领导干部，还包括翻译人才、新闻领域人才等。

三、20 世纪 80 年代至 21 世纪初

如果说前两个阶段藏语文专业发展都处于摸索阶段，那么这一时期藏语文便迎来发展的第一个转折点，这主要归功于 1985 年西藏大学藏文系的成立。在成立之初，师资方面可谓是捉襟见肘，不光数量不多，质量也堪忧，仅有 1 名副教授，80% 的教师没有受过严格意义上的高等教育。但是为了保证教师队伍的先进性，还是选择中等专科学校毕业的优秀知识分子，以及从学校的本科生和研究生中选择一批用得上的人才为其服务。其建立为课程设置和人才培养提供了发展的平台，突破了旧式发展的局限，勇于创新，将一系列不合理的课程、教材加以改革。其次，会选择兄弟院校中藏语言文学专业毕业的硕士或者博士生，比如中央民族学院的毕业生来充当教师角色。最后，会招聘对于藏语言文学有研究的专家学者，这些学校和社会人士共同构成这一时期的教师队伍。

经过 13 年的重组以及革新，西藏大学藏文系焕然一新，课程内容紧跟时代发展的步伐，课程结构也趋于合理，形成了较为完备的课程体系。教材除沿用中央民族学院的部分教材外也进行了自编教材的整理，这一时期的教材大体分为三类：藏语言文字类，包括藏语的语音、语义、语法、口语和最基本的写作，以及部分基础知识如诗词学等；藏语文的基础理论类，包括文学（古代文学、现代文学）、民俗学以及宗教学等；藏汉双语类，包括藏汉语言学、藏汉翻译学（赏析类和实践类），其中双语教育的发展与国家政策有关，1987 年起，西藏自治区颁布实施《西藏自治区学习、使用和发展藏语文的若干规定（试行）》（2002 年修订为《西藏自治区学习、使用和发展藏语文的规定》）明确规定："在西藏自治区藏汉语并重"，将学习、使用和发展藏民族语言文字的工作纳入法制化轨道。[1] 这些都对大学藏语文的教学和研究起到了积极的推动作用，同时也对学生的藏汉双语水平以及综合素质产生深远影响。

这一时期是藏语文专业发展的上升时期，承接前期藏语文发展，这一时期西藏大学藏语文系的成立无疑将藏语文专业发展推向了新的发展高峰，主要表现为藏语文课程内容更加丰富，注重藏语各方面的讲授，包括语言学习、语言史学习以及语言文学的学习等。

---

① 西藏自治区教育厅：《西藏现代教育：让各族群众人生更美好》，载《西藏教育》，2016（7）。

四、21 世纪初至今

这一时期藏语文专业发展呈现出蓬勃发展之势，不仅西藏大学藏文系持续发展，其他大专院校也是后来居上。21 世纪初期，西藏大学藏语言文学系不断壮大，与藏史研究共同组成藏学系，极大增强了藏语文历史的教学和研究，随后的两年，又将汉语言文学教研室合并，最终组建文学院。从其发展历程中可以看出逐渐由重视藏语语言学本身向多语以及宽领域转变，知识基础扩宽更有利于藏语的蓬勃发展。

一直以来备受关注的西藏大学文学院秉持持续发展理念，逐步适应社会发展需求，由单一的藏语系分为藏学、汉语言文学、历史和大众传播系，根据所处的社会环境，藏学除语言和文学外更加注重因明和逻辑的发展，开创了因明学研究的新纪元，为日后深入发展奠定基础。为更好地进行学问研究，还开设独立研究室和研究所，聘请专家进行科研工作，仅从机构设置看，一是直接涉及藏语文教学和研究的机构有 9 个之多；二是与藏汉双语和蒙藏双语教学和研究相关的机构有 3 个，藏语文教学和研究以及藏汉双语等教学和研究的力量不仅没有削弱，而且大大提升。除传授知识外更加注重知识的创新，更加促进了藏语文知识向纵深发展。

除机构设置的优势外，课程体系的设置也进一步改革，根据专业设置的不断细化，课程更具有针对性，新闻学、文秘学、师范类以及翻译类的课程各不相同，都有各自的侧重点，如翻译类更多的设置翻译理论、翻译赏析和翻译实践等课程，而新闻类更注重藏语写作、藏族新闻发展史和诗词发展等。20 世纪 90 年代之后，随着各种自编教材的出版以及向兄弟院校教材的借鉴学习，教材设置更加科学合理。课程更加注重基础知识的传授，仅涉及藏语言和藏汉双语的课程就有 50 门之多，包括基础藏语学习（口语、写作、翻译）、文学类（古代、现代、历史）等，基本发展为成熟完备的课程体系。

课程内容与时代发展更为紧密，最显著的成就是藏语言文学专业在信息化方面颇有建树，在国家的大力支持下，承担了藏文编码研究并通过了国家标准，据此开设了关于藏语文的信息技术相关课程，并配备了专业的师资队伍，培养出大批现代化藏语文人才，日后学习逐渐从研究生阶段扩大至本科阶段。

师资力量较前三个时期有了质的飞跃，2011 年的统计数据中，教授的数量已经达到 10 名，副教授已经 32 名，其中很多已经享受国务院津贴，成为学术带头人。教师的数量更多，逐渐成为能够胜任藏语文教学的优秀团队。[①]

这一时期，藏语言文学对于课程设置更加注重系统性和基础化，内容逐渐丰富，涉及藏语和汉语的各个方面。藏语文专业的发展综合多方面考量，逐渐成为适应当代社会需求以及学生需求的专业体系，随着教学和科研机构的日渐增多和完善，课程设置也突破各种制约，向完备体系进展。

五、发展特征

藏语言文学专业从萌芽到发展壮大经历了曲折前进和螺旋式上升，虽然过程不是一帆风顺的，但是总体的态势是由低级向高级的发展，主要归功于国家和学校对于藏语言文学专业发展的持续重视与强化，通过提出当时先进的发展战略，提高人才培养质量，教师队伍不断壮大，课程建设持续调整，使得学科建设能够与时俱进。

第一，教师队伍不断壮大。教师是提高人才培养质量的中坚力量，教师队伍的不断优化使得课堂教学更具保障。藏语言文学专业建立初期，教师是不固定、不专业的群体，且教师数量少，教学能力相对较低，不足以培养大批优秀人才，但是改革开放以来，国家不断出台新的政策，针对高校教师数量短缺和教师质量不高的情况，提出“援藏计划”以及“人才引进计划”，同时为了培养本地区的专业人才，更是提出“免费师范生计划”“非西藏生源定向西藏就业计划”“高海拔定向专项计划”“大学生实习支教计划”和“西藏大学生创新创业训练计划”等[②]，与此同时，教师的数量得到快速增长，且学历层次有了较大提升。在整个发展时期，藏语文专业的教师数量逐渐增多，质量逐步提升，经历了由专科学校教师向双一流学校教师过渡，由普通教师居多向专家型教师居多过渡，由藏语言教师向藏汉双语教师过渡的阶段，已发展成为结构合理的教师团队。

第二，学生群体不断发展。在藏语言文学专业建立之初正值西藏和平解放时期，藏族聚居区文盲率高达 95%，教育以扫盲为主，加之社会经济条件不足、上学难等情况，教育对象主要以基层干部和领导者为主，普通百姓较少。随着经济以及教育的发展，藏语文招生规模逐步扩大，生源不仅涉及藏族聚居区高中毕业的学生，更包括汉族以及其他少数民族的学生。

第三，课程体系不断完善。藏语言文学专业课程建设经历了从无到有，从有到优

① 周炜：《西藏自治区大专院校 60 年藏语文教学研究》，载《中国藏学》，2015（4）。

② 廖治华：《改革开放 40 年西藏高等教育改革的回顾与展望》，载《西藏研究》，2018（5）。

的大体过程。从初期的扫盲教育只教授藏语言的读和写，过渡到除藏语言外还设置公共课加深语言的学习，发展到现在基本完备的课程体系，包括必修课、选修课、公共课等。课程内容由研究藏文字、藏语语法为主向系统学习研究藏族文学、藏族语言及藏族文化的方向发展。具体表现在建立初期扫盲教育只针对简单的读写，中期逐渐加强对双语教育的学习，注重将文学和历史纳入学习的体系，后期加强地方特色的学习，增强因明学和逻辑学内容，并且课程划分更加细致科学，最终调整形成较为合理的课程体系。教材更是由简单的自编教材和沿用其他高校的教材向统一完备的教材和精品教材过渡。

随着国家政策措施的完善以及学校的不断重视与改革，西藏大学藏语言文学专业的发展实现突破式进展，教师队伍的壮大、学生队伍的发展以及课程体系的不断调整，使得藏语文专业能够不断适应社会的要求，为藏族聚居区提供源源不断的人才，其取得的成就以及对藏族聚居区乃至国家的贡献值得肯定。但是，随着新时代的到来，藏族聚居区社会发展有了新的需求，藏语文专业课程体系须及时调整其发展策略，才能完全适应社会发展之节奏，因此必须清晰了解藏语文专业的发展现状以及存在的问题，为更好地融入社会发展提出有效建议。

第二节　民族语文专业的基本状况

人才培养模式的合理性关系到人才的培养质量，也为人才顺利融入社会搭建桥梁、提供保障。藏语言文学专业人才培养最早可以追溯到1951年开办的藏文干部培训班，至今已有将近70年的历史。期间，经过不断的改革发展，不仅在专业建设和人才培养以及科学研究方面积累了丰富的经验，也为当地经济社会发展和长治久安做出了重大贡献。从对西藏大学学校官网相关信息的查阅以及对学院领导的调研中得到关于人才培养和课程设置的宝贵调研资料。

一、专业设置的基本状况

西藏大学本科藏语言文学专业所属文学院，设于中国少数民族语言学科下，是国家以及省级重点建设学科，考生通过普通高考进入大学，为全日制在校类型。从目前的专业设置现状来讲，本科层面藏语言文学专业一共设置了4个方向，分别为藏语言文学（师范）专业、藏语言文学（非师范）、藏语言文学（汉藏翻译）、藏语言文学（汉族）。该校在藏语言文学学科和专业建设领域所取得的丰硕成果，是新中国成立以来党和国家高度重视继承和发扬藏族传统文化的具体事例和缩影，藏语言文学专业建设始终得到了政府和学校的高度重视。多年来，按照“统一领导，集中管理，责任到人”的财务制度，坚持本科教学经费专款专用，教学经费的投入得到保障。学校制定了《西藏大学优秀教学成果奖》《西藏大学优秀教材评审办法》《西藏大学青年教师课堂教学比赛实施办法》《西藏大学教学奖励实施》等专业建设奖励激励政策，民族语文相关专业建设经费均有稳定来源，还获得了国家级重点学科“藏语言文学”建设经费、学科（学位）点培育项目经费。近三年来，学院争取国家奖补资金、中西部高校能力提升计划资金626万余元。为了保证学院各专业正常教学活动的进行，提高教学的质量和效果，有效地推进教学改革，学院还每年拿出5万元用于院级教师和学生科研项目。这些措施有力地推动了藏语言文学专业建设。

二、教师队伍的基本情况

西藏大学藏语言文学专业方向共有54名专任教师，其中男教师43名，女教师11名。职称方面，教授5人，占9%；副教授28人，占52%；讲师19人，占35%；助教2人，占3%。年龄结构方面，35岁以下教师9人，占17%；36—45岁教师11人，占20%；46—55岁教师27人，占50%；56岁及以上教师7人，占13%。学历结构方面，获得博士学位的9人，占17%；具有硕士学位31人，占57%；具有学士学位14人，占26%。头衔和荣誉方面，国家层面，国家级教学名师1人，国家级教学成果奖1项，宝钢优秀教师2人，长江学者特聘教授1人，教育部新世纪优秀人才2人，国家“万人计划”1人，同时，2007年藏语言文学教学团队被批为国家级教学团队。自治区层面，西藏自治区“五个一批”人才2人，自治区级教学名师3人，西藏大学珠峰学者2人，自治区级教学成果奖3项，自治区教学名师3人，自治区教学能手2人，自治区优秀教师1人，自治区学科技术带头2人。校级层面，藏语言文学专业教师中有13名教师分别获得了校级优秀教师、先进教育工作者等荣誉称号。

三、在校生的基本情况

西藏大学有藏语言文学专业本科生 944 人（男 407 名，女 537 名）。开设本专业以来培养了本科生 10306 人，硕士 884 人，博士人 20 人。从招生生源上看，本科生源以西藏自治区内部生源为主，有少数区外（云南）生源。2013—2017 年，藏语言文学专业招生呈现出逐年递增趋势，其中，本科年平均招生达到 226 人。藏语言文学专业现有学生中，藏族 1017 人，汉族 162 人，其他民族 4 人。其中，农牧民家庭学生 811 人，占 69%。2013—2017 年，本科生毕业 1227 人，毕业率在 97.14% 以上。

四、毕业生的基本情况

毕业生是本调查研究的重要对象，因其毕业后根据本科所学知识从事各项工作，通过对其调查研究，可以明确在工作岗位哪些知识有价值，缺乏哪些知识，挖掘有效信息，从而为课程体系设置提供参考意见。

西藏大学从开设该专业以来培养的本科毕业生总人数达到 10306 人，2013—2017 年毕业生人数为 2013 年 327 人，2014 年 263 人，2015 年 220 人，2016 年 210 人，2017 年 207 人。从已有数据来看，毕业生人数逐年递减，可能与招生人数的降低有很大关系。近五年来学生的毕业率较高，均为 97% 以上，最高达到 2017 年的 99.52%。就业率从 2013 年来连续三年 100%，就业率较高，但是从 2016 年以来持续下降。毕业生的就业单位主要为升学（含出国读书）、政府公务员、事业单位、国企、私企、职业院校 / 中小学 / 其他学校以及自由职业（含创业）。据调查，2017 年的毕业生中，就业岗位与所学专业相关的有 89 人，与专业无关的有 118 人，但是这些人中大部分都留在藏族聚居区工作，为藏族聚居区建设服务。对这些毕业生的调查中发现，他们对自身评价均为准备不够充分、没有认清当前的就业形势，就业渠道单一，求职态度不端正。

五、学生就业培训与专业实践情况

学院自 2013 年以来举办学生就业培训（含职业规划、就业指导、实习培训等）228 次，接受培训的人次为 1227。主要由校内专业教师、校内辅导员以及校内职能部门人员进行培训，内容大体包括：职业生涯规划方法与步骤；指导学生进行自我认识；

能力培养；就业技巧；讲解国家与自治区的就业与创业方针，政策；宣讲当前的就业形势；讲解大学生就业市场的择业特点；毕业班实习培训。

根据对学校的调查，藏语言文学专业人才培养存在诸多问题，如学生就业形势与其他专业一样日趋严峻，学生的就业观念有待于进一步转化；藏语言文学学科建设难度大，缺乏学科领军人才。因此，在西藏自治区大学生就业政策改革大背景下，西藏高校大学生就业压力日趋严峻，藏语言文学专业作为传统专业受到的影响较大。

第三节　民族语文专业的人才培养模式

本节根据后现代课程观将课程体系分为四个部分描述，对整理的官网数据、300份在校生和100份毕业生的问卷以及教师的访谈内容进行分析。其中问卷采用李克特量表，同意度按照数字1—5表示为“非常不同意”到“非常同意”。采用平均数、标准差和方差等描述统计，计算过程中，将评价标准小于3视为不认可，3—3.5视为一般认可，3.5—4为较认可，大于4为认可。

一、人才培养目标定位与特征

（一）文本资料分析

以下是在调研过程中根据领导的座谈整理的调研报告，详细论述人才培养中的目标、课程以及培养特色和不足。

表 9–1　藏语言文学专业人才培养目标体系

1	培养目标定位	本科	掌握藏语言文学教育及研究的基础知识、基本理论和基本技能，具备综合协调能力、表达能力、竞争能力，能从事中小学及中等职业技术学校的藏语文教学及管理工作，能够在地区、县、乡等各级行政部门以及新闻媒体行业、企业等从事翻译和文秘工作的积极为社会主义现代化事业和西藏经济跨越式发展服务的“靠得住、用得上、留得下”的应用型专门人才
2	课程设置模块	公共必修课（学分）	本科：52　研究生：10
		公共选修课（学分）	本科：0　研究生：2
		专业必修课（学分）	本科：95　研究生：10
		专业选修课（学分）	本科：6　研究生：10
		实践教学课（学分）	本科：22　研究生：2
		特色课程（学分）	本科：0　研究生：2
3	具体的课程设置（请列出具体名称）	专业基础课	本科附培养方案；
		语言类课程	本科附培养方案；
		特色类课程	《藏学动态专题研究》《比较文学》
4	人才培养的语言教学模式	双语模式（民汉双语）√	双语模式（民汉双语）√
5	精品课程与教材获奖（册数及名称）	国家级	
		省级	《藏族传统诗学理论》《藏族文学理论》
		校级	《藏族文学史》《现代藏语》《因明与宗印》

续表

6	人才培养的特色以及存在的不足（请客观描述）	培养藏语文师资是自治区赋予我院的一项重要任务，也是我院开办历史最悠久、培养人才规模最大、办学经验最丰富、社会影响最大的专业。培养的学生具备藏语为主，汉语、英语兼通的应用型人才，受到了西藏各行各业用人单位的欢迎和好评。 存在的不足： 1. 师资年龄老化较严重，未形成合理梯队。现有教师中 47 岁以上教师 34 名，占本专业教师总数的 62.96% 2. 在本专业领域有重要影响力的学科和学术带头人较少，影响着本专业学术团队建设和重大项目的申报工作 3. 缺乏自主培养和留用本专业师资的机制和渠道，导致部分课程专业教师严重缺乏。在国内其他院校可引进高学历人才较少的情况下，本校培养的硕士研究生选拔留校任教缺乏相关政策，致使师资队伍建设工作进程缓慢 4. 与国内外大学和学术机构的交流与合作不够活跃，缺乏持续性 5. 本学科有关的图书资料不够完善，现有的图书资料受场地和人员编制的限制，利用率不高 6. 各专业方向的教材体系尚未健全，可借鉴和使用的教材来源又非常有限
7	学生培养情况评价（请客观描述）	培养藏语文师资是自治区赋予我院的一项重要任务，根据调查，目前全区 100 所高中、初中学校共有在职藏文教师 2047 人，其中，毕业于我校藏语言文学专业的教师有 1639 人，藏文师资队伍中我院培养的学生占 80.1%。目前西藏自治区 223 名藏文专业高级教师中，毕业于我校藏语言文学专业的教师有 189 名，占全区藏文专业高级教师的 85%。西藏自治区 923 名藏文专业一级教师中，毕业于我校藏语言文学专业的教师有 697 名，占全区藏文专业一级教师的 76%。另外，全区所有中学藏文教师的学历提高教育、骨干培训工作等均由我院完成，成为名至实归的全区中学藏文师资培养基地

资料来源：西藏大学书面调研有关附表。

该培养目标主要针对课程内容以及学生的就业进行规定，课程内容包含基础知识和应用能力的培养，岗位选择众多，就业面广泛，旨在培养适应社会发展的应用型专门人才。从描述中可以明确在藏族聚居区社会转型发展阶段，西藏大学仍然以应用型专门人才的培养为主，而非国家提倡的复合型应用人才，因此培养的人才是否能为社会多数岗位所用是值得商榷的，还需结合学生的实际情况来做说明。并且学院将藏语师资的培养作为主要的培养特色，也实现了藏族聚居区大部分中学和一线藏语教师来自西藏大学的目标，正是如此，不免出现重视培养师资而忽视其他方向的人才培养情况。总体来讲，培养目标单一，还需进一步丰富与改善。

（二）基于在校生的调查分析

培养目标对于课程的设置以及实施具有指导性作用。通过对数据的整理，如表9-2，对于培养目标的相关特征进行描述，可以发现，本科在校生对于学校培养目标的定位较认可，均值大多在3.5—4之间，说明学生比较认可对于课程目标的特征描述。但是总体性描述话语“我很赞同本专业培养方案中的目标定位”均值虽然为3.87，标准差却达到1.044，相对来讲波动较大。其中对于所学的知识适应实际发展需要以及民族地区的需求方面学生认可度很高。但是根据众数来看，在“我很清楚学校要把我们培养成什么样的人”方面，选择“不清楚”的同学最多，也就是他们对于培养目标定位模糊，没有明确感受。描述结果如下表所示：

表 9-2　培养目标定位描述统计表

培养目标定位	均值	众数	标准差
我很赞同本专业培养方案中的目标定位	3.87	4	1.044
我很清楚学校要把我们培养成什么样的人	3.62	3	1.036
专业培养能够使我成为掌握多语种的复合型人才	3.98	4	0.905
相对于实践应用性能力的培养，本专业更注重理论知识的传授	3.85	4	1.047
我所学的知识与技能适应民族地区的现实需求	4.17	5	0.944
专业培养方案符合实际发展需要，对我的学习帮助很大	4.03	5	1.003
经过专业学习与培养后，我具备了足够的专业能力	3.81	4	0.992

（三）基于毕业生的调查分析

在所调查的100名毕业生中，有一个缺失数值，其余99名中有68人认为人才培养定位适中，顺应外部社会需求；17 人认为人才培养定位过高，难以适应社会工作需求；5 人认为人才培养定位过低，难以适应工作需求；9 人认为人才培养定位脱节，与社会需求相脱轨。从数据可以看出，三分之一的人认为培养目标定位不适应社会发展的需求。因此，培养出的学生不容易找到与自己所学专业相匹配的岗位。

在经历工作之后，一半以上的毕业生认为藏语言文学专业应该培养学生的专业业务知识与技能，这是最基本的。其次，学生最看重的是创新精神与创新能力，这是适应变化万千的社会所必需的，当代社会与其说是人才的竞争，不如说是人的创造力的竞争。应试教育模式下培养出的青少年相对缺乏创新性，因此注重创新精神和创新能力的培养是新的诉求。最后，德育、外语和计算机能力以及责任心也是学生关注的重点。道德教育尤其是职业道德为就业所应遵守的基本准则，一定的道德约束力是规范行为的必要力量。因此，学校也应高度重视。

表 9–3　藏语文培养学生素质类型频率表

		响应		个案百分比
		N	百分比	
藏语文应该培养学生哪方面的素质	职业道德	35	13.5%	35.7%
	事业心与责任心	38	14.6%	38.8%
	专业业务知识与技能	52	20.0%	53.1%
	外语和计算机能力	34	13.1%	34.7%
	吃苦耐劳与团队协作精神	33	12.7%	33.7%
	组织管理能力	23	8.8%	23.5%
	创新精神与创新能力	43	16.5%	43.9%
	其他	2	.8%	2.0%
总计		260	100.0%	265.3%

培养目标适应个体发展需要、社会发展的需求才能培养出为社会有用的人才。针对在校生以及毕业生的反馈，39 人认为培养定位应当改革，34 人认为培养方案应当改革。因此，通过调研分析，适当听取学生意见，才能制订更加灵活有效的培养目标和培养方案，尤其是已有社会经验的毕业生的反馈，对于学校培养适应社会发展的人才颇有益处。

（四）基于教师的访谈分析

在整个教师的访谈中，针对培养目标的问题只有“您觉得藏语文的人才培养定位如何？学生经过四年的学习后能否实现？”，从教师的回答中我们可以清晰地看到教师的两种不同观点。一类教师认为藏语文人才培养很好地概括了当前社会的需要，学生在经过四年的认真学习之后可以实现人生抱负，并且学院的教学足以培养出优秀的人才。另一类教师不似如此乐观，认为藏语文教学整体不错，但是某些方面还是有待改进的，比如学生的就业问题、教材的问题，还有学生的生源问题。学校还是应该适时调整发展策略，多给教师发展的意见。

二、人才培养内容体系与特征分析

（一）文本资料分析

课程设置主要包括公共必修课、公共选修课、专业必修课、专业选修课、实践教学课以及特色课程“藏学动态专题研究”“比较文学”等。除了和学校其他专业一样完成公共基础课、通识课学习任务以外，开设了“语言学概论”“藏族诗学基础”“因明基础”“文学史”“藏族近代文学”“藏族现代文学”等藏语言文学专业必修课，四年制藏语言文学本科专业学生的专业必修课和专业选修课学分达到了101分，占总学分的57.8%。同时，积极发挥自身优势，加强对藏语言文学专业教材建设。通过学院及教师的努力，先后编写出版了《现代藏语》《藏语词汇》《文学概论》《藏族文学史》等63部教材、教参。近年来，先后编写出版了《藏语剧本的创作与欣赏》《新闻采访与写作》《藏语口语实训》《西方翻译简史》等21部教材、教参。目前，《文学概论》（藏文版）进入普通高等教育“十一五”国家级规划教材，也是全国唯一一部进入国家级规划的藏文教材。传统学科的课程教材大部分为本院教师编写，这些教材在近些年的使用过程中也得到了国内同行及学生们的好评，部分教材也被兄弟院校参考、选用。目前，已经建成了“西藏历史”“藏族传统诗学理论”“藏族文学理论”3门自治区级精品课程；“藏族文学史”“现代藏语”“因明与宗印”3门校级精品课程。

根据学校对课程以及教材的描述发现，公共选修课以及特色课程的学分设置为0分，专业选修课为6分，从学分设置如此之少可知学校对于这几种类型的课程重视程度不是很高，也可能学校设置的这类课程数量较少，对此没有特别的要求，且缺乏国家级精品课程和教材，教材体系尚未健全，可供借鉴和使用的教材资源相对缺乏。

（二）基于在校生的调查分析

在所有的调查对象中，如图 9-1 所示，学生入学前的藏语水平存在明显的差异。完全零基础占到 17%，都熟练的仅占 33%。学生的藏语水平不同，他们的上课状态、教材的熟悉度、学习的兴趣和进度以及课前课后学习的程度也可能不同，试想学生如果连藏语都听不懂，教师却一直用藏语来进行课堂教学，那么学生的学习效果何以保障。因此，有必要了解语言水平在课程设置各方面是否存在显著差异，显著性水平如何，这对于课程设置、教学语言的选择，课堂讲授的内容和深度，教材的选择以及教学方法都有借鉴意义。

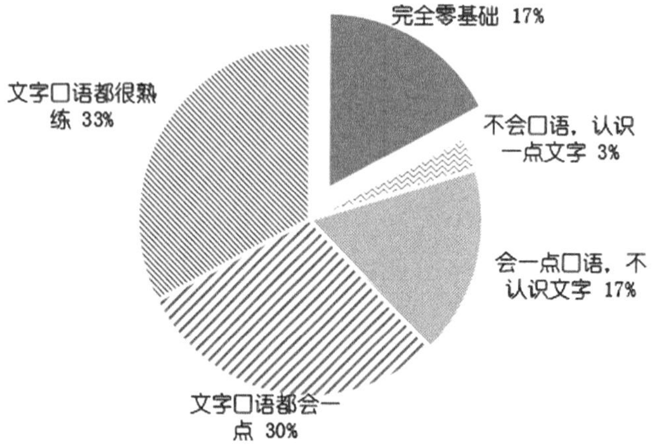

图 9-1　在校生入学前藏语水平分类频率图

鉴于此，需使用独立样本 t 检验来验证不同藏语水平的学生对于课程设置的各方面的差异水平，因此先检查数据符合正态分布，然后将藏语水平的五点变量转换为独立样本 t 检验所需的两个变量，完全零基础、不会口语，认识一点文字以及会一点口语，不认识文字转变为“不擅长藏语”，其余转变为“擅长藏语”，得到下表。

表 9-4　不同藏语水平的学生在课程设置中的差异分析（M ± SD）

	擅长藏语	不擅长藏语	T	P
专业认同	25.19 ± 4.09	22.22 ± 5.37	–4.92	0.000
课程设置	43.40 ± 7.38	40.76 ± 8.94	–2.58	0.011
教材建设	19.77 ± 5.07	20.21 ± 5.83	0.64	0.51
专业实习实践	30.06 ± 5.91	29.17 ± 7.52	–1.03	0.27

根据数据显示，不同藏语水平的在校生在课程设置、专业认同方面 P 值均小于 0.05，因此存在显著性差异，且擅长藏语的学生在以上两个方面比不擅长藏语的学生均高。可见藏语水平在学习过程中发挥重要作用，尤其是学生的专业认同感更高，认为学习藏语文更有用，且课程设置也更满意。那么对于不擅长藏语的 37% 的学生如何教学，加强藏汉双语的教学便成为关注的重点问题。

通过对在校生课程设置的调查发现，如表 9-5 所示，“公共课、专业课、跨专业选修课所占比重合理”以及“本专业的课程总量合适，我觉得学习负担不重”两项检测的均值都小于 3.5，相对其他选项来讲认可度较低，也就是对课程结构的设置以及学习任务总量不太满意，但是两项指标的标准差较大，分别为 1.248 和 1.208。因此，学生对于课程结构以及课程任务量的观点差异较大，选择“比较不同意”“不清楚”以及“非常同意”的人数相当，即出现了两端观点的差异。根据独立样本 t 检验，对高中不同成绩也就是具有不同知识基础的学生分为中等及以上和中下等两类，在“本专业课程总量合适，我觉得学习负担不重”进行分析发现 P 值为 0.029，呈现显著差异，再根据均值和标准差发现，高中成绩中等及以上的学生比中下等的学生感觉学习负担重，那么应当适当考虑不同基础的学生课程的学习总量和内容问题，适当加强专业基础知识的学习。

“专业课程的设置为民族语文学习提供了很大帮助”“我能够从专业课程学习中获得知识和技能”“专业课程注重读、写和语法知识传授”以及“专业课程内容能够反映民族历史文化及新变化趋势”四项指标均值都超过了 4，表示认可，即学生对于专业课的基本知识的学习很认同。剩余选项的均值在 3.5—4 之间，表示对于特征描述比较认可。对于课程内容的听、说和交际能力的训练、内容与社会需求的关系、知识和技能的结合以及课程内容的理解还有待加强。

表 9–5　专业课程设置调查表

专业课程设置	均值	均值的标准误	标准差
公共课、专业课、跨专业选修课所占比重合理	3.35	.073	1.248
本专业的课程总量合适，我觉得学习负担不重	3.43	.071	1.208
专业课注重听、说和交际能力的训练	3.93	.057	.985
专业课程注重读、写和语法知识传授	4.05	.054	.922
专业课程安排合理、内容编排难易适中、前后内容衔接连贯	3.88	.061	1.038

续表

专业课程设置	均值	均值的标准误	标准差
专业课程内容能够反映民族历史文化及新变化趋势	4.02	.058	.989
课程所学内容符合发展需求，为从事相关专业工作做了准备	3.93	.056	.964
专业课程的设置为民族语文学习提供了很大帮助	4.17	.056	.957
我能够在专业课上很好地理解所教授的内容	3.94	.055	.949
专业课程将民族语言和专业能力培养结合在了一起	3.92	.065	1.106
我能够从专业课程学习中获得知识和技能	4.07	.056	.957

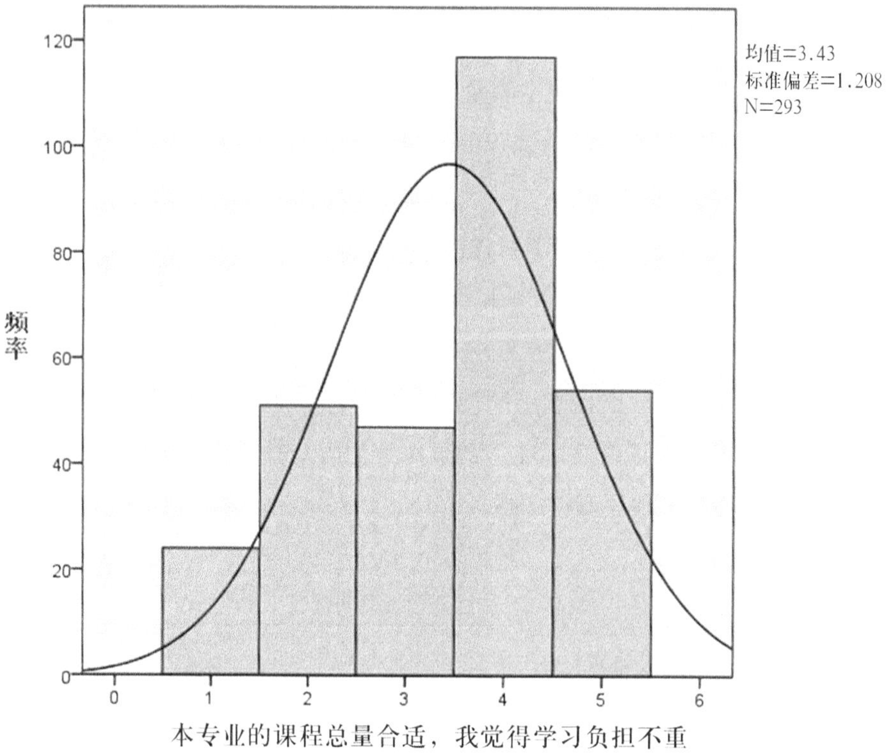

图 9-2　专业课程总量统计图

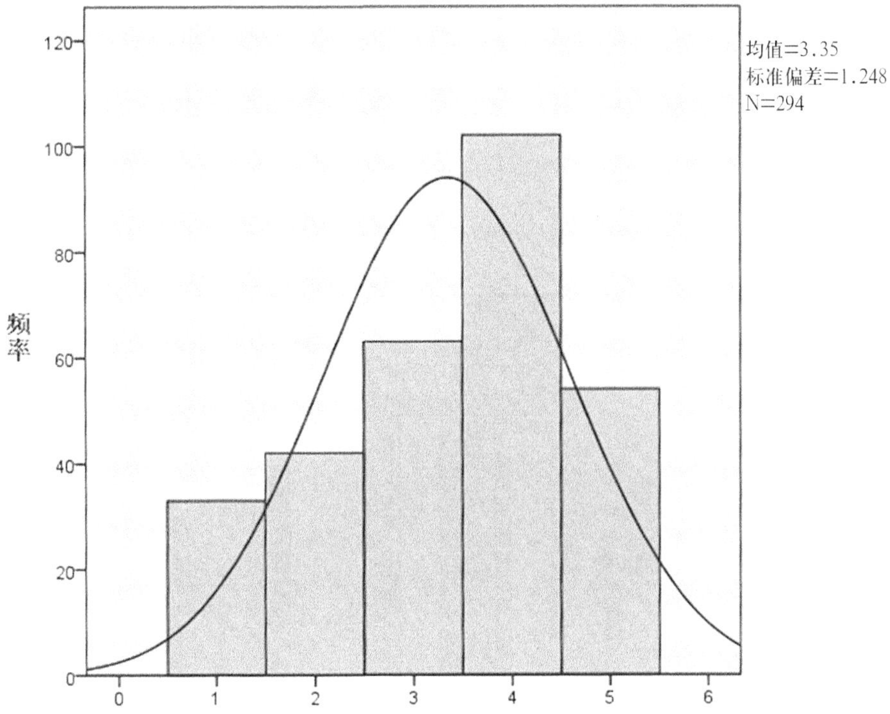

图 9-3　专业课程结构统计图

教材作为阐释课程目标以及课程内容的具体书籍，一定程度反映了课程设置的合理性。以下是对于教材的调查，统计数据如下表：

表 9-6　教材建设情况统计表

教材建设情况	人数	均值	众数	标准差
专业课程教材体系比较完备，符合专业学习要求	288	3.77	4	1.096
专业课程教材内容编写缺少针对性，远离学生现实状况	287	3.30	4	1.237
专业课程教材的版本比较陈旧，不能适应目前的教学需求	293	3.09	4	1.232
专业课程教材的编写难度较大，在专业学习中的参考性不高	292	3.18	4	1.178
专业课程教材内容体系零散化，不利于学生的专业学习	291	3.14	4	1.299
专业课程教材编写完备，内容及时更新	289	3.70	4	1.082

学生对于专业课程教材的满意度均值都低于 4，且多数接近于 3，也就是持不太认可的态度。其中，最低的为“专业课程教材的版本比较陈旧，不能适应目前的教学需求”，也就是教材的内容存在一定的滞后性。对于“课程体系完备，符合专业学习要

求”的评价较高，“课程教材内容零散，不利于专业学习”不是很赞同，以此看出，学生对于课程教材体系符合专业学习的要求比较同意。但是，“课程教材内容零散，不利于专业学习”的标准差较大，即学生对于其看法不一，体验感存在较大差别，持每种观点的学生数量相当。

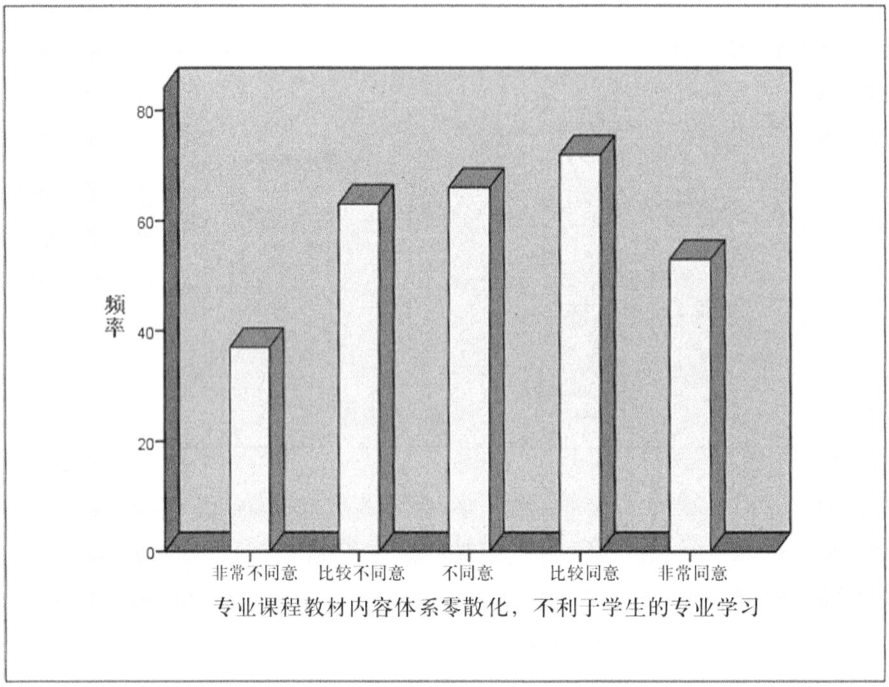

图 9–4　教材内容对专业学习的影响统计图

值得一提的是，课程教材每项指标的众数均为 4，即每一项指标中相当一部分学生对于本专业的教材认同度较高，这是值得肯定的，但是还未到非常满意的程度，因此也还需要继续改进。

关于就业指导，70% 以上的学生认为每学期最多举行两次相关的活动，甚至 20% 的学生认为没有举办过关于就业指导类活动，但是有的学生选择 3 次以上甚至 6 次。通过对于学生的进一步访谈得知，有些学生认为学校举办的就业活动没有意义，对自己没有帮助，还有的学生对此信息丝毫不了解，导致错过了就业活动，可能是学校宣传不到位或者信息不畅通。从这点可以看出，就业活动不是强制性参加的活动，如果不能得到充分利用，将失去了就业信息交流的作用。

（三）基于毕业生的调查分析

毕业生对于课程内容的描述一定程度上更能显示出课程对于社会的有用性，也就是经历了工作之后，学生明确什么样的知识更能为工作所需要，什么样的知识更有价值。他们的反馈通常具有更强的现实意义。接下来将从三个方面具体阐述毕业生对与课程的认知：第一，在校期间所学知识与能力对工作最有帮助的方面；第二，在工作中比较缺乏的维度；第三，对于课程设置的态度。

首先，专业知识对工作的帮助具体统计如下表所示，有 53 个学生认为在校期间参加社会活动获得的能力对实际工作最有效，其次是专业基础知识和参与的科研与调查项目。然而，只有 10 个学生认为参加社会兼职对工作有用。在就业方面，12 个学生认为职业生涯规划与培训对实际工作有用，18 个同学认为专业实习与顶岗实习对工作有用，可能与职业活动或者实习的内容和方式相关。职业培训或者实习作为学校与社会衔接的部分，理应发挥踏板作用，旨在让学生更好地适应社会工作的需要，但多数学生认为它没有发挥作用，是工作落实不到位，还是与学生的工作不匹配，或者教授的内容与实际的工作有出入等，其真正原因值得深思。

表 9–7　所学知识与能力对工作的帮助频率表

		响应		个案百分比
		N	百分比	
在校期间所学知识与能力对于实际工作量有帮助	专业基础知识	48	21.5%	48.5%
	参加社会活动获得的能力	53	23.8%	53.5%
	外语知识与计算机知识	28	12.6%	28.3%
	各类技能证书能力	16	7.2%	16.2%
	专业实习与顶岗实习	18	8.1%	18.2%
	职业生涯规划与培训	12	5.4%	12.1%
	参与的科研与调查项目	32	14.3%	32.3%
	参加社会兼职工作	10	4.5%	10.1%
	其他	6	2.7%	6.1%
总计		223	100.0%	225.3%

a. 值为 1 时制表的二分组。

其次，在实际工作中比较缺乏的维度也就是我们在课程教授中需要加强的地方，调查发现（如下表）：超过三分之一的人认为在工作中创新能力、通识素养、专业基础知识以及专业技能的应用非常缺乏。其次，应用操作能力也是值得关注的领域。

表 9–8　实际工作中缺乏的维度频率表

		响应		个案百分比
		N	百分比	
在实际工作中比较缺乏的维度	专业基础知识	36	17.4%	36.0%
	专业技能应用	34	16.4%	34.0%
	应用操作能力	29	14.0%	29.0%
	综合通识素养	37	17.9%	37.0%
	学习与持续发展能力	19	9.2%	19.0%
	搜索信息与分析能力	12	5.8%	12.0%
	创新与变革能力	39	18.8%	39.0%
	其他	1	.5%	1.0%
总计		207	100.0%	207.0%

a. 值为 1 时制表的二分组。

最后，在课程的设置方面，53 个学生认为理论课程设置得太多，实践课程太少。少量学生认为有些课程没有开，有些开设的课程没用。但是总体来讲学生对于课程设置的评价较好。

（四）基于教师的访谈分析

教师在课程的设置是否合理以及课程内容对学生的能力培养是否有作用做了主要说明，大部分教师持肯定态度，部分教师认为还存在问题，现整理如下图所示。

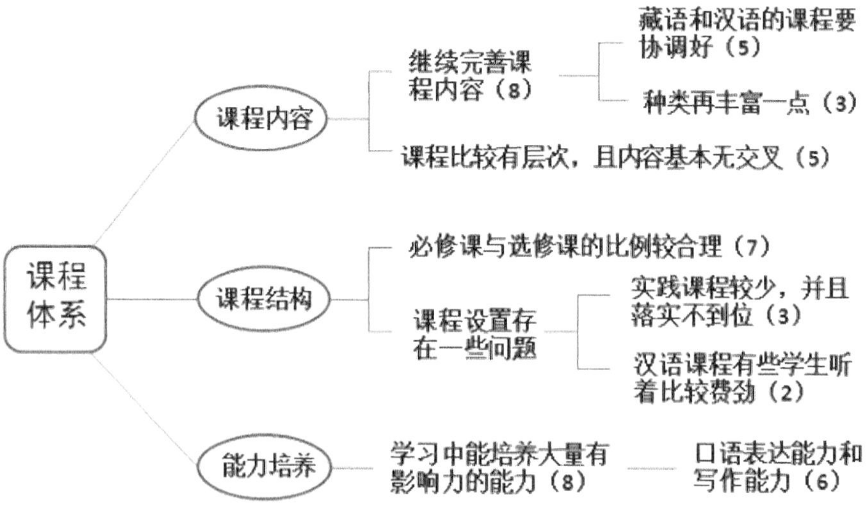

图 9–5　教师对于课程内容的访谈整理

教师认为课程内容还需进一步完善，增加课程的种类，针对实践课程以及语言课程需要加以重视，其次一般教师认为课堂教学大多培养学生的口语表达能力和写作能力，至于培养目标以及工作中需要的其他能力教师并未太多提及。

三、人才培养的实施过程分析

本研究秉持大课程论的观点“课程实施就是教学”，当然教与学必须是教师和学生的双边活动，以教学这一过程为中介。因此，我们着重探讨教学，此外也会涉及教师队伍建设以及学生学习问题。

（一）基于在校生的调查分析

对在校生的调查中，我们明确了教学参与者：教师和学生以及教学过程三个维度。

第一，针对教师，也就是师资队伍建设情况做调查。问卷问题 2.2（教师在专业课的教学中主要采用的是什么教学方式）中，有 10 个缺失值，25 个同学作为多选题作答。剩余 265 名学生中 109 人选择“以传统讲授法为主，兼顾其他的方式”。通过结合访谈内容，了解到部分课程比如藏语言文学史偶尔会采用案例教学的方法，语言类型的课程会有小组互动，比如采用对话形式进行，因此，教师教学方法可以初步总结为讲授法为主，案例教学和合作学习等方式并行。对于这些教学方法，学生的看法不一：有些学生喜欢满堂灌，听老师讲解，他们认为教师讲解逻辑清晰，内容丰富，但是有些同学认为老师一味的讲课会造成学生的倦怠，尤其是涉及文学以及文学史的部分。

因此，在学生对教师的教学评价中呈整体认可状态，均值在 4 左右波动。根据问卷问题 3.33（教师的民族语教学水平高，对学生的学习产生积极作用）发现教师的藏语教学水平较高，均值 4.10，116 人表示“比较同意”，112 人表示“非常同意”。除去 12 个缺失值，占总体 288 人的 79%。针对问题 3.34（学生有较多的机会与教师进行交流，获得很多宝贵信息）均值为 3.91，总体看认可度较好，但是其标准差为 1.008。从图 9-6 可以看出，将近三分之一的学生对于与老师的交流都是“不清楚”“比较不同意”和“非常不同意”。相比其他题项来讲，概率较高。因此对与老师的交流问题，学生存在不同的意见。

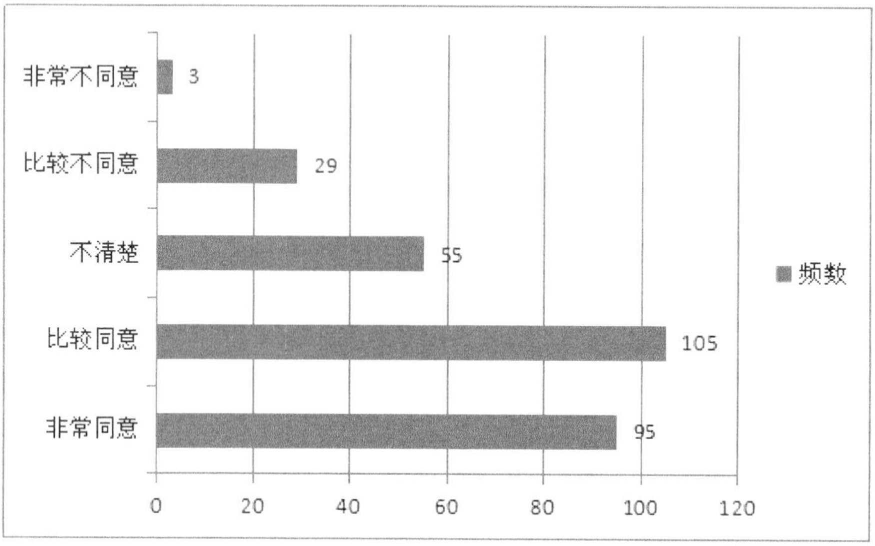

图 9–6　学生与教师进行交流情况频数图

问题 3.34 均值高于问题 3.35（学生能够与教师一起做课题研究，提高科学研究水平）以及问题 3.36（学生能够与教师讨论职业规划与就业选择）。一定程度说明，对于与教师的对话交流，学生可能更倾向于日常的课堂内容的学习交流，对于严谨的学术探讨以及未来就业定位涉及较少，这与课程内容的安排有一定关系。

第二是针对学生，对于学生在学习过程中的部分体验做分析（见图 9–7），发现超过 60% 的学生认为教师对于学生的实践应用能力的培养还是比较注重和非常重视的。相反，可能对于科研方面不是很重视，因此，在学生对于专业学习感觉比较困难的选项中“学科论文写作”对于学生来讲成为一大难题。

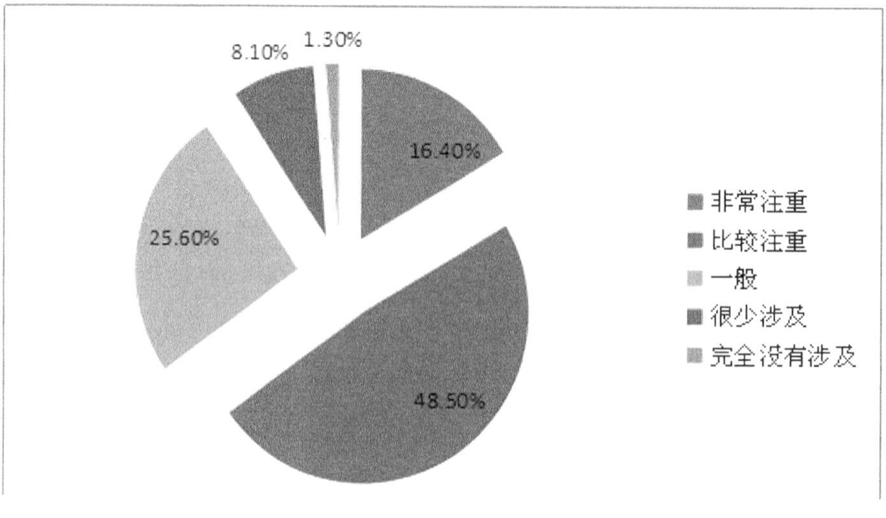

图 9–7　教师对学生实践能力的重视程度统计图

问卷 2.5（你感到专业学习中最困难的部分是），此题为单选题，但是有 19 位学生作为多选题作答，还有 12 个缺失值。删掉这些无效数据，144 位同学认为学科论文写作存在困难，占比达到 38.9%。其次，民族语专业术语、民族语对话交流以及文学作品阅读成为较困难的方面。结合访谈发现，由于学生的知识背景和基础相差较大，加之学习能力不同，导致学习成果不一。他们对于藏语文学作品阅读存在较大困惑，一方面由于术语的影响，另一方面文学作品尤其是名著有一定的年代感，理解起来有困难。教师在课堂中只能照顾到大部分学生的进度，尤其是在大学阶段，因材施教未免有些困难，因此造成不同学习程度的学生获得感不同也在所难免。这就需要教师和学生共同努力，教师尽量考虑学生的平均水平，同时学生对自身负责，加强课下学习。

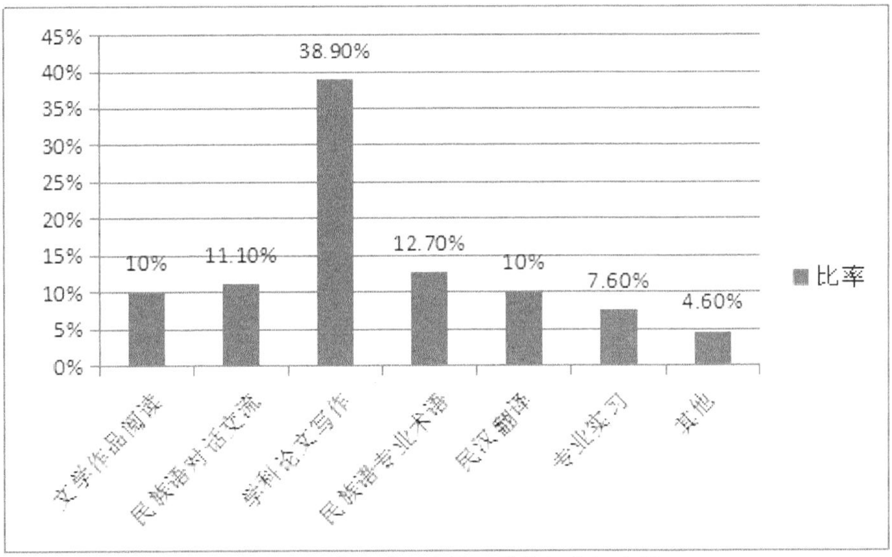

图 9–8　专业学习中最困难的部分频率图

第三是教学过程的维度。从总体来看，300 人有 11 个缺失值，剩下的数据出现了 9 个极小值，45 个极大值，也就是数据分布不均衡，其波动范围大概是 35.11+7.356。从教学过程的 9 道题来看有些学生的态度是“非常不同意”，而有些学生的态度则是“非常同意”。但是根据均值显示，大多数学生选择“比较同意”。

具体到对教学特征的描述方面，多数学生认为教师态度端正、理念先进，并且能够了解到民族语言的难点，有针对性地进行辅导教学，总体认可度较高。但是从标准差来看，教师运用教学媒体辅助语言教学的值达到 1.113，波动幅度较大。说明学生对于这一观点存在不同意见。具体数据显示，“不清楚”的学生达到 58 个，“比较不同意”的学生达到29个，非常不同意的学生达到15个，总数102，达到有效数值289的35%之多。

针对教学产生的效果，通过访谈方式也做了初步了解，大部分学生认为可以听懂教师的讲课，通过教学也基本可实现培养目标，但是缺乏本专业应有的特色，导致有时上课乏味，对于改变教学方式学生持两种观点，有些学生不希望改变，怕自己不能很好地适应新的教学而耽误学业，另一些学生希望创新教学，学到更多有用的知识。针对不同的声音，有必要考虑教学的实际情况，教师把握分寸，适时作出调整。

（二）基于毕业生追踪的调查分析

根据毕业生追踪调查数据，针对课程教学的问题方面有一个缺失值（见表9–9），11个同学作为多选题问答，但是其中6名同学都选择了第二个选项，即以传统讲授法为主，注重理论知识；9名同学都选择了第三项，即缺乏问题探究，缺少问题意识。有效问卷中，32.3%的同学认为以传统讲授法为主是主要的问题，其次就是问题意识和案例分析较弱。

表9–9　课程教学中存在的主要问题频率表

您认为课程教学中存在的主要问题	频率	有效百分比
没有什么突出的方法	15	15.2
以传统讲授法为主，过于注重理论知识	32	32.3
缺乏问题探究，缺少问题意识养成	20	20.2
缺少实际案例的应用与思考	21	21.2

在关于藏语文应该改革的方面，40名同学认为教学方法与模式应该改革，36名同学认为师资队伍专业水平方面应该改革，两项中个案百分比占到总数275的76%，应当引起重视。

（三）基于教师的访谈分析

经整理访谈资料发现，在关于课程体系设置的教师访谈中，课程实施即教学部分关键词有两个：教学方法和教学内容，对应的内容整理如表9–10。据教师描述，教学过程中还是以传统讲授法为主，学生说的比较少，与课程的类型、教师方法的选择以及学生自身的语言基础和性格等有关。

表 9-10　教师的访谈内容表

关键词	内容列举
教学方法	· 教学过程以讲授法为主，看课程的类型，偶尔有小组讨论或者别的形式 · 教学中经常使用 ppt 和多媒体设备 · 课堂中的互动比较少，学生比较沉默 · 学生的母语水平有的比较低，教学有点困难，但大部分学生还是很不错 · 主要按照课程目标规定来教学
教学内容	· 教师授课时语言需选择 · 课时限制，有些教学内容难以深入 · 实践环节存在一定困难，主要是与用人单位有关 · 有意识的让学生多说

四、人才培养结果的调查分析

（一）基于在校生的调查分析

本研究主要从评价结果方面对在校生进行调查，旨在了解通过课程的学习，学生在知识与技能、情感态度价值观以及通识素养方面的收获。评分为四个，因此均值达到 3 即为认可度较高。通过表 9-11 观察可知，应用技能的获得数值波动较大，标准差达到 7.600。其他三项的数据波动较小，即不容易出现极端值情况。

表 9-11　评价结果描述统计表

	N	极小值	极大值	均值	标准差	方差
专业知识	294	4	20	13.80	3.956	15.654
应用技能	291	11	44	31.27	7.600	57.755
情感态度价值观	291	6	24	18.43	4.140	17.136
通识素养	291	3	20	15.08	3.299	10.884

每一项标准单独来看，专业知识的获得情况是最低的，均值大多只有 2.8 左右。其中“充分地了解了学科前沿知识与发展动态”评价最低，“获得跨学科的知识与视野，包括语言学、文学、民族学”以及“掌握了不同领域的宽泛知识基础”得分与之相当，这三方面的知识值得关注。

应用技能主要指藏语言的听说读写能力，以及与之相关的运用这些能力开展教学、从事科研以及各项工作的解决问题的能力。数据分析显示（见表 9–12），应用技能的均值都未超过 3，即学生对于应用技能的获得情况不是很乐观，也就是实际应用能力较差，其中评价最低的是“运用民族语文开展学科教学的能力，如数学等”，其次“能够熟练运用计算机处理民族语文的能力”评分与之相差无几。紧随其后的是“能够在民族语言和国家通用语言间熟练的转换和翻译能力”，这个涉及双语教育的问题，学生掌握藏语水平较好，但是藏汉双语的听说读写存在较大问题。充分说明，学生具备了基本的理论知识远远不够，必须通过实践来灵活应用这些知识才能证明学习的知识是有用的。对教师的采访中也可看出，教师认为采取的课程评价手段比较单一，也许不能全面测评学生各方面发展情况，尤其是只针对知识的测试容易忽视各种情感态度和能力的发展，尤其是适应社会所需要的应用技能。

表 9–12　应用技能获得感统计表

	有效值	均值	标准差
具备熟练听懂和说出民族语的能力	290	2.99	.864
具备熟练阅读和写作民族语文的能力	287	2.92	.917
能够在民族语言和国家通用语言间熟练的转换和翻译能力	289	2.78	.883
具备较熟练地听、说、读、写国家通用语言的能力	291	2.91	.881
能够熟练地运用计算机处理民族语文的能力	290	2.74	.908
具备对民族文学作品的阅读与鉴赏能力	290	2.93	.911
能够应用民族语文开展学科教学的能力，如数学等	287	2.71	.971
能够开展民族语文相关学科的教学能力	291	2.83	.870
具备开展民族语文相关专业的科研能力	290	2.87	.903
能够胜任利用民族语文开展基层工作的能力	288	2.90	.858
能够胜任到学校从事双语教育的专业能力	289	2.88	.922

在情感价值观方面，多数学生对民族地区有一种责任和担当，通过学习本民族的文化，能够培养良好的民族意识，也能用所学知识来辩证地看待民族文化。并且“毕业后从事于民族语文相关工作的意愿”均比较强烈，均值可达 3.19。

通识素养方面的收获较多，均值可达 3 以上，包括组织协调、合作、应变以及表达能力等，并且标准差较小，没有特殊值的影响。

通过分析数据发现，年级、父母、家庭收入等并不会影响学生最终知识技能等的获得，而不同藏语水平的学生在这些方面确是有差异的。运用单因素方差分析将不同藏语水平的学生在知识、技能、情感态度、通识素养四个方面进行比较发现（见表 9-13），专业知识、应用技能和情感态度价值观的 P 值均小于 0.05，呈显著相关，而通识素养的 P 值为 0.143，没有相关性，因此藏语水平不会直接对通识素养造成影响，但是对学生知识的获得和技能的提升以及情感态度等有直接影响。

表 9-13 不同藏语基础学生的课程评价差异分析（M ± SD）

	完全零基础	不会口语，认识一点文字	会一点口语，不认识文字	文字口语都会一点	文字口语都很熟练	F	P
专业知识	2.74 ± 0.87	2.71 ± 0.65	2.92 ± 0.86	2.66 ± 0.63	2.94 ± 0.71	1.88	0.003
应用技能	28.54 ± 10.43	30.78 ± 6.72	31.06 ± 7.19	30.78 ± 6.56	33.52 ± 6.32	3.89	0.000
情感态度	17.29 ± 5.09	17.67 ± 3.78	18.40 ± 4.26	18.13 ± 3.98	19.37 ± 3.59	2.32	0.002
通识素养	14.46 ± 3.75	15.33 ± 3.39	15.31 ± 3.51	14.53 ± 3.08	15.78 ± 3.06	2.18	0.143

（二）基于毕业生的调查分析

在毕业生工作过程中，专业知识与技能对工作的影响也是评价课程知识获得程度的有效手段。在他们从事的职业中，专业知识对工作的影响如表 9-14 所示。

表 9-14 专业知识与技能对工作的影响与工作的性质关系表

		您所学的专业知识与专业技能对工作所起的作用					合计
		产生积极的影响	起到一些作用	不清楚	产生的作用较小	完全不起作用	
您的工作单位性质	政府公务员	4	17	1	5	5	32
		12.5%	53.1%	3.1%	15.6%	15.6%	100.0%
	事业单位	14	9	0	0	1	24
		58.3%	37.5%	.0%	.0%	4.2%	100.0%
	国企	0	1	0	0	0	1
		.0%	100.0%	.0%	.0%	.0%	100.0%
	私企	0	1	0	0	1	2
		.0%	50.0%	.0%	.0%	50.0%	100.0%

续表

		您所学的专业知识与专业技能对工作所起的作用					合计
		产生积极的影响	起到一些作用	不清楚	产生的作用较小	完全不起作用	
您的工作单位性质	大学 / 科研院所	10	5	0	1	0	16
		62.5%	31.3%	.0%	6.3%	.0%	100.0%
	出版社 / 报社 / 杂志社 / 新闻媒体	1	2	0	0	1	4
		25.0%	50.0%	.0%	.0%	25.0%	100.0%
	职业院校 / 中小学 / 其他学校	7	5	1	0	0	13
		53.8%	38.5%	7.7%	.0%	.0%	100.0%
	自由职业	0	0	0	0	1	1
		.0%	.0%	.0%	.0%	100.0%	100.0%
	其他	1	3	0	1	0	5
		20.0%	60.0%	.0%	20.0%	.0%	100.0%
合计		37	43	2	7	9	98
		37.8%	43.9%	2.0%	7.1%	9.2%	100.0%

由上表可知，31 人认为专业知识和技能对事业单位、大学和科研院所以及各类学校产生积极的影响；36 人认为对政府公务员、事业单位以及各级各类学校起到一定作用。但是也有 7.1% 的学生认为专业知识对工作产生的作用很小，甚至 9% 的学生认为完全没有起到作用。值得一提的是 100 人中从事出版社 / 报社 / 杂志社 / 新闻媒体类工作的人仅有 4 个，与培养目标中的人才去向有出入。

（三）基于教师的调查分析

教师的课程评价表现在两个方面，一方面是教师对于课程整体的评价，另一方面是教师对课程评价的评价。大部分老师认为课程评价能满足藏语文课程发展的总体需求，还有一些老师指出了课程评价的问题，总结如下。

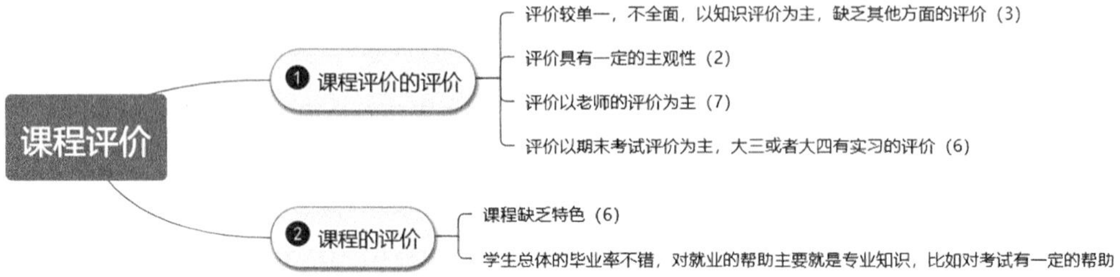

图 9–9　教师对于课程评价的评价图

第四节　民族语文专业发展与人才培养中存在的问题

后现代课程观提出的课程体系主要表现为四个方面，即课程目标、课程内容、课程实施以及课程评价。根据问卷和访谈结果将藏语文专业课程体系存在的问题整理如下。

一、人才培养目标定位不够精确，目标缺乏有效的可操作性

培养目标是对整个课程运行进行的指导，对学生的发展起着导向作用。后现代课程观认为课程目标设定必须随着环境的变化而进行适时调整，在调整的过程中帮助学生扩展已有的知识范围。如果课程目标不适应社会发展的需要，不能很好地指导学生进行内容的学习与吸收，不仅会影响课程的实施，更会影响人才的培养质量。因此，必须清晰明了课程培养目标存在的问题，对症下药。

（一）人才培养目标定位不够精确

在经济社会高度发达的今天，应用型、复合型人才的培养已经成为人们津津乐道的词汇。但是对于如何才能培养出这类人才，学校目前尚不能给出一个明确的说法，即使有些学校打着培养这类人才的旗号制订方案，其培养结果是否达到这方面的要求也有待商榷。从调研报告中用人单位的反馈可以看出这点，用人单位对毕业生的评价普遍为毕业生专业水平不够，书写材料能力水平较差。最基本的专业知识以及应用能力无法得到单位认可，最直接的反映培养目标可能存在问题，结合对学生的问卷进行分析，初步认为课程培养目标的定位存在几方面的问题：

首先，不能适应社会发展的需求，主要表现为就业方面。藏语文培养目标显示人才适用岗位广泛，就业面宽，涉及教师、新媒体、企业等多行业宽领域，但是课程设置并未明显体现符合其培养目标的专门课程，导致就业情况仍不容乐观，表现为：一是对毕业生就业没有明确要求，在就业形势严峻的当下，学校对于毕业生的客观评价就是准备不够充分，没有认清当前的就业形势，就业渠道比较单一。就业市场与毕业生的信息不匹配，培养出的学生满足不了社会发展的需要，加之各种原因导致 2017 年的毕业生中 72 人还处于未就业状态。二是根据 2017 年毕业生情况统计，89 名学生毕

业后从事的行业与专业有关，118 人虽然与专业无关，但是基本都分布于藏族聚居区，也基本符合为藏族聚居区培养应用人才的初衷。但是根本问题在于用人单位对毕业生的反馈为学生的书写材料的能力较弱、水平较差，归根结底就是学生的基础知识不够扎实。最后，信息化社会发展起来，对于计算机能力以及创新能力的要求也与日俱增。但是课程目标对于信息化只字未提。课程的不重视造成学生的不重视，引起毕业生的反馈就是缺乏计算机素养，创新能力不强，业务能力差。因此，学校的培养目标与社会发展需求仍然存在不相适应的情况。

其次，不能适应学生发展需求。在与学生的交流中询问他们未来倾向的职业，回答大多模棱两可。培养目标太宽泛，学生不懂学校要把自己培养成什么类型的人，只是根据学校设置的课程上完课，学完知识。加之他们对于职业形势知之甚少，自己也不清楚所学专业毕业后究竟可以涉猎哪些职业领域，以及自己擅长或者感兴趣的领域有哪些，出现未就业以及就业后工作不顺心情况也不足为奇了。并且藏语言文学专业的课程目标没有特色，即对汉语言文学、蒙古语言文学等专业也一样适用。最后是该目标提到的发展藏语言教育和科研的基础知识并未落到实处，甚至学生比较大的问题就是科研能力以及最后的论文写作不顺利。

最后，目标定位与培养结果不匹配。课程培养目标主要培养能够在新闻媒体行业、各级各类学校、企业等工作的应用型人才。但是据统计，100 名毕业生工作排名靠前的职业包括：公务员（32 人）、事业单位（24 人）、大学 / 科研院所（16 人）、中小学（13 人）、出版社 / 报社 / 杂志社（4 人）等，值得一提的是 2017 年在杂志社等新闻媒体工作的毕业生人数为零，与培养目标存在较大差异。可见，培养目标与学生的发展不相匹配。

（二）人才培养目标缺乏可操作性

培养目标作为课程的宏观目标，为课程的具体开展提供依据，应该具有可操作性。可操作性在法学、心理学、教育学、建筑学等不同的领域有不同的定义，借鉴学者李闽榕的观点，“可操作性具体所指学科的理论知识和基本规律在多大程度能被转化为实际的操作措施，也就是关注理论对实践的转化程度”[①]。由此可知，可操作性兼具理论与实践：理论是合理的原则规范；实践是从操作主客体以及环境方面制定具体的策略和手段。目前的培养目标设置过于宏观，针对学习的知识和技能也是一带而过，并未明确说明具体的知识和技能类型，也没有顺应时代发展的特点，比如在工作中应重视

① 李闽榕：《思想政治工作方法手册》，上海，上海文艺出版社，1990。

写作能力、组织管理能力、计算机能力以及创新能力等，以及如何实现这些能力。

高校课程目标不似中小学详细具体，但是其设置未考虑目标的层次性以及灵活性，教师不容易制定属于自己的课程方案，只能按照既定的内容和进度上完规定的课程。这并未充分考虑教师、学生的能力及学校的条件，考虑教师操作控制的难易程度，学习者使用时的参与程度及操作难易的程度，也没有考虑大面积的学校教育的利用能力。[①]这样的目标不容易形成评价标准，难以保障学生学习的质量，导致基础的专业知识薄弱也在意料之中了。

二、人才培养内容体系比较单薄，缺乏创新性与针对性

藏语文的课程内容主要指开设的课程类型、上课讲授的知识以及涉及的相关教材。根据调查显示，在校生和毕业生对课程内容基本较认可，但是在时代性、实用性等方面还存在一些问题。

（一）人才培养内容缺乏时代性

调查数据显示，藏语言文学专业课程的内容大多以基础知识为主，也就是藏语言文字和藏语言文学的知识偏多，能显示出时代特征的课程内容较少，有些学生也反馈教材版本过时，存在一定的滞后性。因此有些学生提出“藏语文课程内容与社会需求的关系不大”，尤其是信息化高度发达的今天，学生的计算机素养较低、操作能力较弱，不能很好适应工作需求。一方面是学校开设的计算机课程没有针对性，作为公共课的计算机课程不能照顾到每一个专业的每一个学生。另一方面是学生的基础较差，接受能力较低，因此存在学不会，跟不上的情况。

（二）人才培养内容缺乏系统性

藏语言文学专业课程设置公共课、必修课和选修课，但是其内容松散，缺乏一定的规划，虽然基础课程设置比较齐全，但是缺乏系统性且重基础轻应用。很多学生在访谈中表示“不知道学校要把自己培养成什么样的人才，学校设置什么课程我们就上什么课程”，而且大部分学生认为“学校设置的课程没有问题”，但是有一定工作经验的毕业生会明确表示“在工作中学习的知识得不到应用，上手比较吃力”。从学生的反映可以看出藏语文课程虽然注重基础知识，但是存在眉毛胡子一把抓的现象，没有学

① 吴祥辉：《简析信息技术与课程整合的目标和原则》，载《职业技术教育》，2002，23（22）。

习的重点和主次，导致学生成为“多艺”但不专的人才。

藏语言文学虽然是一门兼具基础和应用的学科，但是其课程设置以及培养的人才未能充分体现这一点。从培养目标和课程设置可以清晰地了解到，藏语言文学专业课程注重基础知识和理论的讲授，包括藏语言学习、藏语言文学学习以及藏语历史及相关历史知识的学习，应用能力涉及综合协调、表达能力和竞争能力，但是课程设置并未明显体现，这无疑会导致基础知识和应用能力之间的极度不平衡，二者主要表现为日益增长的知识量与学习知识的能力以及有限的学习时间与知识的老化之间的矛盾。简言之庞杂的知识体系与社会实际需求不对称，学生的实践活动得不到用人单位的认可。

从访谈中得知，学生学习的知识虽然基础性强，但是用人单位对其评价仍然不高，主要为专业水平不够，因此课程设置最应该搞清楚的是究竟哪些知识能代表专业水平，基础知识的范围有哪些，哪些是必须掌握的，掌握程度如何才能与岗位需求匹配，何种工作需要用到何种知识，学习知识是否有主次和先后，课程的内容和结构安排是否合理，现今藏语文课程的设置是否能回答这些问题必然画一个问号。因此基础知识包含的主要内容以及如何学习与掌握这些内容成为藏语文关注的重点；如何使得学习能力等应用能力得到增强也值得深思。有限的四年学习时间，将习得的基础知识轻松应用于实践是人才得以发挥作用的关键，这一点藏语言文学专业课程设置还有待提高。

（三）人才培养内容缺乏针对性

藏语文课程的设置大多根据培养目标或者国家标准设置，并未充分考虑学生或者社会的需要。首先是学生求知的需要。学生感觉课程的比例设置不恰当，课程总量较大，学习负担重。想学的知识学不会，可能讲一次就过，但是总量大，来不及消化和吸收所有的知识。每一位学生都是一个独立的主体，他们具有不同的经验和认知能力，课程内容不符合大多数学生的经验水平便会使他们感觉心有余而力不足，求知需求未得到满足。其次，学生有不同的就业需求。大一到大四的课程内容比较单一，除去藏语文阅读写作以及藏语文文学和历史的相关知识，其他类型的知识较少涉及，并没有凸显出能培养不同类型人才的目标，简言之就是没有培养优势和特色。导致毕业生在职场中没有竞争能力，所以会面临越来越严峻的就业形势。加之就业指导活动宣传不到位，并且是全校的活动，于藏语文的同学来讲没有针对性。所以课程缺乏就业有关的内容，学生的素养得不到提升，信息来源不足，导致求职生涯受阻。

（四）人才培养内容缺乏实用性

课程内容的设置一定是为了更好地使学生在知识技能方面得到提升，使培养出的学生成为社会有用的人才。因此，课程的内容必须有可用性。但是调查显示，越来越多的毕业生在工作实践中发现藏语文理论课程设置的比较多且比较好，但是实践类的课程较少，专业技能应用比较缺乏，应用能力的需求得不到满足。学生学习藏语文课程内容之后得不到实际的应用，表现在现实生活或者工作中与他人的交流力不从心。很多藏语文专业名词不熟练、不精通，知识掌握不扎实。计算机方面的应用也是捉襟见肘，老师传授理论知识的同时没有做很好的演示指导，所以学生在工作中应用不当。学校也不是很重视创新能力的培养，导致学生在工作中适应能力不足，业务能力差。

三、人才培养在实施过程中相对固化，教学方式比较单一

课程实施主要是指教学这一过程。学生在课堂教学中能吸收多少知识，取决于课程内容的安排、教师的讲授以及学生的用功程度。但是在调查过程中发现，课堂实施仍然存在问题亟待解决。

（一）师生之间的关系有些错位

有许多研究表明，教师是课程实施成功与否的决定性力量，尤其在课堂教学过程中，教师是课程实施的核心。[①]一个好的老师必定是了解学生并且能站在学生的角度为他们考虑的，也是能够与学生进行平等的对话与交流的。但是就调查结果来看，虽然学生大多表示教师在课堂会采取互动，但是具体的细节方面又凸显了矛盾。

首先是与教师在科研问题的探讨以及职业规划方面的互动较少。教师在授课中根据既定的目标讲授基础知识，涉及的内容限于课本的范围。科研的思想以及规范或者语言表达基本不会出现，关于就业的规划也大体不会涉及，因此学生对于这两个方面的缺陷较大，甚至两次出现对于科研问题的讲述，可见这两方面情况比较严重。其次是关于民族语的对话交流以及民族语专业术语的应用方面认可度较低。学生在与教师交流的过程使用的语言非常重要，这个受制于教师是否是懂藏语的双语教师、教师是否能够说一口流利的藏语和汉语、对于学生请教的问题教师是否能给出权威解释，尤其是专业性的讲解。这个关系到学生上课的体验感以及学生在课堂中是否能够被吸引，

① 靳玉乐：《课程论》，北京，人民教育出版社，2012。

或者是否愿意大胆表达自己。对于一门语言类的课程，交流是至关重要的，充分应用课堂环境进行交流可以得到每天的熏陶，这个更涉及教学方式的应用。

教师与学生仅限于课堂中的知识传授，课下交流甚少，侧面反映出师生关系的冷淡。尤其是随着招生人数的扩大，每个班级的学生人数越来越多，教师不可能顾及到每个学生的发展，甚至每位教师也担负着除教学之外的科研任务，多种原因导致与学生的交流变少，交流内容单调。

（二）教学方式略显单一枯燥

教学方式以传统教学为主，缺少新媒体进行教学是学生对于课堂教学的普遍评价。藏语言文学本就是一堆语言文字，枯燥乏味，如果书本和课件都是一堆密密麻麻的文字，学生着实容易走神。教学过程中教师恰恰更倾向于采用传统的教学方式，即讲授法，阅读和讲解文字，偶尔讲故事或者案例，或者有些年轻教师愿意使用简单的 ppt 进行授课，结果也是对照 ppt 阅读。这导致学生上课提不起精神，出现睡觉、看手机、聊天等情况。其实这在大学课堂中是比较普遍的现象，尤其是文科类型的课堂。如果教师不能吸引学生的注意，简单阅读书籍或者 ppt，学生大多采取拍照的方式，考试之前突击背诵方式应付，导致教学质量和学生素质下降。因此，互动与对话、创新与改革才是教学发展的必然趋势。

四、人才培养结果比较单一，缺乏有效的实用技能传授

课程评价是指对课程目标和计划实施程度的价值判断活动。通过对于学生、教师、教学的评估发现课程设置的问题进而改进课程体系的一种方法。正确的课程评价方法以及对于结果的合理利用，可以使课程设置以及教学质量达到质的提升，因此，越来越多的学校关注课程评价的运用。课程评价既包括学生学业的评价，又包括对于课程本身的评价。由于内容繁杂且不能面面俱到，本章着重选择对于学生的学业评价方面论述，也就是从学习结果方面阐释学生的收获，以期为课程内容改革做出贡献。

（一）学生的综合素质评价较低

针对课程的三维目标理论：知识与技能、过程与方法以及情感态度价值观进行评估，发现学生对于学习的获得感较低。尽管之前对于学习的内容、教学的过程都做出了较认可的评价，实际上评价结果显示获得感远远不及培养目标，主要表现在两个方

面：专业知识的获得以及应用技能的获得。

首先，专业知识的获得主要考察跨学科知识的习得和应用。藏语言文学专业的学生对于跨学科知识掌握较少，尤其是学科前沿动态评价较低，与之前分析的教师对于科研和论文方面的讲授不充足有直接关系。并且“掌握了不同领域的宽泛知识”并不如人意，纵观本学校的课程设置，跨学科知识寥寥无几。因此，要求学生掌握最基本的语言学、文学以及民族学的相关知识已显得捉襟见肘，其他领域的知识更是力不从心。现代社会高度发达的今天，复合型应用人才必定是培养的主流人群，仅掌握一门学科的知识远远不足以适应社会发展的需要，因此，跨学科知识的学习定要引起相关重视。

其次，应用技能的获得考察维度较丰富，其中值得注意的有几个方面的内容：

一是藏汉双语应用。双语教育自古就是学者争论的焦点，该不该进行双语教育、如何进行双语教育、哪个阶段开始进行双语教育都是需要考虑的问题。今天只能从双语教育的结果进行分析。一方面，双语教育的人才培养没有达到预期的要求，学生对于自身运用双语的能力存在质疑。他们认为自己不能够熟练地在藏语和汉语之间进行自由切换，其中包括口语以及翻译。另一方面，在“能够胜任到学校从事双语教育的专业能力”学生给出的评价均值仅为 2.88，也就是没有达到较认可（均值为 3）的程度。从这两方面的调查得出，学生对于双语教育的获得感是比较低的，学校没有给予足够的重视，而学生也没有认真的学习，多重原因导致学生运用双语解决问题的能力较弱。

二是计算机应用。前文在课程内容方面已经提到内容缺乏实用性，很关键的一点就是计算机应用能力较差，老师教授的知识停留在理论层面，疏于实操演示。从学生的获得感方面更进一步印证这一结论。能够熟练运用计算机处理藏语文这一评价值基本处于最低 2.74，从侧面反映出很大问题，计算机作为实操性极强的科目，同时具备办公室应用软件的必要知识储备，不论在教学的 PPT 演示中，还是办公 WPS 中都有涉及，但是学校没有给予重视，学生在学习了计算机之后仍然不懂如何应用，必须从学习的内容和方式出发予以纠正。

三是教学技能应用。教学技能应用涉及实习过程中到中小学任教的情况，调查显示，学生虽然掌握了基本的语言技能，但是在应用中仍然不能如鱼得水，如在应用藏语开展教学（数学等）方面获得了最低的评价。我们访谈中了解到在藏族聚居区中小学任教的学生存在两方面问题，其一他们是藏语言文学专业的学生，本身文科功底高于理科，数学方面就存在一定困难；其二，他们运用藏语言教授数学更是难上加难，可能自身语言系统转换不顺畅，藏语的数学翻译能力有限，表述不清楚的状况屡屡发生，因此造成藏语数学等教学的难题。

（二）针对学生的评价主体参与较少

评价主体多样化且客观合理对学生发展具有必要性。培养目标显示学生的评价大多以平时成绩和期末考核为主，而平时成绩是偶尔的签到决定的。这一评价方式容易造成学生平时不听课，考前背诵突击的状况，从而导致学习成绩下降。归其原因是评价方式的不合理，侧面反映出评价主体较少的问题。在学校与社会关系日益密切的当下，仅靠老师的评价而且是学业成绩的评价已经不足以说明学生的情况。

第五节　针对民族语文专业发展的政策建议与措施

藏语言文学专业建设需要多方主体的共同参与，包括国家、社会、学校、家庭等等，比如在政府就业层面，对藏语言文学专业学生给予更多的政策倾斜，在公招考试中适当增加专业内容考试；在市场就业层面需要加强服务和指导，帮助学生树立正确的择业观和就业观；学校领导和教师必须切实了解时代发展特征与需要，把握形势，灵活调整教学等。专业建设的改革导致课程体系必须随之改变，比如针对公招考试内容设置相应课程；针对社会需求调整课程目标；针对教师特征改变课程讲授方式等。这就需要学校本身发挥主导作用，也需要借鉴社会力量，发挥就业市场的作用，从而实现课程的科学合理性。因此，对于课程体系本身面临的难题应从小处着手，妥善处理四个方面的难题。

一、人才培养目标定位上要注重精确性与可行性

课程目标是对学校培养目标的具体化，也是方便学院对学生进行考核的参照标准。后现代课程观解构预设目标，认为教育的过程就是目标。然而实质上，科学的培养目标应该考虑实际情况高度合理，同时呈现一定开放性的范围，给予学生满足其自由发展的机会。[①] 根据后现代课程观代表人物多尔的观点，课程目标具有开放性、生成性、

① 钱倩:《全日制本科教育学专业课程设置研究》，武汉，华中师范大学，2017。

流变性以及生态性，结合藏语文发展实际，生成性与生态性较符合其前进方向，具体而言生成性指课程目标在实际的教学活动中生成，并且根据教学实际适时调整，其不是一成不变的，需要重视学生和教师的双向作用；生态性指任何一种课程的设置都离不开其所处的环境、文化和历史，学生在学习中更是需要结合自己的生活而完成学习经验的获得和面向未来。因此，必须制定切实可行的符合社会发展的培养目标。

（一）符合社会发展的培养目标

杜威在课程的目标模式里提倡目标是作为活动过程中的参与对象存在的，它能够赋予活动诸多意义并且指引活动向更好的方向发展。他抨击那些把目标作为最后结果的人，这种观点将目标置身于活动之外，仿佛事不关己。他的观点将经验提升到一种高度，它是可以建构现在和未来的，正是如此，目标不会显得很拘谨。他是在教育教学活动中生成的，并且可以不断进行调整和转换，而这种转换就是根据学生和教师对于社会环境的适应力造成的。任何事物都不会脱离文化环境而单独存在，课程目标也一样，因此它必定要随着社会发展变化而变化。如今课程目标也应该适应社会发展的需要，适当增加时代性的因素，如创新、信息化等，而不是简单对于知识和技能提高的泛泛而谈。

（二）注重具体可行的培养目标

课程目标的设置应该对学生的学习和教师的教学具有针对性的指导意义，如果只是提高学生的基础知识和技能，提高学生的各种能力，帅生都会手足无措。可以借鉴操作性定义从具体的行为、特征、指标上对变量的操作性进行描述，将概念和事实联系起来。从本质上来说，下操作性定义就是描述怎样或用什么办法测量变量。因此，对于有指导性意义的概念都应当具有可操作性。当然，针对具有人文性质的学科而言，所讲的可操作性不是研究方法对于变量的数字量化，而是一种方便对实际的课程实施进行指导并且能够按照此进行评价的方式。综上所述，藏语言文学专业课程目标的具体可操作性应具有如下特征：

首先，目标的设定要有理论依据，考虑不同层次学生的水平以及不同层级学生的水平。并且根据具体的教学效果适时改变目标方案，这就需要定期有相应的检测。

其次，对可以测量等级的应当具体规定。比如每一学年汉语水平应当提升一个等级，具体的等级划定可以由学校制定考量测试，此目的旨在确保学生每一学年的学习都是真实有效的。而且这种评价方式作为过程性评价有效避免了终极性评价的一刀切和学生为了考试的眉毛胡子一把抓现象。对于藏语水平也是如此，虽然大部分的学生都是来自藏族聚居区，母语是藏语，但是藏语还包括三大方言区：卫藏方言、康方言以及安多方言，每一种方言还可能有分支，因此不能保证入学的学生藏语水平在听说读写各个方面一定过关，有效的考核既能促使学生认真学习，提高教育质量，也能为毕业后在单位中的灵活应用奠定基础。

最后，对应用能力加以规定，根据当地的社会需求以及本专业适合岗位所要求的能力，学校都应当清楚了解，方便传达给学生供他们衡量与选择。这就要求学校与用人单位的良好协作，比如调查本专业学生毕业后可供选择的职业范围，每一个职业硬性要求的职业能力，如有些岗位规定计算机证书，有些规定普通话证书等，也可至少规定完成一种资格证书的考试。

二、人才培养内容体系应更加丰富，富有创造性的建构

课程内容既是不同知识的一种整合，也是一种经验的获得。如果只把课程看作知识，容易导向科学理性，导致课程注重知识的传授而忽视了学生的智力以及能力的发展，其结果往往使学生脱离实际的生活内容，走向象牙塔。其所讲的将课程内容丰富化与注重创造性正是充分考虑将多元文化整合发展，避免于服务一种文化而产生的狭隘，同时在学习中要灵活多变，注重对话的力量。因此，学生是为了自己而学，并且他的学习取决于他自己做了什么。这种情况下，学生会为了以后的生活以及工作，根据自己的兴趣和需要进行能动的学习，这一过程更利于学生创造力的发展。因此，课程的内容需要给学生提供一种现实的机遇，形成知识和经验的有机融合。

由于本研究所论述的课程评价是基于三维目标理论，并且评价主要从学生的获得感入手，服务于课程内容，因此，特将课程评价的解决策略与内容进行整合，以防论述冗杂。

（一）重视多样文化融合发展

多样文化的发展是由社会不同民族和群体所决定的，每一个个体都不是孤立存在的，在与他人交往的过程中，必定产生不同文化的交集。尤其对于少数民族来说，要达到和实现交流交往交融目标，仅凭一种藏语已经不能满足交往的需要，汉语和英语成为必不可少的交际工具。或者说汉语是发展的基础，英语是发展的关键。正确认识和妥善处理各种语言之间的关系成为新时代面临的重要课题。因此在课程体系建设中，

合理安排汉语和英语的课时比例，科学设置汉语和英语的课程内容是重中之重。

第一，加强汉语作为必修课的首要地位。汉语的学习日渐成为少数民族语言学习的重要部分，但是面对基础不一的学生来讲，如何合理安排汉语授课以及汉语内容成为首要解决的难题。首先，需要摆正学习的态度。可以进行分班考试，根据学生的汉语水平分设不同层次的汉语班级，并且规定汉语学习的级别。在毕业时保证每一位同学都掌握基本的汉语听说读写能力，达到顺利交流的程度，至少在工作以后传达或者执行任务时不会出差错。其次，汉语授课时长应做一定要求。每周至少两节汉语课程，但是任务量可以根据不同基础的学生做调整。最后，学习的内容应当尽量齐全，包括听、说、读、写各方面，结合文学书籍了解汉语文化，增强学生的认同感和兴趣。语言类学习的目的就是能够交流和应用，因此，多说是提高汉语水平的途径，采用各种形式的学习方式，如演讲、话剧表演、辩论赛、小组讨论等，激发学生学习汉语的热情。

第二，巩固外语作为公共必修课的地位。如果说双语教学历来比较受重视，那么英语相对来说是容易被忽视的。虽然一直设置英语课，但是对学生学习英语的要求比较宽松，也正好秉持了“民汉为主，外语为辅”的教育模式。调查过程中很多学生说英语不是很重要，因为在参加工作以后几乎派不上用场。其实不然，英语作为一种语言目前还是国际通用语，尤其是作为当代大学生来讲，交流机会众多。甚至，学习一门语言是为了更好地了解他国文化并且学习先进文化，所谓知己知彼才能百战百胜。因此，加强英语的学习至关重要，尤其是加大阅读和说话能力。

在高校，英语作为公共必修课出现较为合理。学习基础的英语知识，掌握阅读和说话的方式也尤为关键。但是学生的英语基础不同，因此首先需要通过分级考试来分班，由低到高为一级、二级、三级，学生学习课本的难易程度根据等级进行选择。每一等级的课程目标不同，侧重点根据学生自身情况进行安排，学习难度逐层递增，考试内容必须与该等级相匹配，考核通过才能拿到相应的学分。

（二）注重跨学科知识的传授

传统教学下的学科活动之间是无联系的，这种分科教学一定程度将知识割裂开来，不利于解决现代社会所遇到的复杂问题，因此逐渐衍生出的跨学科知识成为不可逆转的潮流。尤其是自“双一流”建设目标提出以来，为提升高校的教学质量，培养综合性人才，发展跨学科教育成为时代进步的选择。跨学科知识的整合要求运用不同学科的理论知识，结合实际应用，多角度寻求最优方案，而不是局限于专业范围内的传统手段。① 对于藏语言文学来讲，跨学科教育体现在开设藏语言历史学、藏语言数学、藏语言法学、藏语言新闻学等学科作为选修课，学生可以根据自己的兴趣爱好和需要进行选择。也可以根据以后的就业倾向进行提前学习，提高学生的素养，培养高素质人才。

（三）加强科研项目的指导

科研对于本科生来讲是有一定难度的，因此，必须首先培养学生的科研兴趣，让他们形成积极思考的习惯、主动学习的精神、大胆探索的魄力。其次，引导学生端正科研态度。虽然科学研究不是本科阶段的主要任务，但是作为一种能力，是我们必须掌握的。科研可以锻炼逻辑思维能力、写作能力以及对于前沿热点的关注。不是因为想要毕业而搞科研，要善于排解学生对于科研的畏难情绪，鼓励学生多读书、多思考，激发学生的潜能。最后，必须经过老师的正确引导。本科教育任务繁重，教师如何在有限的时间讲授科研知识，并且教会学生写作，是一种考验。这就要求教师深入浅出的讲解以及在课堂中穿插一些研究的前沿热点，丰富课堂教学内容的同时引导学生形成一种研究思维。

（四）强调创新性能力的培养

创新能力是在当今社会最重要也最缺乏的一种能力，近年来，国家一直提倡学校加大创新能力的培养，强调创新教育的重要性，甚至出台文件指导创新改革实践的发展。学校为响应号召，大力宣传创新创业，然而效果不尽如人意，因为没有一种很好的方式可以很快提高学生的创新能力。其实，创新能力是在点滴的教育中贯穿的一种思维，可以通过各种活动以及教育得到实现，也可以在通过专门的课程教学得到提高。比如山东英才学院独创的阶梯式创新能力提升法。其主张将“创”和“新”赋予特定含义，是创造能力和一种全新理念的结合。创造能力主要指学生的动手能力，全新理念则是一种新的事态发展，包括新的技术和材料。其实现方法是引导学生进行思考，发现问题、解决问题。② 当然，创新性的培养虽然是社会发展的要求，但由于学生学习压力本身比较大，所以创新课程可以作为选修课供学生自愿选择。

---

① 王兆守、孙熙：《高等教育国际化背景下跨学科教育的优势和改进措施》，载《高等理科教育》，2019（5）。

② 丰曙霞、王璇、董琳慧：《以课程教学为基础阶梯式大学生创新能力培养》，载《河南建材》，2020（1）。

三、人才培养实施上更注重灵活性，增强学生的参与性

后现代主义课程观在课程实施的价值取向方面不是一味地遵循忠实取向，它更提倡创生以及相互适应，即在课程实施的过程中，不是仅根据课程计划和课程目标进行教学，而是动态进行的，教师应当根据情况做一些调整甚至进行创新。因为众所周知，课程实施过程中必然存在很多问题，仅靠既定的课程教材不一定能满足学生需求和社会需要，如果一味按照死板的、详细的课程内容进行教学，实施不好想必都会归因于教师的失职和学生的不配合，而不会提及确定的，不变的课程材料。因此，相互适应取向以及创生取向更能提供一种机遇，使得课程实施更加灵活合理，这便需要教师和学生共同努力。

（一）教师考虑全局，从全局角度出发

教师作为课堂的组织者、管理者、知识的讲授者，任务非常繁重。游刃有余地把握课堂进度和课堂气氛是对老师的一种考验。作为一名老师，除去最基本的知识储备，还需具备很多方面的条件。

首先，教师要有认真的态度。很多老师担负着重要并且繁杂的任务，他们需要备课、讲课、科研以及参加活动等，出现精力不足现象可以理解。所以需要保证教师队伍的充足，在此前提下使得老师有足够的时间认真讲课。本科教师的第一使命就是授课，他们必须端正态度，把讲课当成首要任务，认真备课：备学生、备教材、备方法。充足的准备才会造就一堂质量较高的课，老师才能积极应对可能发生的情况，增加学生的满意度。

其次，教师要有人格魅力。经常听到学生说不喜欢某个老师，所以不想上他的课，除了这个学生的这门成绩不理想外，老师也存在一些问题。人格魅力是吸引学生听课的关键，这个魅力主要指说话的魅力。教师在上课中要注意语言的表达，清晰并且通俗易懂，说话饱含激情。如果能有幽默的说话方式无疑是锦上添花。让学生喜欢，爱戴是每一个老师的追求。

然后，教师要有流利的表达。教师的说话是一门艺术，说的话简单不复杂、易懂不晦涩、饱含感情又不浮夸是极其困难的，但是却是每一位老师都应该争取做到的。流利的表达需要有扎实的知识基础、良好的语言组织和表达能力、积极的心态以及对学生基础的了解，在此基础上讲课更能增加学生的好感度。

最后，教师要会组织课堂。课堂一定是教师和学生共同参与的，只有让学生感受到自己的存在、实现自己的价值，他才会觉得这堂课是有意义的。这就需要教师找到正确的方法来组织学生进行学习和活动，可以创设一定的情景来调动学生的积极性，在参与的过程中加深他们对于知识的理解，如果能够得到表扬或者别人的认可，将会是更大的收获。

（二）学生积极参与，强化主体作用

学生是学习的主体，学习的积极性需要被调动只能说明学生学习的自觉性和主动性不够，这是学生的主观意愿决定的。因此，学生自身需要改变学习的观念。虽然没有中小学课堂老师的约束，但是最大的自由也是最大的约束，因为这取决于学习者自身对于学习的态度。学习知识必须主动参与到课堂中，激发思维的活跃性，主动掌握知识并且应用，在锻炼中知识和技能都会得到不断的提升。所以作为学生，要有配合老师的自觉性，主动融入课堂和集体。

（三）教学方式注重形式的多样化

除去传统的讲授法外，我们喜欢将现代信息技术引入课堂中，比如多媒体、新媒体，如 AR、VR 等，但前提是教学的硬件设施得到解决。所以，首先要保证硬件条件的充足。在此基础上，要求教师掌握一定的技术，为学生创造更多的条件和语言环境。可以将枯燥的文字以图片或者视频的形式呈现，在这样的语言环境中，通过生动形象的动画加强学生的记忆，同时在语言氛围中感染学生，激发他们学习的兴趣。另一方面，也可以运用现在比较发达的 AR 等技术使学生身临其境。

对于教学模式，采用合作学习、慕课（MOOC）、翻转课堂等形式增强学生的积极性，让他们在自己准备材料的过程中先行学习，再通过课堂学习得到巩固和加强。让每一个学生都参与到课堂中来。也可以采用情景模拟增强实际交流的感觉，老师可以给定一个具体的场景，让学生通过角色扮演的方式完成互动，既能激发学生的表现欲，也能为不爱说话的学生提供开口的机会；既能调动整个课堂的气氛，也能增强学习的效果。

四、人才培养结果上注重综合素质与能力的养成

（一）注重基础知识的扎实发展

现有的藏语言文学课程内容较多，而根据反馈，学生对于基础知识的掌握程度不

乐观。作为最基本的知识，既要发挥好奠基作用，也应体现专业特色，基础知识与学者所提核心课程相符，因此，在课程设置中，第一学年必须将重要课程作为专业必修课学习并制定严格的考核制度。这些核心课程需包括藏语文概论、藏语文写作、藏语文口语、藏语文学史等。学校需要按照重要性优先安排教学，减少不必要的课时，着重关注学生学习成果，保证打牢基础。

（二）强调应用能力的切实发展

第一是听、说、写和交际能力。藏语言作为藏族聚居区的首要语言，其交流的价值远远超过了应试，所以应该将藏语教学和实际生活紧密联系，上课多给学生一些练习的机会，着重培养学生听以及说的能力。口语表达能力是工作或者日常交流的必需品，甚至比知识量更重要，如果只具备知识量而不能合理表达，则丧失了语言交流的作用。因此，课程教学可以设置口语表达和人际交流的专门课程，老师讲授交流的技巧、说话的艺术，通过各种教学模式如小组讨论，情景模拟等形式进行，使学生善于表达自己。

写作能力作为很多工作的必备技能日益成为岗位应聘的首要条件，就编辑岗、新闻媒体、公务员以及部分学科教师来讲，写公文、编辑稿件、批改作业等均对写作能力有较高要求。提高写作技能是写作课程的基本要求，这就要求课程内容一方面必须能够积累相关素材，另一方面还要求学生善于组织素材。教师可以确定一个写作主题，让学生课下搜集材料，在每节写作课开始前半个小时当场写作，并且请几位同学分享写作内容，请其他同学讨论评价，老师最后做出总结，其余同学的写作由教师课下批阅。这样能够对症下药，使得每一位同学的写作水平得到提高，也是在实际中寻找问题与解决问题。写作是一个日积月累的工作，会在平常的锻炼中加强。

第二是信息技术应用能力。信息技术正日渐成为学习和生活的必需品，提高计算机知识和应用能力也迫在眉睫。学生对于计算机并不算陌生，但是他们可能更擅长碎片化的学习以及娱乐活动，对于计算机专业知识学习和操作还有待提高。就像学生自己认为计算机素养不够，不能适应工作的需求，因此，计算机教学有必要成为学生的必修课。教师应当教授基本的计算机知识和技能的操作，如工作必需的 PowerPoint、Word 和 Excel 等，培养良好的信息素养，增强他们对于信息技术的敏感度，提高实践能力和创新精神。其次，学校也可以设置藏语言文学在计算机方面应用的实际课程，如网页制作、网络编辑等，通过网页、公众号等媒介编辑文案，进行写作或者宣传等，切实锻炼计算机实际操作能力。最后，计算机技术也有国家公认的等级考试，可以鼓励学生参加考试，获得证书，以备工作之需。

（三）促进就业知识的系统发展

学校作为学生与社会单位的中介，理应发挥好其价值。针对学生就业信息不畅通、信息不匹配、就业观念以及自身能力等造成的就业障碍问题，学校应当落实一系列措施加以改善。在藏语文基础知识传授的基础上，应当将就业课程作为专业选修课的一个整体设置。

首先，学院可以根据藏语言文学专业学生需求将藏语文的课程按照就业的不同方向分为不同类型，比如理论类、教学类、行政类以及传媒类。每一个课程系统包含特定的课程内容。理论类主要针对考取研究生的学生设置，在基础知识的基础上学习更深层次的藏语言文学和历史相关知识。如藏族历史、藏语名著诗词等；教学类针对想从事藏语中小学教学的学生设置，课程内容主要涉及教师应当掌握的教育学、心理学、普通话以及专业藏语知识，可与教师资格证挂钩作为考核标准，也应当将教师能力的培养作为重点，如组织管理能力、讲课能力、信息技术应用能力、写作能力等；行政类主要包括公务员、事业单位知识的掌握，藏语和汉语写作课程、口语课程、沟通技巧课程是必不可少的；传媒类课程可包括写作、口语、编辑、管理等内容。将就业方向与课程内容分列是对学校教学资源的极大挑战，但对于学生的发展大有裨益。

其次，需要帮助学生提早确立职业生涯规划，充分利用就业面宽的优势，鼓励学生根据自己的兴趣爱好选择心仪的工作类型。要搜集相关资料，针对就业形势和环境，安排具有权威的教师进行讲解，也可以请毕业的学生分享找工作或者工作以后的经验，学生与之交流经验。针对藏语言文学专业的学生可以从事的工作范围、学生与工作的匹配度、学生的职业规划、择业的观念、就业的形式以及能力的应用等都应该有针对性的进行说明，切实帮助学生了解就业的方方面面，拓宽就业渠道和选择面，充分调动学生的积极性，真正做到了解自己的兴趣爱好和特长，明确自己的就业方向，与社会需求接轨。最终确立目标，在学习成模块的专业选修课时考取相关证书，为工作扎实学科知识基础并且积累相关的经验，践行目标以期收获成果。

最后，学校应当与用人单位确立实习机制。学生在大三或者大四的适当时期应当去单位进行历练，一方面了解心仪岗位的工作性质、工作内容以及工作需求，另一方面将学习的知识应用于实际，寻找自己知识的缺漏以及需要提高的能力，为日后的工作奠定基础，以便毕业后更快上手。

第十章　民族院校民族语文专业发展与人才培养的路径选择——以西南民族大学为例

随着时代的发展，民族语文专业建设和人才培养需要不断丰富。不仅仅包括少数民族语言和汉语言的学习，还包括培养学生某个方向的专业能力和研究能力，由培养民族语和汉语兼通的政治人才到培养具备一定研究能力和专业素养的民族语文专业人才。民族院校作为设置民族语文专业的重要载体，对于专业人才的培养起到重要作用，有必要对民族院校的情况进行深入了解。当前有关高校的民族语文相关专业建设和人才培养存在着不够适应形势发展和任务要求的情况，课程体系建设滞后，例如有关高校的民族语文专业设置不够密切对接地方需求，一些高校民族语文专业毕业生存在就业难等。具体表现如下。

第一，专业建设未充分适应民族地区发展。现代化建设导致社会转型加快，对原有的民族语文专业提出了更多要求。民族地区大多位于祖国的偏远地区，很长一段时间其经济发展水平较低，发展速度较慢，相应地，民族语文专业整体上是为民族地区培养和储备民族语和汉语普通话兼通的从事语言文字工作的人才，如翻译、研究、出版和行政人才。虽然边疆与内地经济和教育发展的不平衡是由历史原因造成的，但是随着近年民族地区社会的全面快速发展，民族地区社会各部门（包括管理、法律、理工类）都需要具备相关专业素养和研究能力的双语人才，高校民族语文专业建设逐渐不适应民族地区社会发展的需要。

第二，人才培养未充分考虑学习者发展需求。随着民族地区社会发展的转型和升级，民族地区对人才的要求提高。民族地区各行业不但需要民族语和汉语人才，还需要其具备一定方向能力，服务于某个经济部门或行业的人才。另一方面，学生学习民族语文专业比以往有了更高的就业期待。在大学毕业生就业日益困难的背景下，学习民族语文专业不但要能够传承民族传统文化，更要成为民族语文和汉语文的高级专门人才，需要将少部分学习者培养成民族语文学科的接班人，更多的要培养成具备某个方向专业素养的民族语文和汉语文的专门人才，能够服务于民族地区某个行业。针对学习者的这一需求，目前正在探索“一干 N 枝”（以民族语汉语学习为主干，再培养其他某个专业方向能力）的专业发展和人才培养模式。[①]

第三，课程体系未适应专业建设内涵。在民族地区社会发展和学习者需要的双重推动下，民族语文专业内涵不断丰富，课程体系建设也提出了更高的要求。一方面课程体系建设要考虑专业特色和专业口径拓展，另一方面也要考虑学习者学习需求的满足和学习面临的困难，考虑如何让学习者能够更容易接受民族语文专业课程体系。本科阶段民族语文专业课程体系建设是民族语文专业建设和人才培养的核心，是民族语文专业内涵的直接体现，学生是民族语文专业课程的学习者，也是课程体系质量的检验者。本章选择西南民族大学作为民族院校的代表，拟以民族语文专业建设与人才培养为背景，探究本科阶段民族语文专业课程体系的发展路径。

第一节　民族语文专业的历史发展沿革

高校民族语文专业能够为民族地区各部门培养懂得民族语和汉语的高级专门人才，满足民族地区社会和经济发展的需要，国家根据各地区的实际情况在民族高等院校设置了各具特色的民族语文专业。本章以西南民族大学的民族语文专业为例，以民族语文专业建设为背景探究其课程体系的培养目标、培养要求、课程结构和课程实施，作为民族语文专业课程体系的文本研究。

西南民族大学位于四川省成都市，是新中国最早建立的民族高校之一，也是新中国成立以来最早开设民族语文专业的学校之一。该校先是在 1952 年开办了藏语文专业和彝语文专业，有着悠久的民族语文专业建设发展历史，办学经验丰富，教学成绩显著，受到党和国家的高度肯定和社会各界的好评。

① 刘炜：《中国民族高等教育领域“民汉外”多语共时教育研究——以中国少数民族语文专业语言教育为考察中心》，载《前沿》，2016（3），73-79 页。

一、历史发展阶段

回顾六十余年的建设发展历程，西南民族大学民族语文专业在人才培养、社会服务、文化传承等领域，取得了丰硕的成就，为民族地区的和平解放、社会主义改造和建设、新时代中国特色社会主义事业建设等国家战略培养了大批优秀的各民族人才。“1952 年，西南民族大学招收第一批民汉双语进修班；1953 年，为了民族地区民主改革工作的需要，向社会招收一批愿意从事民族工作的青年学生，到西南民族学院（当时该校称西南民族学院）学习藏语言和彝语言，其中彝文专修科学生 51 名；1955 年招收了来自贵州的彝文专修班 45 名学生；1958 年到 1964 年分别招收了三批次民汉双语干部进修班、师资培训班等；1965 年以后，受到‘文化大革命’的干扰和影响，民汉双语教育停止教学；1977 年在党和国家的关怀下，开始招收第一届藏汉双语专业和彝汉双语专业本科生；民汉双语教育教学在西南民族学院开始步入了一个崭新的发展阶段。”①

二、彝学学院

西南民族大学彝学学院其前身是 1952 年开办的彝语文专修科，其民族语文专业发展建设已经走过了 62 年的历程。② 1977 年，彝语言文学专业、藏语言文学专业与汉语言文学专业合并成立语文系；1984 年，彝语文专业和藏语文专业联合成立少数民族语言文学系；1992 年，单独成立了彝语言文学系；2000 年，彝语言文学系更名为彝学系；2003 年，彝学系正式更名为彝学学院。③

西南民族大学彝学学院为彝族地区社会建设、社会管理与社会发展培养了大批现代人才，“是国际国内彝学界从事彝学学术文化深入研究、当代转型与理论创新的科研实践基地”④。

① 仁青措：《民汉双语高层次人才培养的理论与实践——以西南民族大学为例》，载《西南民族大学学报（人文社科版）》，2013（9），220–224 页。

② 参见《前进中的西南民族大学彝学学院》，http://yxxy.swun.edu.cn/xygk1/xyjj.htm，访问时间：2018–10–24，21：27。

③ 《前进中的西南民族大学彝学学院》，http://yxxy.swun.edu.cn/xygk1/xyjj.htm，访问时间：2018–10–24，21：27。

④ 《前进中的西南民族大学彝学学院》，http://yxxy.swun.edu.cn/xygk1/xyjj.htm，访问时间：2018–10–24，21：27。

三、藏学学院

西南民族大学藏学学院自1952年办学至今，[①]在民族语文专业建设上走过了六十多年的发展历程。“1977年，彝语言文学专业、藏语言文学专业与汉语言文学专业合并成立中文系；1984年，彝语文专业和藏语文专业联合成立少数民族语言文学系；1992年，成立了藏语言文学系；2000年，藏语言文学系更名为藏学系；2003年，藏学系更名为藏学学院。”[②]

藏学学院秉承西南民族大学“为少数民族和民族地区服务，为国家发展战略服务”坚持“科学发展、内涵发展、特色发展”之路，不断开拓进取，努力建成为全国一流的“双特色”学院。

第二节　民族语文专业发展的基本现状

作为培养少数民族高素质人才的重要基地，民族高等院校在民族语文专业建设以及人才培养工作中肩负着重要而光荣的使命。自建校以来，西南民族大学始终坚持“为少数民族和民族地区服务，为国家发展战略服务”的办学宗旨，紧密结合民族地区经济社会发展需求，高度重视民族语文相关专业建设及人才培养工作。经过多年的积累，持续打造中国少数民族语言文学（彝语言文学、藏语言文学）这一品牌专业，取得了丰硕成果。

一、专业设置现状

（一）专业概况

学校的民族语文工作主要依托中国少数民族语言文学专业展开，已经走过67年的办学历程，发展成为以培养本科和硕士研究生为主要层次的教育部和四川省特色专业。该校的中国少数民族语言文学专业主要包括彝语言文学、藏语言文学两大类别，

① 参见《藏学学院简介》，http://zxy.swun.edu.cn/xygk/xyjj.htm，访问时间：2018-10-24，21：27。

② 仁青措：《民汉双语高层次人才培养的理论与实践——以西南民族大学为例》，载《西南民族大学学报（人文社科版）》，2013（9），220-224页。

分别由彝学学院、藏学学院承担相应的专业建设及人才培养工作。彝学学院现设有中国少数民族语言文学（彝汉双语、彝日双语、彝英双语、彝汉翻译）等专业方向及彝族文化产业管理（彝汉双语）专业。藏学学院设有中国少数民族语言文学（藏语言文学、藏英双语、藏学）等专业方向、民族学（藏学）、行政管理（藏汉双语）、文化产业管理（藏汉双语）、旅游管理（藏汉双语）、文物与博物馆学（藏汉双语）等专业。该专业主要招收普通高考、民考民、汉考民的全日制学生，目前包含本科生和硕士研究生。

学科建设层面，2018 年新增中国语言文学一级学科博士授权点，下设中国少数民族文学（彝语言文学、藏语言文学）等与民族语文相关的二级学科。

西南民族大学构建了母语教育、双语教育、多语教育和多元文化教育并重的育人模式。首先，该校民族语文专业的骨干是中国少数民族语言文学专业，培养与民族语言文字工作直接相关的专业人才和民族语言文学学术研究人才。其次，将民汉双语作为基础能力，结合其他专业方向培养民汉双语兼通的各专业复合型人才。

（二）专业内涵建设

学校以社会需求为导向，以民汉兼通的复合型人才培养为目标，不断增强中国少数民族语言文学专业的内涵建设。一是按照教育部 2012 年普通高等学校专业目录和专业介绍，构建具有双语特点的课程体系和教学内容。二是结合学校 2016 版本科专业人才培养方案修订工作，促进专业教育与创新创业教育有机融合，压缩总学分，适当增加实践教学环节的学时学分比例。三是拓宽专业口径，构建母语教育、双语教育、多语教育和多元文化教育并重的人才培养模式。积极探索跨学科联合培养，积极做好动物医学（藏汉双语、彝汉双语）、电气工程及其自动化（藏汉双语）、法学（藏汉双语）、法学（彝汉双语）、化学（藏汉双语）等的双语教学工作。

二、教师队伍的基本现状

教师的学历层次呈现以博士为主的分布。民族语文相关专业专任教师共计 49 人，藏学学院和彝学学院的博士人数分别是 48.3% 和 50%，约相当于硕士和学士学位获得者之和。

表 10–1　专任教师专业技术职务结构分布比对一览表

单位	专任教师数量	正高级		副高级		中级		初级与未定职级	
		人数	比例	人数	比例	人数	比例	人数	比例
彝学学院	20	7	35%	7	35%	6	30%	–	–
藏学学院	29	9	31%	8	27.6%	11	37.9%	1	3.4%
合计	49	16	32.7%	15	30.6%	17	34.7%	1	2%

来源：西南民族大学调研报告。

在教师职称整体上看，正高级、副高级和中级的分布比较平均，分别是 32.7%、30.6%、34.7%，在学院层面也不存在较明显的分布不均。

表 10–2　专任教师年龄结构分布比对一览表

单位	专任教师数量	≤35 岁		36—45 岁		46—55 岁		≥56 岁	
		人数	比例	人数	比例	人数	比例	人数	比例
彝学学院	20	2	10%	5	25%	10	50%	3	15%
藏学学院	29	4	13.8%	9	31%	13	44.8%	3	10.3%
合计	49	6	12.2%	14	28.6%	23	46.9%	6	12.3%

来源：西南民族大学调研报告。

从教师队伍的年龄分布来看，教师年龄整体偏大，青年人才不足。其中 46—55 岁的教师总体占比 46.9%，大于 56 岁的教师占比 12.3%，二者总和为 59.2%，超过全部教师的一半，而 45 岁以下的青年教师占比 40.8%。

表 10–3　专任教师学位情况一览表

单位	专任教师数量	博士		硕士		学士		无学位	
		人数	比例	人数	比例	人数	比例	人数	比例
彝学学院	20	10	50%	5	25%	5	25%	–	–
藏学学院	29	14	48.3%	9	31%	6	20.7%	–	–
合计	49	24	49%	14	28.6%	11	22.4%	–	–

来源：西南民族大学调研报告。

三、在校生的基本情况

中国少数民族语言文学专业在校生总人数为 1855 人。其中硕士 114 人，本科生 1741 人；藏族学生 1108 人，彝族学生 665 人，以及其他民族 82 人；男生 699 人，女生 1156 人。2013—2017 年，招收本科生 2231 人，毕业 1608 人；招收硕士 172 人，毕业 142 人。

西南民族大学的少数民族语言文学专业经过长期发展，为少数民族和民族地区培养了一大批高素质民汉兼通的复合型双语人才。2014—2017 年，该专业学生就业率分别为 89.12%、74.93%、86.60%、86.47%。

第三节 民族语文专业的人才培养定位分析

通过不断拓宽专业口径和建设师资队伍，西南民族大学的民族语文专业课程体系结合传统专业特色与民族地区需要，聚焦中国少数民族语言文学专业人才培养和各类双语人才培养，形成了独具特色的人才培养定位，并不断完善课程资源与教学环境建设。

人才培养定位规定了该专业培养人才的性质和作用，是人才培养相关工作的指导纲领，是相关课程设置的标准。彝学学院在民族语文专业人才培养方面走出了一条母语教育、双语教育和多元文化教育并重的培养彝学现代人才的崭新道路，其基本学制为 4 年，毕业授予文学学士学位。彝学学院与藏学学院都是重视双语人才培养的基地，此部分我们以西南民族大学彝学学院为例，探究该学院民族语文专业 5 个方向［彝汉翻译、彝汉双语、彝日双语、彝英双语和彝族文化产业管理（彝汉双语）］的人才培养定位。

一、培养目标

彝汉翻译：本专业根据西部民族地区对彝、汉、英等多语人才的大量需求，加强彝、汉、英语的听、说、读、写、译和计算机基础等知识技能的培养。通过系统学习，培养具有高层次彝语言文化素质，良好的彝汉口、笔译能力，扎实的英语基础知识，彝、汉、英兼通的专业知识面广、综合素质好、适应能力强、能够在西部民族地区文化教育、涉外经贸、新闻出版、对外翻译等单位从事教学、科学研究、行政管理、商务翻译等工作的复合型人才。

彝汉双语：本专业培养具备彝汉双语语言文学全面系统知识和其他文科知识的，能在少数民族地区文化教育、党政管理部门及相关单位从事有关教学、研究、管理、编辑、翻译、新闻、出版、文学创作、文秘等方面工作的专业人才。

彝日双语：本专业根据西部民族地区对彝、汉、日等多语人才的实际需求，培养具备彝、汉、日语言文学专业知识和其他相关学科知识的较高素质的专业人才，能够在西部民族地区文化教育、党政管理、涉外经贸、新闻出版、对外翻译等相关部门从事教学、科研、管理、翻译、编辑、文秘等工作。

彝英双语：本专业根据西部民族地区对彝、汉、英等多语人才的实际需求，培养具有深厚的彝语言文化知识，良好的彝汉口、笔译技能，扎实的英语基础知识，彝、汉、英兼通的专业知识面广、综合素质好、适应能力强的复合型人才，能够在西部民族地区文化教育、涉外经贸、新闻出版、对外翻译等相关部门从事教学、科研、行政管理、商务翻译等工作。

彝族文化产业管理：本专业方向根据西部民族地区的实际需求情况，培养具有纵贯古今的文化视野和现代产业理念及经营技能的复合型彝族文化管理人才，为国家文化资源的有效管理、文化市场的科学运营和彝族文化产业的全面发展提供高层次的专业管理人才。毕业后，既能从事文化产业管理方面的理论研究，也能在文化宣传系统、文化管理部门和文化产业各个行业综合管理层中，从事相关实际工作，也能到海关、银行等部门从事国际文化贸易管理及文化投资咨询等工作。

按照专业方向的发展特色，可以将以上 5 个专业方向分类如下：

表 10–4　专业方向分类

民汉双语型	民汉多语型	民汉双语 + 方向型
彝汉翻译、彝汉双语	彝英双语、彝日双语	彝族文化产业管理

二、对各专业培养目标的归纳与比较

根据培养方案中对培养目标的阐述，我们将上述专业的人才培养目标按照“强调的知识”“强调的技能”“面向的部门”“将从事的工作”“人才属性”进行归纳，然后比较。

表 10-5　彝学学院民族语文专业人才培养目标

	强调的知识	强调的技能	面向的部门	将从的事工作	人才属性
彝汉翻译	英语基础知识	彝汉口、笔译能力	文化教育、涉外经贸、新闻出版、对外翻译单位	教学、科研、行政管理、商务翻译	复合型人才
彝汉双语	彝汉双语语言文学全面系统知识、其他文科知识		文化教育、党政管理部门、相关事业单位	教学、研究、管理、编辑、翻译、新闻、出版、文学创作、文秘	专业人才
彝日双语	彝、汉、日语言文学专业知识、其他相关学科知识		文化教育、党政管理、涉外经贸、新闻出版、对外翻译	教学、科研、管理、翻译、编辑、文秘	专业人才
彝英双语	彝语言文化知识、英语基础知识	彝汉口、笔译能力	文化教育、涉外经贸、新闻出版、对外翻译	教学、科研、行政管理、商务翻译	复合型人才
彝族文化产业管理	纵贯古今的文化视野、现代产业理念	经营技能	文化宣传系统、文化管理部门、文化产业各行业；海关、银行	文化产业管理研究、各部门相关工作	复合型文化管理人才

来源：西南民族大学彝学学院本科专业培养方案。

由表中信息可以看出，按照培养目标对人才属性的划分，彝学学院的培养类型分为复合型人才、专业人才和复合型文化管理人才。占比重最大的前两类人才皆可从事教学、科研、管理和翻译工作，说明该学院的人才培养总体上重视民族地区教师、管理和研究的双语或多语人才。

彝汉翻译与彝英双语两个方向的人才培养要求所强调的知识、能力、面向的部门与从事的工作有高度的相似性，仅在知识层面存在些微差异，即彝英双语方向增加了彝语言文化知识。在对两个方向的专业人才培养目标描述上，没有特别强调具备的工作技能，在知识方面均强调彝、汉语言文学专业知识。另外，复合型文化管理人才的培养目标描述上偏向管理学知识和技能。与前面几个方向不同，彝族文化产业管理方向加强了综合性文化、产业事业方面的培养。

三、人才培养要求

彝汉翻译：第一，掌握彝、汉、英三语语言文学的基本理论；掌握与本专业方向有关的新闻、历史、哲学、艺术、心理学、教育学、行政管理学、法学、宗教学、逻辑学、民族学、社会学等相关学科的知识，以及中国科技史、西方科技史等科技发展理论知识。第二，具有较强的语言文字表达能力、作品鉴赏能力、写作能力和迅速适应实际工作的能力。第三，具有较强的学习能力和知识更新能力，了解本专业的新思想、新理论、新方法及学科发展动态与趋势。第四，掌握独立思考问题、独立接受和应用本学科新知识的技能和方法。第五，具有较好的人文社科知识和人文素质，以及较强的协调、组织能力。第六，具有开阔的视野、优良的道德品质、健全的人格和较强的创新精神。

彝汉双语：第一，掌握彝、汉、英三语语言文学的基本理论；掌握与本专业方向有关的新闻、历史、哲学、艺术、心理学、教育学、行政管理学、法学、宗教学、逻辑学、民族学、社会学等相关学科的知识，以及中国科技史、西方科技史等科技发展理论知识。第二，具有较强的语言文字表达能力、作品鉴赏能力、写作能力和迅速适应实际工作的能力。第三，具有较强的学习能力和知识更新能力，了解本专业的新思想、新理论、新方法及学科发展动态与趋势。第四，掌握独立思考问题、独立接受和应用本学科新知识的技能和方法。第五，具有较好的人文社科知识和人文素质，以及较强的协调、组织能力。第六，具有开阔的视野、优良的道德品质、健全的人格和较强的创新精神。

彝日双语：第一，掌握彝、汉、日三语语言文学的基本理论；掌握与本专业方向有关的新闻、历史、哲学、艺术、心理学、教育学、行政管理学、法学、宗教学、逻辑学、民族学、社会学等相关学科的知识，以及中国科技史、西方科技史等科技发展理论知识。第二，具有较强的语言文字表达能力、作品鉴赏能力、写作能力和迅速适应实际工作的能力。第三，具有较强的学习能力和知识更新能力，了解本专业的新思想、新理论、新方法及学科发展动态与趋势。第四，掌握独立思考问题、独立接受和应用本学科新知识的技能和方法。第五，具有较好的人文社科知识和人文素质，以及较强的协调、组织能力。第六，具有开阔的视野、优良的道德品质、健全的人格和较强的创新精神。

彝英双语：第一，掌握彝、汉、英三语语言文学的基本理论；掌握与本专业方向有关的新闻、历史、哲学、艺术、心理学、教育学、行政管理学、法学、宗教学、逻辑学、民族学、社会学等相关学科的知识，以及中国科技史、西方科技史等科技发展理论知识。第二，具有较强的语言文字表达能力、作品鉴赏能力、写作能力和迅速适应实际工作的能力。第三，具有较强的学习能力和知识更新能力，了解本专业的新思想、新理论、新方法及学科发展动态与趋势。第四，掌握独立思考问题、独立接受和应用本学科新知识的技能和方法。第五，具有较好的人文社科知识和人文素质，以及较强的协调、组织能力。第六，具有开阔的视野、优良的道德品质、健全的人格和较强的创新精神。

彝族文化产业管理：第一，掌握彝、汉、日三语语言文学的基本理论；掌握与本专业方向有关的新闻、历史、哲学、艺术、心理学、教育学、行政管理学、法学、宗教学、逻辑学、民族学、社会学等相关学科的知识，以及中国科技史、西方科技史等科技发展理论知识。第二，具有较强的语言文字表达能力、作品鉴赏能力、写作能力和迅速适应实际工作的能力。第三，具有较强的学习能力和知识更新能力，了解本专业的新思想、新理论、新方法及学科发展动态与趋势。第四，掌握独立思考问题、独立接受和应用本学科新知识的技能和方法。第五，具有较好的人文社科知识和人文素质，以及较强的协调、组织能力。第六，具有开阔的视野、优良的道德品质、健全的人格和较强的创新精神。

可以很明显地看到，每个专业方向都有 6 点要求，其中第一至第六项几乎完全相同，都强调民族语和汉语素养共同发展，不同点仅仅表现在第一点对语言能力和知识的要求上。

第四节　民族语文专业的课程体系设置

一、专业课程的基本结构

（一）核心课程分类

彝学学院少数民族语言文学各方向以中国少数民族语言文学为主干学科，其核心课程在培养方案中的文本我们在此将其按照内容归类。

彝汉翻译：文学及文学史（文学概论、彝族文学史、中国文学史、外国文学、彝族尔比克智[①]）；汉语言（现代汉语、古代汉语）；传统文化（彝族传统文化）；民族语及语言学（彝语语言学、语言学概论、现代彝语）；写作翻译（写作、彝汉翻译理论与实践）。

彝汉双语：文学及文学史（文学概论、彝族文学史、中国文学史、外国文学）；汉语言（现代汉语、古代汉语）；民族语及语言学（现代彝语、彝族尔比克智、彝语语言学、传统文化语言学概论）；传统文化（彝族传统文化）；写作与翻译（写作、彝汉翻译理论与实践）。

彝日双语：文学及文学史（文学概论、彝族文学史、中国文学史、外国文学）；汉语言（现代汉语、古代汉语）；民族语及语言学（语言学概论）；外语（基础日语、日语听力、日语会话、日语写作、日语语法、日语泛读）；写作与翻译（写作、日语笔译）。

彝英双语：文学及文学史（文学概论、彝族文学史、中国文学史、外国文学）；汉语言（现代汉语、古代汉语）；民族语及语言学（语言学概论）；外语（基础英语、英语听力、英语口语、英语语法、英语阅读）；写作与翻译（写作、英汉笔译、英汉口译）。

彝族文化产业管理：文学及文学史（文学概论、彝族文学史、中国文学史、外国文学）；汉语言（现代汉语、古代汉语）；民族语及语言学（语言学概论、现代彝语）；传统文化（彝族文化传统）；文化产业（文化产业概论、文化遗产学概论、文化资源传播学、文化市场营销、文化产业项目策划与管理）；写作；管理学（管理学原理、网络产业文化经营与管理）。

通过对核心课程按内容归类可以看出，各方向在文学及文学史、汉语言方面开设了相同的课程，重视培养学生的多元文化素养和民族语汉语相融发展的广阔视野。在民族语及语言学方面除彝日双语和彝英双语外，与彝语相关的课程都属于核心课程。从各方向核心课程的特色来看，彝日双语、彝英双语两个外语方向，其核心课程注重外语能力培养，开设了全方位、数量多的外语课程；彝汉双语、彝汉翻译在彝汉两种语言各方面课程上有了深度挖掘，加强彝、汉二语课程在文学、语言、翻译方面的强化；彝族文化产业管理则重视民族文化产业、管理方面的课程设置。核心课程体现了人才培养目标中强调多语人才培养的要求。

值得注意的是，核心课程中没有把培养目标和培养要求中所强调的培养教师必备

① “克智”与“尔比”是一种独特的说唱艺术，是彝族人民根据长期的生产实践和生活经验中逐渐积累起来的精品语言，包涵着深刻的哲理和丰富的审美，在彝族的生活中占有十分重要的位置，被彝族人民称为“语言中的盐巴”。“克智”大多在婚丧节庆等重大场合中使用，“尔比”则适用于调解纠纷和教育场景之中。我们在此姑且将其视为一种民族文学形式归入文学类课程。[来源：阿牛木支、吉则利布：《谈彝族“克智”与“尔比”的独特性和共用性》，载《西昌学院学报（社会科学版）》，2008，20（4），93–96页。]

的教育学相关课程包括在内。

（二）课程层次结构

按照培养方案中对课程结构按照层次分为通识平台、文理基础、专业平台、实践平台，如下表所示。从课程之间的“支撑”作用来看，文理基础部分是专业平台部分的基础，实践平台以外的课程共同构成了实践平台课程的知识和能力基础。

表 10-6　课程层次结构

平台	通识平台		文理基础	专业平台		实践平台	
课程性质	必修	选修	必修	必修	选修	必修	选修①

来源：西南民族大学彝学学院本科专业培养方案。

二、专业课程的内容体系

（一）民汉双语型方向

民汉双语型方向体现出民族语文专业的传统风格，其课程内容紧扣民汉双语知识和能力的培养。该方向的学科课程从专业基础课到专业选修课不断强化学生民汉兼通的语言和文字方面的核心素养，在实践阶段结合原有的写作课程进行专业实习，更有利于加巩固学生的学习基础。

（二）民汉多语型方向

从核心课程的内容上看，民汉多语型专业方向强调更多的是民汉双语方面的知识与能力的整合，外语部分虽占较大比重，但是缺少与民族语和汉语方面的有机融合，仅突出了外语的专业工具性作用。

（三）民汉双语 + 方向型

与民汉多语型相比，民汉 + 方向型的课程内容虽然在民汉兼通的基础上加入了其他内容——文化产业管理课程，这一部分课程内容带有浓厚的民族文化特色，能够做到以民族文化为抓手，将民汉双语核心素养与文化产业管理的内容有机融合。

① 我们通过查阅培养方案中的课程设置未发现有实践选修课，实践平台课程均是必修课。

三、专业课程的具体实施

培养方案中的教学计划进程表详细规定了各课程开设的时间、学时和起止周，师生在课程实施上的自由度不大，属于忠实取向的课程实施类型。我们将各专业方向教学计划中不同类型课程在不同学期所占比重制作成图表，如下。

课程实施总体特点是先进行专业知识和技能学习，后安排专业实践操作和先学习通识与基础知识，后按照兴趣选修。可以看出，各方向教学计划的共同点在于通识必修课出现最早，持续时间较长，数量随学期数递减；专业必修课出现最早，存在时间最长；文理基础较平均分布于 2 到 6 学期；专业选修出现最晚，大约在第三学期出现，其数量在第四学期左右到达顶峰，随后下降，结束于第八学期；实践必修课（除军训外）则几乎都集中在第八学期。

（一）“民汉双语型”专业方向

“民汉双语型”专业方向作为民族语文专业的传统方向，它将汉语言文学与少数民族语言文学课程贯穿于各学期的学习，经过了长时间的实践检验，在民汉双语融合发展方面已经发展的非常成熟。

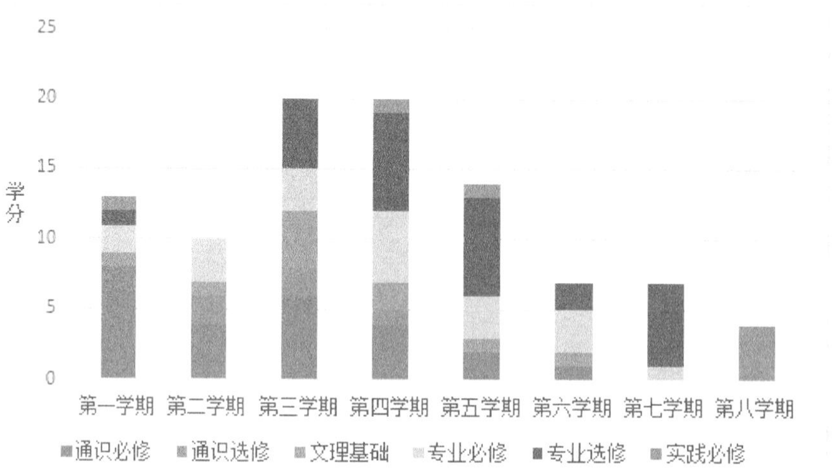

图 10-1　彝汉翻译方向课程实施

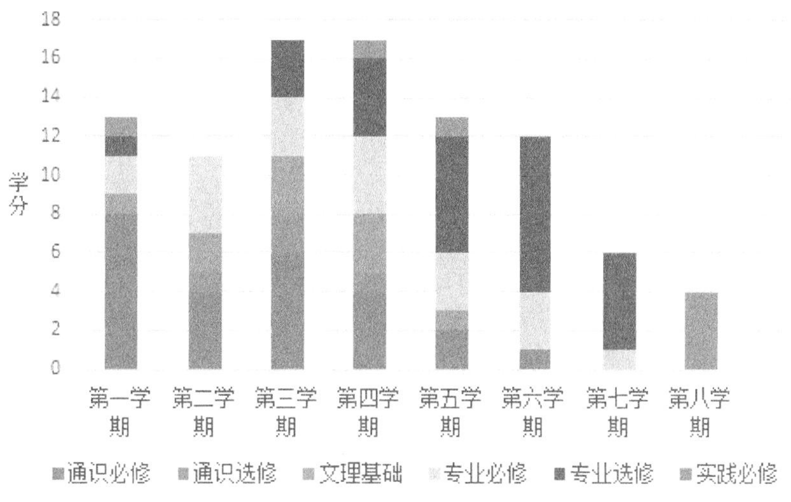

图 10–2　彝汉双语方向课程实施

（二）"民汉多语型"专业方向

"民汉多语型"专业方向在内容上比"民汉双语型"专业方向多了外语能力的培养，因此在总课时不变的情况下，每学期削减一定的民汉双语课程时间，加入了外语学习的课程。

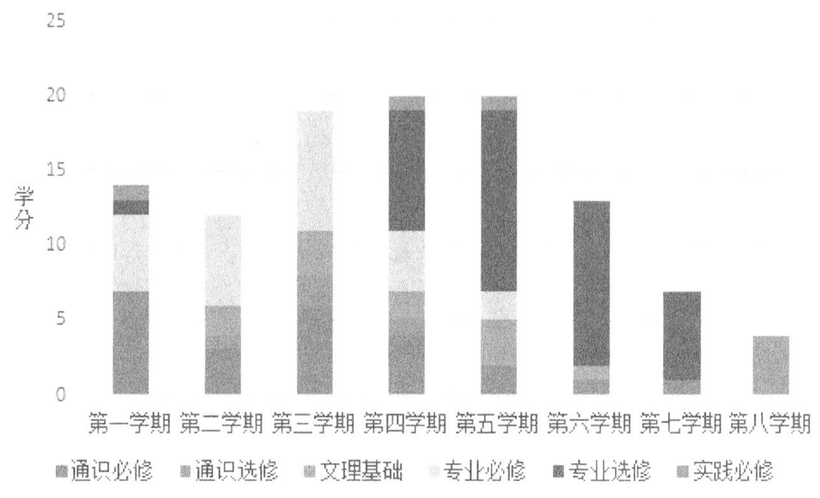

图 10–3　彝日双语方向课程实施

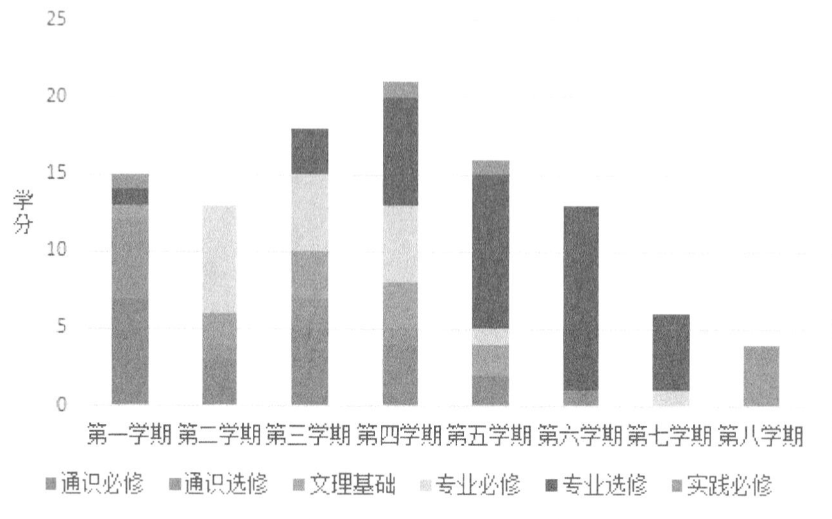

图 10-4　彝英双语方向课程实施

（三）“民汉双语＋方向型”专业方向

与“民汉多语型”专业方向的课程实施类似，“民汉双语＋方向型”专业方向的课程实施将削减出来的课时变成了文化与管理方面的专业课程，分布于每个学期。

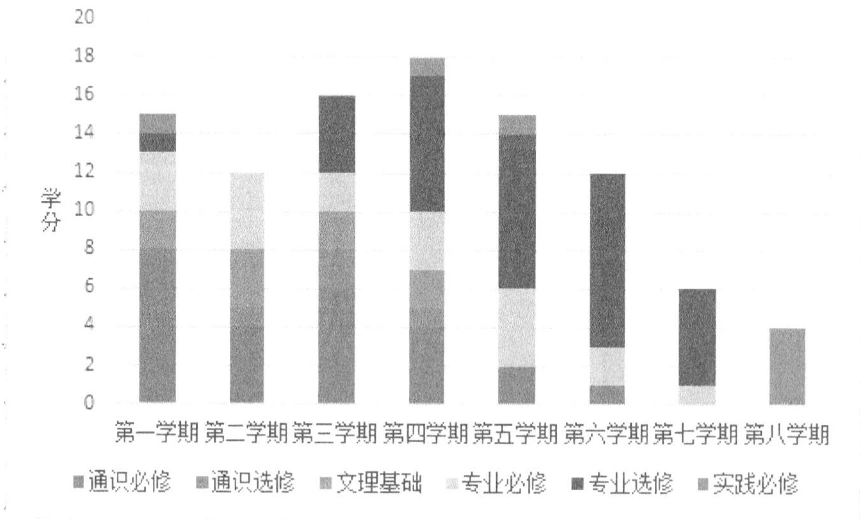

图 10-5　彝族文化产业管理课程实施

第五节　民族语文专业的人才培养结果

一、双语人才的培养定位

一是开展订单定向式人才培养模式改革。于2013年起，该校与四川省甘孜州人民政府签署订单定向式人才培养协议书。根据甘孜州紧缺人才的实际情况，单独列出计划用于招收订单定向学生，由甘孜州人民政府在该部分学生毕业后为其提供编制和就业岗位，确保订单定向生毕业后能顺利上岗。现已招收文化产业管理（旅游管理）、文化产业管理（藏族文化）、电气工程及其自动化（藏汉双语）、动物科学、动物医学（藏汉双语）、文物与博物馆学（藏汉双语）等专业订单定向学生232人。另一方面，积极做好动物医学（藏汉双语、彝汉双语）、电气工程及其自动化（藏汉双语）、法学（藏汉双语）、法学（彝汉双语）、化学（藏汉双语）等的双语教学工作。

二是分别由彝学学院、藏学学院承担相应的专业建设及人才培养工作。彝学学院现设有中国少数民族语言文学（彝汉双语、彝日双语、彝英双语、彝汉翻译）等专业方向及文化产业管理（彝汉双语）专业。藏学学院设有中国少数民族语言文学（藏语言文学、藏英双语、藏学）等专业方向、民族学（藏学）、行政管理（藏汉双语）、文化产业管理（藏汉双语）、旅游管理（藏汉双语）、文物与博物馆学（藏汉双语）等专业。

三是开办民族学（藏学）零起点专业。针对藏族聚居区对藏汉双语人才需求较大的情况，突破以往藏语言文学专业仅招收藏族并具有藏文基础考生的模式，招收高考使用汉语答卷且填报了该专业志愿的各族考生。现已招收培养194名学生。

二、学生培养状况

由下表可知，本科阶段民族语文专业学生的毕业率与就业率均逐年稳步增长。到2017年，毕业生毕业率已达到88%，就业率达到86.4%，一定程度上说明学习者具备了基本的民族语文和汉语文能力，达到了复合型人才的培养标准。

表 10–7　学生培养状况

1. 从开设专业以来培养的学生总数（人）		专科：　本科：7562
		硕士：453　博士：0
2. 近五年来学生的毕业率（%）	2013 年	毕业率：66%
	2014 年	毕业率：73%
	2015 年	毕业率：72%
	2016 年	毕业率：82%
	2017 年	毕业率：88%
3. 近五年来学生的就业率（%）	2013 年	就业率：88.53%
	2014 年	就业率：89.12%
	2015 年	就业率：74.93%
	2016 年	就业率：86.60%
	2017 年	就业率：86.47%
4. 2017 年各具体专业的毕业生就业率（%）（按已开设专业目录逐个填写，可添加行）	专业 1：历史文献学（硕士）　就业率：100.00%	
	专业 2：逻辑学（硕士）　就业率：50.00%	
	专业 3：印度语言文学（硕士）　就业率：100.00%	
	专业 4：中国少数民族语言文学（硕士）　就业率：97.30%	
	专业 5：民族学（藏学）（本科）　就业率：71.43%	
	专业 6：文化产业管理（藏族文化）（本科）　就业率：100.00%	
	专业 7：中国少数民族语言文学（藏汉双语行政管理）（本科）　就业率：69.57%	
	专业 8：文化产业管理（旅游管理）（本科）　就业率：100.00%	
	专业 9：中国少数民族语言文学（藏学）（本科）　就业率：76.47%	
	专业 10：中国少数民族语言文学（藏语言文学）（本科）　就业率：66.67%	
	专业 11：中国少数民族语言文学（彝汉双语语言文学）（本科）　就业率：100.00%	
	专业 12：中国少数民族语言文学（彝日双语）（本科）　就业率：95.00%	
	专业 13：中国少数民族语言文学（彝英双语）（本科）　就业率：92.16%	
	专业 14：中国少数民族语言文学（彝族文化产业管理）（本科）　就业率：95.83%	
5. 2017 年毕业生就业单位类型（%）（可添加行）	升学（含出国读书）	本科：50　研究生：2
	赴国外就业	本科：0　研究生：0
	政府公务员	本科：115　研究生：11

续表

5. 2017 年毕业生就业单位类型（%）（可添加行）	事业单位	本科：15　　研究生：12
	国企	本科：8　　研究生：
	私企	本科：22　　研究生：1
	大学 / 科研院所	本科：0　　研究生：2
	出版社 / 报社 / 杂志社 / 新闻媒体	本科：0　　研究生：0
	职业院校 / 中小学 / 其他学校	本科：16　　研究生：19
	应征义务兵	本科：1　　研究生：0
	部队	本科：2　　研究生：0
	自由职业（含创业）	本科：0　　研究生：0
	国家基层项目	本科：56　　研究生：0
	地方基层项目	本科：16　　研究生：0
	农村建制村	本科：4　　研究生：0
	医疗卫生单位	本科：1　　研究生：2
	未就业 / 待业	本科：54　　研究生：5
6.2017 年毕业生就业岗位与所学专业的相关程度（人）	与专业相关	本科：彝学学院 31%，藏学学院 69% 研究生：
	与专业无关	本科：彝学学院 69%，藏学学院 31% 研究生：
7. 毕业生就业能力准备的评价（请客观描述）	第三方机构调研表明，我校 2017 届毕业生的总体能力满足度为 86%，与本校 2016 届（85%）基本持平，比全国非“211”本科 2017 届（84%）高 2 个百分点。毕业生的基本工作能力总体满足度整体呈上升趋势，且近三届与全国非“211”本科平均水平相比已开始呈现优势。	
8. 用人单位对毕业生的评价（请客观描述）	第三方机构调研表明，在聘用过我校应届毕业生的用人单位中，有 35% 认为我校毕业生整体表现高于平均水平，有 62% 认为本校应届毕业生整体表现处于平均水平，有 3% 认为本校应届毕业生整体表现低于平均水平。	

资料来源：西南民族大学书面调研有关附表。

三、各方向培养要求归纳与比较

专业培养要求是对培养目标的细化和说明。根据培养方案的叙述，我们将其按照专业知识、专业技能、专业精神进行分类。如下图所示。

培养要求总体呈现出知识的通识性、能力的专业性和精神的人文性。5个方向的人才培养要求在专业知识方面都涵盖了新闻、历史、哲学、艺术、教育学、管理学、法学等学科门类，体现了本科教育阶段所学知识的广博性；在专业技能方面突出语言文字相关能力以体现专业特征和能力素养，强调自主发展能力，培养终身学习的能力；在专业精神方面强调人文道德素养与组织、创新意识，体现人的全面发展基本理念。

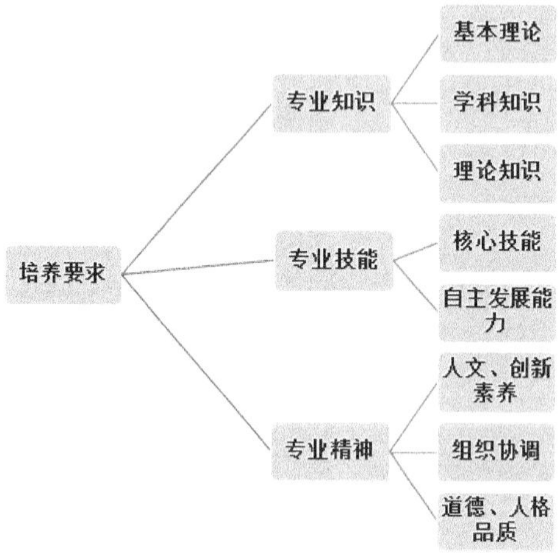

图 10-6　专业各方向培养要求

来源：西南民族大学彝学学院本科专业培养方案。

彝学学院民族语文专业培养民汉兼通的多语人才，专业知识中关于语言知识的不同体现了该专业不同培养方向的特点。我们通过整理培养要求中的语言部分，将下表呈现出来。

表 10-8　专业各方向语言能力培养的比较

	彝语	汉语	英语	日语
彝汉翻译	√	√	√	
彝汉双语	√	√	√	

续表

	彝语	汉语	英语	日语
彝日双语	√	√		√
彝英双语	√	√	√	
彝族文化产业管理	√	√	√	

来源：西南民族大学彝学学院本科专业培养方案。

由上表可以看出，各方向均把彝语和汉语能力作为培养必备内容，说明彝学学院民族语文专业把精通民族语和汉语作为人才培养的第一要义。其次，多语人才培养是彝学学院专业口径拓展的成果，区别在于对日语和英语的选择。

四、人才培养的总结分析

首先，复合型人才是民族语文专业的培养目标。西南民族大学的民族语文专业人才培养目标牢牢把握了民族语文专业建设和人才培养的核心，即要服务“双语人才队伍建设”和“民汉双语人才培养”的要求，培养从事民族语言文字工作的复合型专业人才。从毕业与就业的情况来看，民族语文专业所培养的人才具备使用民族语文和汉语文的能力，满足本专业人才培养的基本要求。

其次，现有专业课程体系紧密围绕培养目标和专业发展趋势。民族语文专业建设和人才培养的核心是培养从事民族语言文字工作的复合型专业人才，课程体系建设应紧密围绕这一核心成为一个有机整体。西南民族大学的民族语文专业课程体系以民汉双语融合为基础，融入多语种和其他专业方向的课程内容，重视培养学生的多元文化素养和多语相融发展的广阔视野，拓展了民族语文人才在其他专业方向的发展空间，体现了“民族语文＋专业方向”的专业发展趋势，有利于学习者社会适应能力的提升和就业率的增长，对民族语文专业的社会认可度也有积极作用。

最后，该校民族语文专业课程体系建设理念大多强调社会需求，未能充分考虑学习者的个性特征和学习需要。人才培养定位和人才培养要求虽然结合社会需要为民族语文专业发展指出了正确方向，但是学校如要落实社会提出的人才培养要求还需要重新回归人才培养本身，需要了解学校培养的对象，了解学习者的学习需求与个性特征，努力让专业人才培养满足学习者的需要。

另外，在压缩课时的要求下，“民汉多语型”与“民汉双语＋方向型”专业方向需要更多的时间应对外语学习和其他专业科目的学习，这两类专业方向的课时数是否能够满足现有的人才培养要求？学习者是否也因此有了更大的学习负担？这些是需要谨慎考虑的问题。

第六节 存在问题与发展建议

西南民族大学的民族语文专业以中国少数民族语言文学学科为依托，广泛拓展专业口径，通过院系合作与联合培养，探索出一些符合民族地区需要的专业方向和与之匹配的课程体系，为未来的发展奠定了扎实的基础。本章内容就该校民族语文专业的课程体系建设存在的不足进行归纳，针对这些不足提出对策建议，为办好人民满意的民族语文专业提供参考。

一、民族语文专业发展中存在的问题

从历史发展的角度看，西南民族大学在民族语文课程体系建设方面取得了很大的成绩，其课程建设重视学生的多元文化素养，突出专业方向特色，打造出了层次分明，类型齐全，评比优良的课程资源，还重视师资队伍建设和设备更新。但是，从学习者学习需求满足的角度看，该校民族语文专业课程体系还存在一些不足，专业建设当中存在的障碍也制约着民族语文专业课程体系的发展。

通过上面的文本分析已经可以看到，西南民族大学的民族语文专业在人才培养定位与要求方面强调根据社会需求进行调整，没有充分体现学习者的个性特征和学习需要，通过对学习者需要的分析，我们进一步证实了这一判断。

（一）学生对课程体系的总体满意度不高

由统计数据和图表统计可知，学生的民族语文专业课程体系总体满意度不高，尤其是在教材、专业实践和硬件设施上的满意度上。由此我们应该思考这样一个问题，即从结构、层次和教育管理部门规定的评价标准上看，已经符合要求的民族语文课程体系应该怎样发展才能符合学习者的学习需求。民族语文专业的课程体系建设一方面是高校按照国家教育方针和人才培养要求进行设计和实施，是为了服务于国家人才战

略和教育发展战略的重要环节，另一方面也是服务民族地区经济建设的需要，培养适应民族地区经济、社会发展，重视提升少数民族学生综合素养和社会适应能力的教育工作。也就是说，民族语文专业的课程体系建设不但要达到教育管理部门的外在评价标准，更要实现教育的本体功能，充分考虑高等教育的产品——学生，这一具有能动性的教育主体的学习需求。

民族语文专业课程建设需尽可能多地了解少数民族学生有什么样的学习需求，这种需求对应什么样的民族语文专业课程体系，这样才能有助于调动学生的学习积极性，有助于提高学生的综合素养和社会适应能力，为国家培养出高质量的民族人才。若仅仅强调社会本位的教育功能，则有可能造成民族语文课程体系过于机械，缺乏发展的生命力。

统计数据显示，学生对教材建设总体满意度和其各方面的满意度均不高，在教材内容的针对性和生活性方面表现的尤为突出。另外，学生普遍对教材内容、教材难度和教材版本的满意度不高，一定程度上反映出教材建设未能满足学习者的学习参考需要，未能亲近学习者的日常生活。

（二）“弱势背景”学习者的学习需求未被充分满足

研究中所述的学习者的背景信息弱势，是指学生的背景信息和以往学习经验中可能造成学生在本科阶段民族语文学习中遇到困难的因素。如我们在前文所述的，生源地、父母接受高等教育的情况和家庭经济状况这类背景信息对学习者的满意度的影响较大。显然，生源地远离城市、父母受高等教育少和家庭经济状况差属于“弱势”的背景信息，具备这类背景信息的学生可能存在较多的学习困难，造成其课程体系的满意度较低。

生存环境在马斯洛需求层次理论当中属于基本需求，对于基本信息比较弱势的学生来说，他们改善自己生存环境的需求可能更强烈，也就对民族语文专业和课程体系有着更高的期待。虽然学生在本科阶段民族语文专业的学习属于需求层次中的高级需求，即“知的需求”，但是“弱势背景”的学生又有通过接受高等教育改善其生存境遇的强烈需求，可能他们更希望在学习期间看到学习该专业能够带来的实实在在的自我提升的效果，这也许是此类学生的民族语文专业课程体系满意度不高的原因。

（三）课程体系难以兼顾不同民族语基础

通过分析不难发现，不同班级类型、不同高考类型等方面存在的满意度差异归根到底是不同民族语基础学生的满意度差异。不同班级类型对民族语的教学侧重不同，不同高考类型也决定了学生是否用民族语答卷，二者相辅相成，都与学生的民族语基础有关。由于家庭环境、接受双语教育模式的不同等原因，学生入学前的民族语基础存在很大差异，导致教育进度的选择困难。基础教育的遗留问题成了教学和课程体系建设的一大障碍。

虽然课程体系建设考虑到了民族文化内涵，尽量符合人才培养目标，教师也为了照顾大多数学生的进度选择了中等进度授课，但是根据调查显示，民族语基础的不同成为以往学习经验中对学生课程体系满意度影响最大的一个因素，民族语基础较差的学生，其课程体系的满意度不高，目前的课程体系和教学进度选择依然不能做到满足所有民族语基础学生的学习需求。该专业现有的师资力量难以完全按照学习者的民族语基础实施分层教育，那样势必加重民族语文专业教育的负担。

（四）师资缺乏问题阻碍专业长期发展

教学是本科阶段民族语文专业人才培养的最主要功能，而承担这一使命的正是广大教师队伍。教师队伍建设是民族语文专业课程体系中的重要维度，与课程实施和教学效果紧密相关。西南民族大学的民族语文专业课程体系中，其师资队伍建设存在教师年龄偏大，优秀教师引进困难的问题。虽然目前学生对教师队伍表示满意，对其授课模式有很高的认同，但是师资队伍青黄不接的趋势若继续任其发展，随着老一辈骨干教师的退休，在不远的将来会造成该校民族语文专业力量的断崖式下降，这会直接降低学生对教师和教学的满意度，造成人才培养质量的下降。

导致教师队伍建设滞后的原因有很多，在访谈中一位彝学学院教师谈到了人才引进制度方面的限制。该教师表示了民族语文专业教师引进标准过高的担忧，认为上级对在本校设立中国语言文学博士点的批准才下来不久，学校培养自己的博士学位师资力量尚需时日，且其他学校培养的相关符合要求的人才也不多，老一辈教职工大多面临退休，因此高门槛容易造成师资队伍青黄不接的问题。他还表示师资队伍梯队的形成也不能靠一次性大批引进人才，教师队伍形成梯队是一个逐年渐进的过程，从而有利于民族语文专业的长期发展。另外该教师还指出，很多硕士生和一些博士生不具备的双语能力，是可以继续培养深造的。因此教育管理部门取消对民族语文这类特殊专业允许硕士学历教师的规定很可能导致上述师资队伍建设的问题。

根据以上内容可以看出，民族语文课程体系中的师资队伍建设由民族语文专业建设的顶层设计决定。民族语文专业作为特色专业，应遵循专业发展实际，采取因专业制宜的方式引进教师和评价教师，切记忽视客观条件而采用一刀切的做法。由此可见，民族语文专业发展在全局层面制约着其课程体系的发展建设。

（五）专业发展与评价体系的矛盾影响该专业课程体系发展

民族语文专业建设是民族语文专业课程体系建设的大背景，民族语文专业发展的空间决定了该专业课程体系建设的活力。目前，民族语文专业建设作为特色专业，面对整齐划一的评价标准存在诸多发展瓶颈。

首先，中国少数民族语言文学是民族语文专业的学科依托，它属于中国语言文学下的二级学科，而少数民族语言文学专业已经根据民族地区发展需要发展了许多分支专业，这就很难符合教育行政部门规定的学科目录，造成少数民族语言文学学科的许多分支学科的归口存在困难。民族语文专业自己的“尺子”与教育行政部门的“尺子”之间的矛盾对民族语文专业进一步的发展形成束缚，进而影响民族语文专业课程体系的生长。其次，与规定学科目录的冲突使得毕业生学位证书中所列的专业名称普遍带有括号，使得一些民族语文专业方向得不到社会的广泛认可，一定程度上影响了学生的就业率，动摇了学生学习该专业课程的信心。最后，统一化的管理对中国少数民族语言文学学科下的民族语文专业招生造成困难。根据调研座谈会上的教师介绍，统一的招生命题很难应对该学科内部的跨学科明显的各分支学科对应专业的考试要求，因此生源质量难以得到保障，这也在一定程度上加重了民族语文课程体系建设的负担。

（六）“民族语文＋”模式下的课程体系建设面临诸多挑战

“民族语文”＋“专业方向”的模式可以拓展民族语文专业口径，还能够促进复合型人才培养，满足学生的就业需要。目前西南民族大学的民族语文专业已经涉及管理学领域，如彝族文化产业管理、藏族文化产业管理等，有的专业方向已经在授予管理学学位，讲授了许多中国语言文学以外的专业课程，如法学、管理学、经济学等。

就民族语文专业内涵发展的角度看，“民族语文＋”的专业发展模式，其课程体系建设存在诸多挑战。首先，如何把握非少数民族语言文学学科课程与民族文化之间的关系？其次，法学、经济学、管理学这类课程与少数民族语言文学学科的差异较大，比如知识体系的差异，思维方式的差异，让从事少数民族语言文学工作的学院承担较多的非少数民族语言文学学科的专业课程可能会加重教师的负担。再次，面对已经严重削减的总课时数，要保证目前的人才培养要求教师都显得力不从心，盲目的增加其他专业的课程有可能造成人才培养质量整体下降。最后，“民族语文＋”模式的盲目发展是否会造成民族语文专业课程体系变成各学科课程机械组合的“拼盘”，从而丧失原有的专业特色，这也是需要慎重对待的问题。

二、针对民族语文专业发展的政策建议

（一）课程体系建设立足学校以学习者为本

第一，“校本管理”的课程体系建设模式。由于传统的课程体系管理模式使得原有的课程结构和课程内容不适应该校民族语文专业的发展内涵和学习者的学习需要，给课程体系建设带来诸多障碍。民族语文专业课程体系出现了一系列问题，如学习者对课程体系满意度及教材满意度普遍不高。校本管理的理念在于将课程体系建设的责任和权力适当的下放至学校，推行以学校为主体的课程体系管理。也就是说，学校要从自己所在的民族地区和本校学习者的学习需求出发，开发符合学习者学习和交际需要的新版本民族语文专业教材和课程资源，尤其要重视专业课程的建设，将课程体系建设视为发挥学习者主体和学校主体的活动。课程体系建设的校本管理是现代教育管理哲学理念从“外控”向“内控”转变的表现。

第二，有针对性且灵活的课程实施。目前西南民族大学实行忠实取向的课程实施，课程实施严格按照课程计划进行且总课时受限，难以照顾到“弱势背景”和不同民族语基础学生的学习需求。“弱势背景”学生和民族语基础较差的学生希望能够补足自己在专业学习方面的短板，在专业学习的过程中得到更多的民族语知识学习。因此学校可以在充分了解学生的民族语基础和基本背景信息的前提下，分析学习者可能存在的学习缺陷，采取针对性地、灵活地课程实施模式。一方面强化专业课程的基础性以满足“弱势背景”和民族语基础较差学习者的基础知识学习需要，另一方面可以利用闲暇时间开设更多的基础性选修课，如计算机操作基础课和就业指导课以弥补课时缩短的问题，提升这类学生的课程学习信心。

（二）师资队伍建设需要内进外引和制度保障

第一，师资队伍的内进外引。根据调查数据可知，专业课程建设是课程体系建设的核心，优秀的师资是专业课程建设的核心，学校应将师资队伍建设作为民族语文专业课程体系建设的着力点。因此在师资力量建设上，一方面，学校应加大引进优秀人才的力度，努力提高教师待遇吸引优秀师资来学校民族语文专业任教。另一方面，若从外部引进人才存在较大难度，可将现有教师外送培训进行专业知识和设备维护的学

习，同时将本校优秀研究生外送继续深造，学成后聘入母校任教，为学校优秀师资的自我培养奠定基础，有助于教师队伍梯队的形成，促进民族语文专业课程体系发展。

第二，师资队伍建设需要政策保障。针对大多数专业较高的师资准入门槛使得民族语文专业难以形成合理的人才梯队，引起对课程体系建设发展前景的担忧。民族语文专业作为民族类特色专业，该专业的教师大多是需要懂得民族语言的少数民族教师，由于种种原因造成了他们大多不具备博士学历从而达不到人才引进的要求。因此教育行政部门对民族语文专业的教师引进应该进行针对性管理，考虑到专业特色与现实，适当放宽该专业教师的引进标准，缓解目前民族语文专业教师队伍青黄不接的发展趋势。

（三）以多元和对话为方向的专业评价

民族语文专业由于受到制度和现实条件的限制，“一刀切”式的评价标准往往显得有失公正。一方面民族语文专业所属的少数民族语言文学学科是二级学科，其专业发展空间受到限制；另一方面受到师资队伍建设诸多困难的掣肘，其师资队伍力量的不足内在地制约着民族语文专业的发展壮大。因此用衡量普通专业的标准对民族语文专业进行评价显然不利于为民族语文专业的发展增添信心，需要根据这类特殊专业采取“多元”的评价方式，经过论证和协调后适当降低原有标准，新增符合民族语文专业特色的评价指标，重视对评价实施者与被评价者的对话和交流，增进评价者对民族语文专业的理解，使相关行政管理部门了解民族语文专业发展及其课程体系建设面临的诸多困难，从而考虑给予进一步有针对性的扶持措施或适当调整针对民族语文专业的评价要求，营造一种适合民族语文专业课程体系舒适发展的外部环境。

除了对评价指标和要求的调整外，在评价方式上也可以考虑运用“过程评价”模式，克服单一的终结性评价的缺陷，不以成败论英雄，把评价扩展到民族语文专业及其课程体系运行的过程中，及时为学校提供即时的反馈信息，服务于该校民族语文专业及其课程体系的自我改进，这样还可以减轻该校民族语文专业面对上级评价时的压力，达到以评促建的作用。

（四）以“民族语文”为主体的专业及其课程体系建设

第一，立足“民族语文”的专业口径拓展。目前，“民族语文＋专业方向”的专业建设思路拓展了专业口径，开拓了新的专业课程体系，但民族语文专业建设还是应以“民族语文”为主体。民族语文专业立足中国少数民族语言文学学科，与汉语言文学等学科一样享有同等的地位，民族语文专业的毕业生也应与汉语言文学等专业的毕业生一样能够平等地从事新闻、出版等语言文字方面的工作，尤其是针对民族地区的发展，需要学习者具备更多，更强的语言文字方面的能力。因此民族语文专业口径的拓展要紧紧围绕“民族语文”开展，在现有课时下保证基本的民族语文知识传授，适当扩展其他专业方向的课程内容。

第二，以“民族语文”为核心的专业课程体系建设。除了找准专业口径拓展的正确方向，民族语文专业课程体系也要不断巩固“民族语文”在知识系统中的地位。同时，民族语文专业各方向的课程体系构建还应考虑知识体系上的关联性。专业课程体系的构建需要考虑民族语文专业与非民族语文专业之间的知识衔接，充分挖掘少数民族语言文学与其他学科知识体系的连接点，这样能够利于运用更加开放的视角认识民族语文专业，扩展民族语文专业，完善民族语文专业。

结　语

通过对高校民族语文专业学生培养状况的实证调查，本研究从学生受教育过程与发展结果的视角探究了人才培养质量状况，从一定程度上揭示了民族语文专业的实际发展情形，可以从中发现一些有意义的研究结论，同时提出改善人才培养质量的发展建议。

本研究主要探讨民族语文专业的人才培养模式及培养结果状况，研究的重点是对培养质量的理解，目前将质量定位为满足顾客需要和符合目的要求，其中暗含着对于服务对象与使用对象的满足与符合程度，体现出针对质量主客体二者之间的融合。质量评判的核心点便是学生发展，包括学生发展所面临的外部环境与条件，学生发展的过程，还有学生发展所带来的结果如何。针对人才培养质量的评估，学生是关键的评估维度，需要突出过程性与结果性特征，应围绕学生构建一套评估指标体系，将教育过程与结果因子纳入到其中。具体在指标设计中，学生群体对专业学习过程中的主观认同度，包括师资、课程、教学、教材等维度，能够反映学生的培养过程，突出培养质量的过程性特征；而在校生通过专业学习所获得的学习成果，还有毕业生的就业发展状况，能直接反映学生培养的结果状况，突出培养质量的结果性特征。

研究的难点在于如何构建针对民族语文专业人才培养质量的评价指标体系，该专业以少数民族学生居多，与普通高校的培养存在着一些差异，要明确民族语文专业在人才培养上的目标定位，其中存在的共同点和特殊性，如何针对学生的实际培养状况进行有效评估，这也是研究中需要急切解决的难题。在分析诸多高校的具体案例基础上，以“解剖麻雀”的方式来对民族语文专业的人才培养状况进行揭示，获得了比较丰富的研究发现，提出了比较有针对性的发展建议。但受制于资料收集与时间限制，对人才培养质量的探究还是不够深入，针对不同的高校、不同的专业类型，需要拟定出具有针对性的评价方案，从更全面的角度来揭示出实际的人才培养质量状况。需要进一步收集处于不同类型的民族语文专业发展案例，针对性探讨不同类型学校教育发展的特点，所处的发展现状以及所面临的问题，然后针对性地提出改进建议与措施，使得这种关系的探讨更加深化。

参考文献

一、外文文献

［1］Allwright, J. & R. Allwright. 1977. An approach to the teaching of medical English. In S. Holden (ed.). English for Specific Purposes. Oxford: Modern Eng–lish Publications.

［2］Allan Gullickson. The Student Evaluation Standards: How to Improve Evaluations of Students. California: Educational Policy Leadership Institute, 2003.

［3］Brent Drake. How We Keep Them Here: A Mixed-method Examination of an Integrated Model of College Student Retention and the Learning Community Experience. Purdue university, 2009.

［4］Brindley, G. 1989. the role of needs analysis in adult ESL programme design. In R. johnson (ed.). The Second Language Curriculum. Cambridge: CUP.

［5］Caswell, H. Campbell, D (1935), Curriculum Development, New York: American Book Company, p.66.

［6］Dudley–Evans, T. & M. St John. 1998. Developments in English for Specific Purposes: A Multi–disciplinary Approach. Cambridge: CUP.

［7］Ernest Pascarella, Thomas Terenzini. How College Affects Students: A Third Decade of Research. San Francisco: Jossey–Bass, 2005.

［8］Foshay, A. W. (1969), Curriculum, in Eel, R. L. (ed.) (1969), Encyclopedia of Educational Research, New York. Macmillan, p.276.

［9］George Kuh. Stan Ikenberry. More Than You Think, Less Than We Need: Learning Outcomes Assessment in American Higher Education. National Institute for Learning Outcomes Assessment, 2009.

［10］Johnson, M (1967, April), Definitions and Models Curriculum Theory, Educational

Theory, 17（2）, 127–140.

［11］Julio Antonio. A Structural Equation Model of Parental Involvement, Motivational and Aptitudinal Characteristics and Academic Achievement. The Journal of Experimental Education, 2002(3).

［12］Munby, J. 1978. Communicative Syllabus Design. Cambridge: CUP.

［13］Oliva, P (1982). Developing the Curriculum, Boston, MA: Lt Brown, P.6.

［14］Robinson, P. 1991. ESP Today: A Practitioner's Guide. New York: Prentice Hall.

［15］Shouping Hu, George Kuh. Maximizing What Students Get Out of College: Testing a Learning Productivity Model. Journal of College Student Development, 2003, 44(2).

［16］Tab, H (1962), Curriculum Development: Theory and practice, New York: Harcourt. Brace World.

［17］West, R. 1994. Needs analysis in language teaching. Language Teaching 27: 1–19.

二、中文文献

（一）学术著作类

［1］别敦荣，王根顺主编 . 高等学校教学论 . 北京：高等教育出版社，2008.

［2］龚怡祖 . 论大学的人才培养模式 . 南京：江苏教育出版社，1999.

［3］巩建闽 . G 高校课程体系设计研究——兼论 OBE 课程设计 . 北京：高等教育出版社，2017.

［4］哈经雄，滕星 . 民族教育学通论 . 北京：教育科学出版社，2001.

［5］贺祖斌 . 高等教育生态论 . 桂林：广西师范大学出版社，2005.

［6］胡书津，泽登孝 . 藏语文教育教学改革研究 . 成都：四川民族出版社，2001.

［7］蒋祖康 . 第二语言习得研究 . 北京：外语教学与研究出版社，1999.

［8］贾晞儒 . 民族语文散论 . 西宁：青海人民出版社，1987.

［9］姜国钧 . 大学课程与教学论 . 北京：电子工业出版社，2017.

［10］靳玉乐 . 课程论 . 北京：人民教育出版社，2012.

［11］靳玉乐，于泽元 . 后现代主义课程理论 . 北京：人民教育出版社，2005.

［12］李闽榕 . 思想政治工作方法手册 . 上海：上海文艺出版社，1990.

［13］刘电芝 . 学习策略研究 . 北京：人民教育出版社，1999.

［14］刘劲荣，罗海麟 . 民族语文教学研究（第二辑）. 昆明：云南民族出版社，2011.

［15］刘颂浩．第二语言习得导论：对外汉语教学视角．北京：世界图书出版公司，2007.

［16］曲木铁西，夏仕武．少数民族高等教育导论．北京：民族出版社，2013.

［17］沙玛·加甲，罗永华．发展中的民族语文教学．成都：四川民族出版社，1990.

［18］盛炎．语言教学原理．重庆：重庆出版社，1990.

［19］孙宏开．中国的语言．北京：商务印书馆，2007.

［20］王鉴．中国少数民族教育政策体系研究．北京：民族出版社，2012.

［21］王远新．中国民族语言学——理论与实践．北京：民族出版社，2002.

［22］王建勤．第二语言习得研究．北京：商务印书馆，2009.

［23］王策三．教学论稿．北京：人民教育出版社，1985.

［24］肖奚强，周文华．第二语言习得研究纵观．北京：世界图书出版公司，2012.

［25］严学宭．中国对比语言学浅说．武汉：华中工学院出版社，1985.

［26］张华．课程与教学论．上海：上海教育出版社，2000.

［27］张养吾．民族工作文集．北京：民族出版社，1995.

［28］周庆生．中国民族语言学研究．北京：社会科学文献出版社，2008.

［29］钟进文，周国炎主编．民族语文教学研究（第一辑）．北京：中央民族大学出版社，2011.

［30］中央民族学院少数民族语言文学三系．民族语文专业教学经验文集．贵阳：贵州民族出版社，1990.

（二）学术期刊类

［1］阿呷热哈莫．全球现代性视野下的凉山彝区双语教育思考．中央民族大学学报（哲学社会科学版），2013（4）.

［2］阿拉坦格日勒．高等学校蒙古文教材编写的迫切性和重要性．内蒙古民族大学学报（社会科学蒙古文版），2013（2）.

［3］安晓茜．“国家的需要”——访“全国高等院校民族语文教学研讨会”策划人钟进文教授．中国民族，2010（3）.

［4］白翠蓉．教师应如何提高少数民族汉语教学水平．中国民族教育，2008（12）.

［5］白艳．试论新时期的民族语文翻译现状与发展．科技创新导报，2015（27）.

［6］白音门德．蒙古语言文学教学改革的一个尝试．中国社会科学报，2009（11）.

［7］板永明．当前民族地区高校培养少数民族语文师资存在的问题及对策研究——以德宏师范高等专科学校培养民文师资为例．时代教育，2016（4）.

［8］包玉梅．试论蒙古语言文学的专业教材建设．才智，2016（19）．

［9］布和吉雅．浅谈蒙古语言文学教学改革尝试．课程教育研究，2014（33）．

［10］蔡广志．蒙古文教材建设之展望．内蒙古教育，2001（10）．

［11］曹春梅，胡文佳．新疆民族语文翻译视域下的高职翻译专业教学思考．新疆职业大学学报，2014（5）．

［12］曹顺庆，罗安平．“多元一体”还是“华夏中心”——关于中国高校推进多民族文学教学的思考．贵州社会科学，2012（11）．

［13］陈国光．高校零起点民族语教材的编写与设计——以《彝语基础教程》为例．民族教育研究，2016（3）．

［14］陈冰冰．国外需求分析研究述评．外语教学与研究，2009（3）．

［15］陈进．西藏大学藏语言文学专业汉族班跟踪调查报告．西藏研究，2005（4）．

［16］陈卫亚．民族学校语文教学及双语教育现状实证及对策探析．民族教育研究，2015（5）．

［17］陈永春．关于高等院校汉语言文学专业开设少数民族文学课的建议——以内蒙古民族大学教学实践为例．民族教育研究，2010（10）．

［18］成燕燕．新时期高校民族语文教育面临的问题．民族教育研究，2000（2）．

［19］储著武．关于民族语文翻译人才队伍建设理论与实践的几个问题．黑龙江民族丛刊，2012（1）．

［20］储著武．论民族语文翻译工作在文化发展中的重要意义．三峡论坛（三峡文学理论版），2012（5）．

［21］戴庆厦．办好高校民族语文专业的几个认识问题．云南民族大学学报（哲学社会科学版），2010（5）．

［22］邓红华，滕丽．新形势下汉语言类课程教学内容改革探究．教育与教学研究，2015（4）．

［23］刁小卫，巴哈尔古力·夏米勒．少数民族语言专业人才培养方案改革与探索——以伊犁师范学院为例．伊犁师范学院学报（社会科学版），2012（3）．

［24］东主才让．试论高校民族语文教学的重要性和必要性．青海民族大学学报（教育科学版），2010（6）．

［25］都吉雅．高职《蒙古民俗学》教学改革研究．赤子（上中旬），2016（19）．

［26］额尔敦哈达．巴·布林贝赫蒙古文学教学与蒙古诗学研究述评．民族文学研究，2019（1）．

[27] 范晓玲 . 现行双语教育模式下新疆民族语文教育现状调查与对策研究——以新疆北部地区为例 . 民族教育研究，2013（4）.

[28] 丰曙霞，王璇，董琳慧，等 . 以课程教学为基础阶梯式大学生创新能力培养 . 河南建材，2020（1）.

[29] 傅懋勣，孙竹 . 关于使用和发展民族语言文字的问题 . 民族研究，1990（2）.

[30] 付海鸿 . 在国家与民族之间——中国语言文学的学科设置 . 教育学术月刊，2017（2）.

[31] 郭素红，吴中平 . 留学生汉语需求分析的理论与方法 . 汉语学习，2012（12）.

[32] 郭常顺 . 多民族文学教育：少数民族语言文学与汉语言文学的融合发展 . 贵州民族研究，2016（9）.

[33] 巩建闽，萧蓓蕾 . 基于系统的课程体系概念探析 . 中国高教研究，2012（6）.

[34] 和少英，和光翰 . 中国少数民族语言文学人才培养模式改革的探索与实践 . 云南民族大学学报（哲学社会科学版），2014（6）.

[35] 胡格吉夫 . 蒙古民间文学课教材面临的问题及对策初探 . 民族高等教育研究，2014（6）.

[36] 黄行 . 少数民族语言文字使用情况调查述要 . 民族翻译，2013（3）.

[37] 蒋虹 . 能力本位的汉语言文学专业人才培养的理论与实践 . 教育现代化，2018（14）.

[38] 姜燕 . 民汉兼通：双语教学的目标与困境——以云南省芒市 X 乡载瓦—汉双语教学为个案 . 民族教育研究，2018（1）.

[39] 金兰，胡玥 . 高校转型背景下朝鲜语专业人才培养方案改进研究——以吉林省 A 学院为例 . 农村经济与科技，2016（6）.

[40] 金善姬 . 基于多元就业观的高校朝鲜语专业课程设置分析 . 高教探索，2016（1）.

[41] 金善子 . 地方高校朝鲜语专业建设的现状与对策——以长三角地区为例 . 盐城师范学院学报（人文社会科学版），2011（4）.

[42] 金英子，孙皓 ."一带一路"新形势下朝鲜语专业复合型人才培养方式研究 . 长春师范大学学报，2019（5）.

[43] 康忠德 . 关于民族语文专业学科发展的思考——以广西民族大学为例 . 理论观察，2013（4）.

[44] 孔令达 . 谈现代汉语语法教学的内容安排 . 语文建设，1994（6）.

[45] 李静 . 少数民族语言文学人才培养策略探究 . 赤子（上中旬），2017（4）.

[46] 李建辉 . 对少数民族语文翻译人才队伍建设的几点思考 . 民族翻译，2014（1）.

[47] 李茂，周鸿彦，彭小玲 . 少数民族语言文学专业汉语文课程教学质量提升的思考与实践 . 内蒙古师范大学学报（教育科学版），2013（11）.

[48] 李明忠，魏丽颖，田一洒 . 地方高校特色人才培养的案例分析 . 黑龙江高教研究，2016（11）.

[49] 李盛林 . 汉语言文学专业应用型人才培养的基本思路 . 赤子（上中旬），2017（4）.

[50] 李晓峰 . 汉语言文学专业"一基多元"课程体系创新研究 . 大连民族学院学报，2011（3）.

[51] 李晓燕 . 中国少数民族语言文学（维吾尔语）专业实践教学体系建设研究——以石河子大学为例 . 教育现代化，2016（36）.

[52] 李艳玲 . 语言层次理论下民族语文翻译人才培养——基于"丝绸之路经济带"核心区背景 . 贵州民族研究，2016（8）.

[53] 李晓燕，闫新华 . 互联网环境下汉语言生态化教学研究 . 山西广播电视大学学报，2019（1）.

[54] 李志琴 . 独立学院汉语言文学人文应用型人才培养策略研究——以山西大学商务学院为例 . 黑龙江教育（高教研究与评估），2016（2）.

[55] 林德懋 . 关于民族院校外语教学的几点看法 . 中央民族学院学报，1983（3）.

[56] 刘大为，巢宗祺 . 能力目标与课程设置——谈"现代汉语"教学改革的基本思路 . 高等师范教育研究，1996（2）.

[57] 刘乃叔 . 古代汉语教学观念更新的思考 . 吉林教育科学，1998（11）.

[58] 刘炜 . 中国民族高等教育领域"民汉外"多语共时教育研究——以中国少数民族语文专业语言教育为考察中心 . 前沿，2016（3）.

[59] 刘兴全，刘琳 . 订单定向：需求导向视角下的民族高校人才培养模式创新研究——以西南民族大学"订单定向式"人才培养模式为例 . 民族高等教育研究，2017（3）.

[60] 刘遵圣，崔延虎 . 关于对少数民族学生进行英语教学若干问题的探讨 . 新疆大学学报（哲学社会科学版），1979（3）.

[61] 陆琳 . 浅谈新疆高校少数民族语言文学专业现代汉语教学 . 现代职业教育，2015（25）.

[62] 马伟，李美玲. 民族语文专业现代汉语教学思考. 青海民族研究，2001（3）.

[63] 马学良，戴庆厦. 社会主义时期是民族语文繁荣发展的历史时期. 民族语文，1980（2）.

[64] 孟毅. 哈萨克语专门人才培养与板块化课程设置. 昌吉学院学报，2012（5）.

[65] 梅合东. 民族语言文学专业的高校毕业生就业指导与就业保障. 湖北函授大学学报，2014（7）.

[66] 欧以克. 中国少数民族语言文学学科群建设与发展——以广西民族大学为例. 广西民族大学学报（哲学社会科学版），2009（1）.

[67] 彭松乔. 问题与出路——关于汉语言文学专业本科教育改革的若干思考. 江汉大学学报（人文科学版），2004（5）.

[68] 钱慧真. 就业为导向的高校汉语言文学专业人才培养模式研究. 中国成人教育，2011（2）.

[69] 曲木铁西. 试论少数民族高校的学科建设和专业建设. 民族教育研究，2007（2）.

[70] 曲木铁西. 试论双语教育的概念与分类. 民族教育研究，1998（2）.

[71] 阮畅. 地方高校汉语言文学专业人才培养研究——以提高综合能力为视角. 黑龙江高教研究，2009（11）.

[72] 色·贺其业勒图. 论乌兰夫贯彻民族语文政策的措施体系. 内蒙古民族大学学报（社会科学版），2011（2）.

[73] 沙马拉毅，乌尼乌且，罗庆春. 西南民族大学彝语言文学专业发展历程论述. 西南民族大学学报（人文社会科学版），2011（6）.

[74] 石少成. 湖南少数民族语言文字工作与民族语文普及教育对策研究. 民族教育研究，1993（1）.

[75] 斯岑. 少数民族语言文学学科的发展与展望. 中央民族大学学报，1999（5）.

[76] 斯琴. 腾飞中的中央民族大学中国少数民族语言文学学科. 民族教育研究，2002（2）.

[77] 斯琴. 发挥综合优势创办一流学科——中国少数民族语言文学学院简介. 中国民族，2001（6）.

[78] 太平武. 中国朝鲜族民族教育现状. 民族教育研究，2005（5）.

[79] 田联刚. 关于我国少数民族语言文字政策的思考. 三月三，2012（6）.

[80] 田太华. 关于我省少数民族语言文字工作的思考. 民族论坛，1994（1）.

［81］旺堆．面向现代化、面向未来的民族语文翻译信息化建设战略构想——以中国民族语文翻译局信息化建设工作为例．民族翻译，2012（4）．

［82］旺堆．中国民族语文翻译及基础理论研究概述．满语研究，2007（2）．

［83］王利萍．中央民族大学中国少数民族语言文学系．中央民族大学学报（哲学社会科学版），2012（5）．

［84］王银泉，王薇，张丽冰．基于需求分析的大学英语多元化教学模式探析．外语教学，2016（5）．

［85］王兆守，孙熙．高等教育国际化背景下跨学科教育的优势和改进措施．高等理科教育，2019（5）．

［86］王子海．汉语言文学专业应用写作课程改革与实践研究．教育与职业，2013（33）．

［87］吴祥辉．简析信息技术与课程整合的目标和原则．职业技术教育，2022（22）．

［88］徐兰花．朝鲜语专业文学教育之思考．智库时代，2018（25）．

［89］许明武，赵春龙．“一带一路”背景下国内少数民族语文翻译研究热点述评——兼论其民译、汉译与外译研究融合路径．外语电化教学，2018（6）．

［90］向彪．以市场为导向的地方本科高校汉语言文学专业课程体系改革的若干思考．高教论坛，2010（8）．

［91］杨秉一．认真贯彻执行党的民族语文政策　努力开创我区民族语文工作的新局面．语言与翻译，1985（1）．

［92］照格申，张布和，吉日木图．构建蒙语授课学生“三语”教育体系的思考．中国民族教育，2008（9）．

［93］詹先友．藏区高校藏汉双语人才培养模式探析．四川民族学院学报，2014（3）．

［94］张华．美国当代“存在现象学”课程理论初探．外国教育资料，1998（2）．

［95］张伯成，吕立杰．“课程体系”概念综述及审思．黑龙江高教研究，2018（8）．

［96］张养吾．为早日实现民族地区的四化建设多培养一些少数民族语文干部．民族语文，1980（3）．

［97］张英美，叶金磊，白鹤．高校朝鲜语专业学分制改革的实践和反思——以延边大学朝鲜语专业学分制改革为例．韩国语教学与研究，2017（2）．

［98］郑大湖．基于需求分析的大学英语多元课程体系构建．外语界，2016（6）．

［99］周珊．论少数民族语言文学专业大学生“现代汉语”语法教学——从新疆师

范大学蒙语言文学专业“现代汉语”课程设置谈起．新疆师范大学学报（哲学社会科学版），2007（4）．

（三）其他文献

［1］金柄珉．国际化背景下区域综合大学发展战略研究．文明的和谐与共同繁荣——对人类文明方式的思考：“国际化背景下的大学战略规划与战略管理”教育分论坛论文，北京，2006.

［2］李博．民族语文工作若干问题解析．贵州民族报第 1 版，2010-03-21.

［3］刘茜．少数民族语言文学回顾与展望．中国文化报第 4 版，2012-04-19.

［4］蒙元耀．高校民族语文课程设置要科学合理，中国社会科学报第 8 版，2009-11-26.

［5］石锦宏．利用民族语文推动民族文化传承发展．贵州民族报第 1 版，2017-03-28.

［6］石锦宏．贵州民族语文工作漫谈．贵州民族报第 11 版，2014-05-23.

［7］伍小芹．民族语文工作困惑与建议．贵州民族报第 4 版，2017-06-20.

［8］肖静芳．“一带一路”建设为民族语文翻译带来机遇和挑战．中国民族报第 3 版，2017-08-17.

［9］于凤贤．党的民族政策促进了民族语文的不断发展——黑龙江省民族语文工作 30 年．纪念改革开放 30 周年黑龙江省民族工作研讨会论文集，黑龙江省民族事务委员会、黑龙江省民族研究学会，2008.

［10］中华人民共和国教育部．财政部关于引导部分地方普通本科高校向应用型转变的指导意见．http://www.moe.edu.cn/srcsite/A03/moe_1892/moe_630/201511/t20151113_218942.html，2015 年 10 月 23 日．

［11］钟进文．积极应对新时期高校民族语教学面临的挑战．中国社会科学报第 11 版，2009-11-26.

［12］钟进文，卓小清．新时期高校民族语课程设置的几点思考．中国民族报第 12 版，2009-12-25.

附　录

附录 1：在校生调查问卷

高校民族语文相关专业建设与人才培养调查问卷

亲爱的同学：

您好！为了更好地了解高校民族语文相关专业的建设情况以及人才培养质量，我们开展了此次调研，您的积极参与将为相关专业发展提供宝贵数据与有效建议。本问卷各题目的选项不分对错好坏，主要采用匿名填写的方式，数据只用于统计研究，保证您的个人隐私不被泄露。烦请您根据实际情况和真实想法进行填写。非常感谢您的支持和合作！

高校民族语文专业人才培养研究项目组

一、背景信息

指导语：请您根据实际情况在选项处打“√”，在横线处填写其他答案。

1. 你的性别：

□男　　□女

2. 你所学的专业：__________（请填写）

3. 你的年级：

□本科一年级　　□本科二年级

□本科三年级　　□本科四年级

□硕士一年级　　□硕士二年级

□硕士三年级　　□其他 __________（请填写）

4. 你的民族：

□汉族　　□维吾尔族

□藏族　　□蒙古族

□壮族　　□回族

□朝鲜族　　□哈萨克族

□彝族　　□苗族

□满族　　□柯尔克孜族

□锡伯族　　□其他 __________（请填写）

5. 你来自于：

□城市　　□乡镇

□农村　　□牧区

6. 你的父母是否大学毕业：

□两个都是　　□父亲是，母亲不是

□父亲不是，母亲是　　□两个都不是

7. 你的家庭月平均收入：

□ 500 元及以下　　□ 501—1000 元

□ 1001—3000 元　　□ 3001—5000 元

□ 5001—8000 元　　□ 8001—12000 元

□ 12001—15000 元　　□ 15001 元以上

8. 你参加高考的类型：

□汉考汉　　□民考民

□民考汉　　□汉考民

9. 你就读高中时在班上的成绩水平：

□优等　　□中上

□中等　　□中下

□差等

10. 你就读的高中属于：

□重点（示范）中学　　□普通中学

□其他 __________（请填写）

11. 你就读的高中班级属于：

□民族地区汉语班　□民族地区双语班

□民族地区民语班　□内地民族班

□内地汉语班

12. 你入学前的民族语水平分布：

□完全零基础　□不会口语，认识一点文字

□会一点口语，不认识文字　□文字口语都会一点

□文字口语都很熟练

13. 你选择本专业的最主要原因：

□受家庭、亲友或师长的影响想学民族语

□社会有需要，就业前景较好

□这个专业免收学费

□自己喜欢学民族语

□自己有语言天赋和兴趣

□为确保能录取，专业只能服从调剂

□这个专业推免保研的比例高

□只要能上大学，学什么专业都无所谓

□想先入学再转专业

二、专业建设与学习发展状况

指导语：请您根据实际情况在选项处打“√”，在横线处填写其他答案。

1. 教师在专业课程教学中，主要采用何种类型的教材

□以自编教材为主　□以经典教材为主

□以国家统编教材为主　□以地方编订教材为主

□其他 __________（请填写）

2. 教师在专业课教学中，主要采用的教学方法是：

□没有什么突出的方法，无法形成特色

□以传统讲授法为主，兼顾其他的方式

□以问题探究法为主，兼顾其他的方式

□以案例教学法为主，兼顾其他的方式

□以小组讨论法为主，兼顾其他的方式

□其他 __________（请填写）

3. 学校或者学院开展职业规划、就业准备、求职培训、就业指导等相关活动的频率：

☐几乎没有开展过　　☐每学期 1—2 次
☐每学期 3—4 次　　☐每学期 5—6 次
☐每学期多于 6 次

4. 教师在课堂教学过程中，是否会注重培养学生的实践应用能力：

☐非常注重　　☐比较注重
☐一般　　☐很少涉及
☐完全没有涉及

5. 你感到专业学习中最困难的部分是：

☐文学作品阅读　　☐民族语对话交流
☐学科论文写作　　☐民族语专业术语
☐民汉翻译　　☐专业实习
☐其他 __________（请填写）

6. 你对目前所学专业的总体评价：

☐非常满意　　☐比较满意
☐一般　　☐不满意
☐很不满意

7. 你对课程体系设置的总体评价：

☐非常满意　　☐比较满意
☐一般　　☐不满意
☐很不满意

8. 你对任课教师水平的总体评价：

☐非常满意　　☐比较满意
☐一般　　☐不满意
☐很不满意

9. 你对教学方法与效果的总体评价：

☐非常满意　　☐比较满意
☐一般　　☐不满意
☐很不满意

10. 你对专业教材使用的总体评价：

□非常满意　　□比较满意

□一般　　□不满意

□很不满意

11. 如果再给予你一次选择机会的，还会就读目前这个专业吗？

□会　　□不会

12. 如果选择不愿意从事与专业相关的职业，那么你考虑的主要因素是：

□专业类工作要求太高，很难满足要求

□专业类工作岗位太少，不容易找工作

□专业类工作条件艰苦，工资待遇较差

□专业类工作前景不好，缺乏发展机会

□其他 ________（请填写）

三、关于专业设置与培养模式的认同度

指导语：经过大学期间的专业学习，您对专业设置与培养模式的认同程度如何？请您对以下每一陈述选择同意或不同意的程度。请在符合您的选项里打“√”。

1＝非常不同意　2＝比较不同意　3＝不清楚　4＝比较同意　5＝非常同意

专业认同态度	
我认为设置民族语文相关专业很有必要	1　2　3　4　5
学校对民族语文相关专业非常重视，对其的经费投入很大	1　2　3　4　5
院系十分重视民族语文相关专业，积极完善人才培养模式和条件	1　2　3　4　5
民族语文相关专业是我的高考第一志愿	1　2　3　4　5
我毕业后愿意从事与民族语文相关的工作	1　2　3　4　5
我还会选择民族语文相关专业继续学习深造	1　2　3　4　5
培养目标定位	
我很赞同本专业培养方案中的目标定位	1　2　3　4　5
我很清楚学校要把我们培养成什么样的人	1　2　3　4　5
专业培养能够使我成为掌握多语种的复合型人才	1　2　3　4　5
相对于实践应用性能力养成，本专业更注重理论知识的传授	1　2　3　4　5
我所学的知识与技能适应民族地区的现实需求	1　2　3　4　5
专业培养方案符合实际发展需要，对我的学习帮助很大	1　2　3　4　5
经过专业学习与培养后，我具备了足够的专业能力	1　2　3　4　5

专业课程设置	
本专业的课程总量合适，我觉得学习负担不重	1 2 3 4 5
公共课、专业课、跨专业选修课程所占比例合理	1 2 3 4 5
专业课程注重听、说和交际能力的训练	1 2 3 4 5
专业课程注重读、写和语法知识传授	1 2 3 4 5
专业课程安排合理、内容编排难易适中、前后内容衔接连贯	1 2 3 4 5
专业课程内容能够反映民族历史文化及新变化趋势	1 2 3 4 5
课程所学内容符合发展需求，为从事相关专业工作做了准备	1 2 3 4 5
专业课程的设置为民族语文学习提供了很大帮助	1 2 3 4 5
我能够在专业课上很好地理解所教授的内容	1 2 3 4 5
专业课程将民族语言和专业能力培养结合在一起	1 2 3 4 5
我能够从专业课程学习中获得专业知识与技能	1 2 3 4 5
硬件设施条件	
我能经常接触到语言教学设备与设施条件	1 2 3 4 5
我能充分使用现代化学习设施，如语音实验室等	1 2 3 4 5
图书馆有充足的民族语文相关书籍以供查阅和学习	1 2 3 4 5
我能阅读到最新的学术期刊以促进专业学习	1 2 3 4 5
学校配备了足够的电脑以备专业学习使用	1 2 3 4 5
学校有足够的教室、自习室等来加强专业学习	1 2 3 4 5
院系拥有丰富的课外阅读资料、练习辅导资料供学生借阅	1 2 3 4 5
师资队伍建设	
教师的专业素养与知识储备充分，符合学生专业培养要求	1 2 3 4 5
教师的民族语教学水平高，对学生的学习产生积极作用	1 2 3 4 5
学生有较多的机会与教师进行交流，获得很多宝贵信息	1 2 3 4 5
学生能够与教师一起做课题研究，提升科学研究水平	1 2 3 4 5
学生能够与教师讨论职业规划与就业选择	1 2 3 4 5
教师经常对学生进行课外指导，给予额外的辅导	1 2 3 4 5
教学模式与方法	
教师根据课程内容灵活运用不同的语言教学法，不拘泥于传统讲授	1 2 3 4 5
教师能够利用多种手段调动大家的学习兴趣，学生的课堂参与度高	1 2 3 4 5
教师教学态度端正，对学生认真负责	1 2 3 4 5
教师教学理念先进，能够及时更新知识	1 2 3 4 5
教师能关注到学生的基础和学习特点，教学比较有针对性	1 2 3 4 5
教师在教学中能及时向学生反馈学习效果，积极鼓励启发学生	1 2 3 4 5

教师了解民族语言学习的难点，能及时地给予学习指导和帮助	1 2 3 4 5
多数专业课教师能够运用视频、音像资料辅助语言教学	1 2 3 4 5
教师对教材理解到位，能够深入浅出地讲解教材内容	1 2 3 4 5
教材建设与使用情况	
专业课程教材体系比较完备，符合专业学习要求	1 2 3 4 5
专业课程教材内容编写缺少针对性，远离学生现实状况	1 2 3 4 5
专业课程教材的版本比较陈旧，不能适应目前的教学需求	1 2 3 4 5
专业课程教材的编写难度较大，在专业学习中的参考性不高	1 2 3 4 5
专业课程教材内容体系零散化，不利于学生的专业学习	1 2 3 4 5
专业课程教材编写完备，内容更新及时	1 2 3 4 5
专业实习与社会实践	
课堂教学与专业实习安排合理，两者可以相互补充	1 2 3 4 5
本专业很重视民族语文实习，很好地提升语言听说能力	1 2 3 4 5
各项保障措施到位使实习顺利开展，达到我的预期学习效果	1 2 3 4 5
院系经常组织诸如演讲比赛等课外活动创设民族语文使用环境	1 2 3 4 5
学校经常举办就业指导、生涯规划、就业准备等培训活动	1 2 3 4 5
学生有较多的机会参与到科研项目与研究活动中	1 2 3 4 5
学校为学生提供了较多的专业实习机会与活动	1 2 3 4 5
在专业实习中我能够熟练地将民族语文应用到工作实践中	1 2 3 4 5
人才培养的外部环境	
多民族混合住宿制度有利于民族语文学习	1 2 3 4 5
院系举办了丰富的民族文化活动帮助我了解民族语言文化	1 2 3 4 5
学校提供充足经费资助有助于学生专心学习民族语文	1 2 3 4 5
学校外部的学术研究环境对学生提供了很多支持	1 2 3 4 5
学校具有良好的外部学习环境与积极氛围	1 2 3 4 5
学校拥有良好的人际氛围以供积极交流	1 2 3 4 5
我能够经常与身边同学进行民族语交流以促进学习	1 2 3 4 5
经常能听到专家讲座，获得更多的专业信息	1 2 3 4 5

四、人才培养情况

指导语：经过大学期间的专业学习，您觉得在下列各方面有多大程度的收获？在每项陈述后面的数字上划“√”，选取您的答案。

1＝很少　2＝一些　3＝较多　4＝很多

专业知识维度	
充分地了解了学科前沿知识与发展动态	1 2 3 4
获得跨学科的知识与视野，包括语言学、文学、民族学等	1 2 3 4
获得民族语文相关的专门知识，能应用到与专业相关的工作中	1 2 3 4
掌握了不同领域的宽泛知识基础	1 2 3 4
熟悉了不同民族的历史知识与文化传统	1 2 3 4
应用技能维度	
具备熟练听懂和说出民族语的能力	1 2 3 4
具备熟练阅读和写作民族语文的能力	1 2 3 4
能够在民族语言和国家通用语言间熟练的转换和翻译能力	1 2 3 4
具备较熟练地听、说、读、写国家通用语言的能力	1 2 3 4
能够熟练地运用计算机处理民族语文的能力	1 2 3 4
具备对民族文学作品的阅读与鉴赏能力	1 2 3 4
能够应用民族语文开展学科教学的能力，如数学等	1 2 3 4
能够开展民族语文相关学科的教学能力	1 2 3 4
具备开展民族语文相关专业的科研能力	1 2 3 4
能够胜任利用民族语文开展基层工作的能力	1 2 3 4
能够胜任到学校从事双语教育的专业能力	1 2 3 4
情感价值观维度	
拥有服务民族地区的强烈意识	1 2 3 4
为民族地区做贡献，具有责任担当意识	1 2 3 4
掌握多民族文学史观和价值理念	1 2 3 4
对民族多元文化的感悟与理解力	1 2 3 4
能够从不同的审美观和价值观来看待民族文化	1 2 3 4
毕业后从事民族语文相关工作的强烈意愿	1 2 3 4
通识素养发展	
具备良好的沟通与组织协调能力	1 2 3 4
具备良好的与人合作以及团队协作能力	1 2 3 4
具备良好的学习与持续发展能力	1 2 3 4
能够适应变化的能力，包括新的学习方式、新技术等	1 2 3 4
具有良好的信息搜索、分析以及表达能力	1 2 3 4

五、请问您对高校民族语文相关专业建设与人才培养有什么发展建议吗?

___

___

___

附录2：毕业生调查问卷

高校民族语文专业毕业生跟踪调查问卷

亲爱的毕业生：

您好！该问卷是以往届毕业生为调查对象的就业跟踪调查问卷，针对从离校到任职岗位期间毕业生的就业情况进行跟踪调查，实时了解往届毕业生求职与就业情况。主要采用匿名填写的方式，数据只用于统计研究，保证您的个人隐私不被泄露。烦请您根据实际情况和真实想法进行问卷填写，您的回答将为民族语文相关专业的发展提供宝贵的建议。非常感谢您的积极参与和合作！

高校民族语文专业人才培养研究项目组

指导语：请您根据实际情况在选项处打“√”，在横线处填写其他答案。

1. 您的毕业学校：

□广西师范大学 □广西大学

□广西民族大学 □新疆大学

□新疆师范大学 □新疆财经大学

□内蒙古大学 □内蒙古师范大学

□内蒙古民族大学 □呼和浩特民族学院

□西藏大学 □拉萨师范高等专科学校

□延边大学 □中央民族大学

□西南民族大学 □西北民族大学

□青海师范大学 □青海民族大学

□其他 __________（请填写）

2. 您的性别：

□男 □女

3. 您所学的专业：__________（请填写）

4. 您参加工作的年限：

□ 1 年及以下　　□ 2—3 年
□ 4—5 年　　□ 6 年及以上

5. 您的工作单位性质：
□政府公务员　　□事业单位
□国企　　□私企
□大学 / 科研院所　　□出版社 / 报社 / 杂志社 / 新闻媒体
□职业院校 / 中小学 / 其他学校　　□自由职业（含创业）
□其他 ＿＿＿＿＿（请填写）

6. 您的月薪水平：
□ 1001—2000 元　　□ 2001—4000 元
□ 4001—6000 元　　□ 6001—8000 元
□ 8001—10000 元　　□ 10001—12000 元
□ 12001 元以上

7. 您对工作的满意度：
□非常满意　　□基本满意
□无所谓　　□不满意
□极不满意

8. 您对工作的胜任度：
□完全胜任　　□基本胜任
□不能胜任　　□完全不胜任

9. 工作单位对您：
□十分重用　　□比较重用
□不重用　　□漠不关心

10. 您从事的工作与所学专业的对口情况：
□完全一致　　□基本一致
□不一致　　□完全不一致

11. 您所学的专业知识与专业技能对工作所起的作用：
□产生非常积极的影响　　□起到一些作用
□不清楚　　□产生的作用较小
□完全不起作用

12. 在校期间所学知识与能力对您的实际工作最有帮助的是（可多选）：

□专业基础知识　　□参加社会活动获得的能力

□外语知识与计算机知识　　□各类技能证书能力

□专业实习与顶岗实习　　□职业生涯规划与培训

□参与的科研与调查项目　　□参加社会兼职工作

□其他 ________（请填写）

13. 您认为所学专业的人才培养定位：

□人才培养定位适中，顺应外部社会需求

□人才培养定位过高，难以适应工作需求

□人才培养定位过低，难以适应工作需求

□人才培养定位脱节，与社会需求相脱钩

14. 您认为所学专业的课程设置（可多选）：

□课程设置比较合理　　□理论课程太多，实践课程太少

□一些该开的课程没有开　　□实践课程太多，理论课程太少

□有些课程不必开　　□课程知识过于陈旧

□课程时间、实习时间安排不合理　　□其他 ________（请填写）

15. 您认为专业课程教学中存在的主要问题：

□没有什么突出的方法，无法形成特色

□以传统讲授法为主，过于注重理论学习

□缺乏问题探究，缺少问题意识养成

□缺少实际案例的应用与思考

16. 您认为专业实习所获得的能力对实际工作的影响度：

□产生非常积极的影响　　□起到一些作用

□产生的作用较小　　□完全不起作用

□不清楚

17. 您觉得在实际工作中，比较缺乏的维度是（可多选）：

□专业基础知识　　□专业技能应用

□应用操作能力　　□综合通识素养

□学习与持续发展能力　　□搜索信息与分析能力

□创新与变革能力　　□其他 ________（请填写）

18. 您认为民族语文相关专业在哪些方面应该改革（可多选）：

□专业人才培养定位　　□师资队伍专业水平

□教学设施条件 □课程体系设置
□职业指导与就业培训 □专业实习与实践体系
□学生培养方案 □教学方法与模式
□学生评价方式 □其他 __________（请填写）

19. 您认为民族语文相关专业应培养学生哪些方面的素质（可多选）：

□职业道德 □事业心与责任心
□专业业务知识与技能 □外语和计算机能力
□吃苦耐劳与团队协作精神 □组织管理能力
□创新精神与创新能力 □其他 __________（请填写）

20. 请问您对高校民族语文相关专业建设与发展的建议是：

____
____
____

附录3：教师访谈提纲

1. 简要介绍一下自己的背景资料，包括岗位类型、职称、工作年限、任课名称等。

2. 学校在民族语文专业硬件设施上建设的如何？包含哪些具体的设施条件？使用的效果怎样？

3. 您觉得民族语文专业的人才培养定位是什么？学生在经过几年的专业学习之后，是否能实现既有的培养目标？

4. 在专业课程设置方面，民族语文的专业课方向包括哪些课程？专业必修课和选修课所占的比重如何？

5. 您觉得现有的专业课程设置对学生专业能力培养起到什么作用？有没有呈现出问题与不足的地方？

6. 就您任课的课堂教学而言，主要使用什么方法来进行教学？还有没有其他的教学方式？产生的教学效果如何？

7. 在课堂学习中，您通常都使用什么类型的教材？教材的编写质量怎样？对学生的专业学习有什么帮助？

8. 您觉得民族语文专业在学生培养上具有什么特色？有什么突出特点让您印象很深刻的？

9. 您觉得现有的人才培养模式存在哪些优点与不足？在学生培养中具有的特殊性体现在什么地方？

10. 您在课堂教学中，主要侧重于培养学生哪方面的能力？学生在民族语文实践能力上的养成状况如何？

11. 在专业课程的讲授中，您是如何对学生的民族语文专业知识和能力进行评价的？您认为评价的效果怎么样？

12. 从您的专业课以及学生培养来看，请您对学生总体培养质量的评价如何？有没有存在一些问题与不足？

13. 请问民族语文专业学生的就业情况如何？毕业生都到哪些部门就业？和所学专业的相关度如何？

14. 您认为民族语文专业毕业生在找工作时的优势是什么？还存在哪些不足的地

方？怎么去改善学生的培养质量状况？

15. 您对民族语文专业的建设情况抱有什么看法？您觉得本专业的未来发展趋势是怎么样的？

16. 您觉得如何进行民族语文专业的建设？目前存在的问题与难点有哪些？需要有哪些方面的建议与措施？

17. 地方政府和学校在民族语文人才培养方面有哪些政策和措施吗？对人才培养所产生的效果如何？

18. 您觉得当前民族语文专业人才培养有哪些有益的经验可供借鉴？存在哪些问题和教训？（人才培养模式如何进行改革？）

19. 为了保障人才培养目标的实现，学校制定了哪些保障制度和措施？这些制度和措施实施的效果如何？

20. 学校是如何监控和保障民族语文专业人才培养的质量状况？包括效果评价等。

附录4：学生访谈提纲

1. 简要介绍一下自己的背景资料，包括年级、民族、专业、生源地、高考类型等。

2. 你当初是否报考了民族语文专业？对民族语文的学习是否有兴趣？为什么？

3. 你知道民族语文专业的人才培养目标吗？你觉得这个目标合理吗？为什么？

4. 学校在硬件设施上建设得怎样？除了多媒体教室之外，还有没有什么特殊的教学与学习设施？使用频率如何？

5. 学院在课程设置方面，专业课方向包括哪些课程？专业必修课和选修课所占的比重如何？

6. 你觉得在专业课程设置上，已有的课程体系对专业能力培养有什么帮助吗？其中有没有什么不合适的地方？

7. 在课堂教学中，老师主要用什么方法来进行教学？除了这些方式之外，还有没有一些特殊的教学方式？

8. 你觉得老师在课堂教学中所使用的教学方法，产生的教学效果如何？能否有效达到专业培养目标？

9. 在课堂学习中，通常都使用什么类型的教材？你觉得教材的编写质量怎样？对专业学习有什么帮助？

10. 就你在专业学习的期间里，你觉得本专业在学生培养上具有什么特色？有什么特点让你能够记得住的？

11. 你在专业学习中遇到的主要问题是什么？有哪些地方让你困惑的？不知道怎么去解决的。

12. 你在民族语文学习中是否存在困难？如果有的话，是具体指哪些方面？语法、阅读、口语、写作还是翻译？

13. 除了平时的课堂学习之外，你还参加专业实习与实践活动吗？这些专业实践对你的专业学习产生什么作用？

14. 你在校内外还参加什么社会实践活动吗？都是什么类型的活动？对专业能力养成起到什么影响？

15. 教师在课堂教学中，主要侧重于培养学生哪方面的能力？在专业实践能力上的养成如何？

16. 为达成专业的培养目标，院系实施了哪些制度和措施？实施效果如何？

17. 请你对自身的专业知识与能力发展状况进行自评价，通过这几年的专业学习，对现在自己的民族语水平怎样评价？在专业能力上出现哪些方面的增长？

18. 在专业课程学习中，任课老师是如何对你们的专业知识和能力进行评价的？你认为评价的效果怎么样？

19. 在毕业后你会从事专业相关的工作吗？如果不从事的话，请叙述一下你的理由？

20. 你所学专业的就业前景怎样？前几届的学长们找工作的具体情况如何？从事专业相关工作的比例有多少？

21. 你觉得自己在找工作时的优势是什么？有哪些不足的地方？

22. 如果你以后从事专业相关的工作，那么你觉得面临的最大挑战是什么？

后　记

新时期对高校各专业的发展来说，既是难得的机遇，又带来了诸多挑战和压力，这些挑战和压力，有的来自内部的专业发展的挑战和压力，有的来自外部的社会发展带来的压力，高校民族语文专业更是如此。在实施本项目前，我们课题组做了充分的分析和总结，以力图在方法上有所突破。

我们在以往的教育研究中往往强调理论与现实的结合，但实际上很多时候理论走在现实之前，用理论来分析学校教育的现实状况，而较少应用实证数据来验证理论。在研究方法上多注重采用质性研究的方式，较少运用量化实证的研究范式和在大规模数据的基础上揭示高校专业的人才培养状况。从目前的研究来看，主要是从理论与学理角度对民族语文学科设置的重要意义与价值进行论述，还有结合个案高校的民族语文专业，从培养目标、课程设置、教学模式、人才培养等角度，对这些高校的实施情况进行揭示。缺乏从国家宏观的视角进行分析，也没有对设置民族语文专业的高校进行摸底调查，造成民族语文专业的全部发展情形不甚清楚。本研究从全国范围内进行实证调查，对开设有民族语文专业的高校进行全面调研，收获非常丰富的一手材料，有助于全面揭示目前高校开设民族语文专业的情况，还有对人才培养情形进行了深入揭示，超越于现有的理论研究与个案分析，对于政策制定以及专业发展都有良好的借鉴作用。

本研究以量化手段来揭示民族语文专业人才培养质量的实际状况，与实证研究进行接轨。重点梳理高校人才培养理论，完善人才培养质量评价的标准体系，为后续的实证研究提供重要的理论指导。梳理民族语文专业人才培养目标的演化与发展，构建新时期人才培养的目标定位，为提升人才培养质量提供良好的理论指引。建立以学生为主体的质量观，以此来建立人才培养质量评价标准；创新人才培养模式，将学科建设、科学研究和社会服务协同起来，共同构建注重实践性与应用性的人才目标定位。

借鉴学生培养质量评价的方式，利用相应的数据统计方法，具体分析民族语文专业的学生在培养过程与培养结果维度的“增值”发展状况，尽可能针对性地找出所存在的问题与不足。

但是在项目结束后，总感觉意犹未尽，还有许多问题需要解决。好在我们的研究还将继续，这里只是意在抛砖引玉，以引起大家对民族语文专业建设与发展的关注和关心。

本项目的顺利完成且及时出版，是很多人共同努力的结果。中央民族大学“双一流”项目建设办给予了很大的支持。国家民委教育科技司田联刚司长、周晓梅和李学锋副司长以及语文办的丁文洁、王学荣、杨静、朴美仙，中央民族大学“国家民委中国民族语言文字应用研究院”院长助理、办公室主任赵振博等，他们从项目的设计、调研、座谈……自始至终领导、参与了这项工作；感谢中央民族大学教育学院的董艳教授、夏仕武教授参与了调研，感谢调研高校民族语言文学院院系的领导和教师及同学的支持；还要感谢研究生索迪、赵鹏燕、马梅花、王宁、罗文洁、王宁宁、黄兴等同学，他们在这个项目中参与了调研、访谈、整理录音材料等。因此，他们都是本项目研究的合作者和参与者。

最后，感谢民族出版社编审罗焰女士，感谢她一直以来对我们工作和研究的肯定和支持。

曲木铁西　白华

2021 年 9 月 23 日于北京

图书在版编目（CIP）数据

新时代高校民族语言文学专业人才培养模式研究 / 曲木铁西，白华著 . -- 北京 : 民族出版社，2023.10
ISBN 978-7-105-17111-8

Ⅰ . ①新… Ⅱ . ①曲… ②白… Ⅲ . ①高等学校－少数民族－民族语言学－人才培养－研究－中国②高等学校－少数民族文学－人才培养－研究－中国 Ⅳ . ① H2 ② I207.9

中国版本图书馆 CIP 数据核字 (2023) 第 204177 号

新时代高校民族语言文学专业人才培养模式研究

策划编辑：罗　焰
责任编辑：贯俊杰
封面设计：金　晔
出版发行：民族出版社
地　　址：北京市和平里北街 14 号
邮　　编：100013
电　　话：010-64271909（汉文编辑一室）
　　　　　010-64224782（发行部）
网　　址：http://www.mzpub.com
印　　刷：北京中石油彩色印刷有限责任公司
经　　销：各地新华书店
版　　次：2023 年 10 月第 1 版　2023 年 10 月北京第 1 次印刷
开　　本：880 毫米 ×1230 毫米　1/16
字　　数：300 千字
印　　张：15.75
定　　价：78.00 元
书　　号：ISBN 978-7-105-17111-8/H · 1236（汉 428）